한국어 변이사회언어학 연구의 통계 분석 방법론:

골드바브, LVS, Rbrul을 중심으로

사회언어학 총서 3

한국어 변이사회언어학 연구의 통계 분석 방법론

:골드바브, LVS, Rbrul을 중심으로

1판 1쇄 인쇄_2024년 12월 05일
1판 1쇄 발행_2024년 12월 15일

지은이_강현석
기 획_한국사회언어학회
펴낸이_홍정표
펴낸곳_글로벌콘텐츠
등록_제25100-2008-000024호

공급처_(주)글로벌콘텐츠출판그룹
대표_홍정표 이사_김미미 편집_백찬미 강민욱 홍명지 남혜인 권군오 기획·마케팅_이종훈 홍민지
주소_서울특별시 강동구 풍성로 87-6
전화_02) 488-3280 팩스_02) 488-3281
홈페이지_http://www.gcbook.co.kr
이메일_edit@gcbook.co.kr

값 27,000원
ISBN 979-11-5852-509-5 93700

한국어 변이사회언어학 연구의 통계 분석 방법론

: 골드바브, LVS, Rbrul을 중심으로

강현석 지음

책머리에

변이사회언어학(variationist sociolinguistics)은 계량사회언어학이라고도 불리며 계량적 방법을 주된 자료 분석 방법으로 하는 사회언어학의 하위 분야이다. 물론 변이사회언어학에서도 제보자와의 대화 내용 혹은 제보자의 응답 등에 관한 질적 분석도 사용되며, 역사적 자료, 규범문법적 기술, 선행 연구의 결과 등에 대한 해석과 분석도 필요하지만, 연구 대상인 언어 자료를 토큰 혹은 사례의 모음으로 변환한 것을 통계적으로 분석하는 계량적 방법이 기본적이고 주된 연구 방법이라는 점에서, 통계 분석에 대한 지식과 경험은 변이 연구에 꼭 필요한 역량이라고 할 수 있다.

하지만 국내의 한국어를 대상으로 한 기존의 여러 언어 변이 연구를 볼 때 다소 아쉬운 점은 연구 자료에 대한 통계 분석 역량의 미숙 때문에 수집한 자료와 변이형들의 사회언어학적 의미와 함축을 효과적으로 분석하지 못하는 경우가 적지 않다는 것이다. 이는 구미 주요 국가 언어학과 대학원의 변이사회언어학 교육과정에 필수 졸업요건으로 되어있는 통계 과목 수강 및 학점 취득이 국내 교육과정에서는 아직 필수 요건으로 되어있지 않은 것과도 관련이 있고, 변이 연구에 특화된 통계 프로그램들에 대한 교육과 학습이 잘 이루어지지 않은 것과도 연관이 있을 것이다.

이 책은 사회언어학의 변이 분야에 관심이 있고 특히 한국어를 대상으로 변이 연구를 하고자 하는 신진 연구자들과 학생들을 위해서 한국어 변이 연구의 기존 연구들을 소개하고, 서구권에서 많이 활용되고 있는 사회언어학적 변이 분석에 특화된 세 응용프로그램의 특징과 사용법을 논의하고, 향후 연구를 위한 잠재적 연구 주제도 제안해 보고자 한다. 특히 이 책에서는 전통적 변이 연구의 통계 분석 도구인 바브럴의 현 버전인 골드바브와 비교적 최근에 계발된 LVS와 Rbrul의 사용법까지 종합적으로 소개하고 이들 프로그램의 장단점도 논의한다.

책의 구성은 다음과 같다.

먼저 1장에서는 변이사회언어학의 특징 및 발전 과정을 기술하고 국내 학자가 수행한 한국어에 대한 변이 연구를 중심으로 기존 연구를 소개하고 논의한다(이 장은 강현석(2020)에 기술된 내용을 최근 연구까지 보완하고 확장한 것이다). 2장에서는 변이 연구의 토대가 되는 자료 수집의 대표적 방법인 현지 조사, 사회언어학 면담, 설문 조사, 말뭉치 분석, 대중 매체 언어 분석의 특징과 각 방법의 장단점 그리고 자료 수집과 활용 시 주의해야 할 사항을 기술한다.

3장과 4장은 변이 연구에서 전통적으로 사용되어온 통계 기법인 바브럴 분석을 위해 현재 사용되는 골드바브의 특성, 자료 파일 구축, 분석 절차 그리고 결과 해석 및 보고 방법을 논의한다.

이어서 5장과 6장은 2010년대에 변이 연구의 자료 분석을 위해 개발된 LVS를 다루는데, 골드바브와의 비교를 통해 LVS의 장단점을 소개하며, 로지스틱 회귀분석만이 아니라 조건부 추론 나무와 랜덤 포리스트의 특성과 분석 절차 및 결과 해석 방법을 논의한다.

7장은 골드바브와 통계 프로그램 R 간의 가교 기능을 자임하고 역시 2010년대에 개발된 Rbrul의 샤이니 앱 버전의 특징과 사용법 그리고 Rbrul과 LVS의 차이점을 논의한다.

마지막 8장에서는 이 책의 주요 내용을 정리하고 마무리 말과 함께 한국어 변이의 후속 연구를 위한 여러 과제와 연구 주제들을 제시한다.

책의 끝부분에는 4장에서 8장의 내용 중 통계 분석에 관련된 내용을 실제 자료를 분석하면서 실습해 볼 수 있도록 〈종합과제〉가 부과되어 있다. 〈종합과제〉에 주어진 과제들을 수행하고 모범답안과 비교하면서 독자들은 책 내용에 대해 더 깊은 이해와 학습을 할 수 있으리라 생각한다. 과제 수행에 필요한 자료 파일은 이 책을 위한 누리집(https://blog.naver.com/1hskang)에 공개되어 있으며, 과제의 모범 답안은 이 책의 끝부분에 〈종합 과제 답안〉으로 수록되어 있다.

이 책에서 다룬 변이 분석에 특화된 세 응용프로그램은 물론 R이나 SPSS 혹은 SAS 같은 종합적 통계 프로그램과 비교하면 분석의 범위나 다양성에서 이들에 미치지 못하는 것이 사실이지만, 세 프로그램의 장점을 잘 활용하면 한국어 변이를 효율적으로 분석할 수 있으리라고 생각한다.

이 책은 특히 국내에 변이 연구의 통계 방법론에 관한 문헌이 아직 전무하고, 앞서 기술한 대로 한국어 변이 연구자들의 통계 지식 및 통계 분석 역량의 함양이 필요하다고 생각되어 필자가 통계 전문가가 아님에도 오랜 통계 분석의 경험을 바탕으로 집필하게 되었다. 《사회언어학총서》의 하나로 출간되는 이 저술이 변이 연구에 관심 있는 신진 사회언어학자들과 학생들에게 작은 도움이 될 수 있기를 기대한다.

차 례

제1장

변이사회언어학과 한국어 연구

1. 들어가기

이 책의 주제인 통계 방법론을 본격적으로 다루기 전에 이 장에서는 1960년대 라보브(W. Labov)의 연구에서 시작한 변이사회언어학(variationist sociolinguistics)의 특징과 발전 과정을 논의한다. 변이사회언어학에 대한 이론적, 역사적 지식은 통계 방법론을 이해하는 데도 꼭 필요하기 때문이다. 변이사회언어학은 언어 변이와 변화(language variation and change: LVC) 연구라고도 불리며 미시사회언어학의 한 분야로서 라보브의 석사 학위 논문을 위해 수행된 마서스 비녀드 섬(Martha's Vineyard) 언어 연구(Labov 1963)에서 시작된다고 일반적으로 생각된다. 이 분야는 라보브가 주도적으로 연구 방법론을 개발하고 발전시킨 분야여서 라보브 사회언어학(Labovian sociolinguistics)이라고도 불리며, 변이 이론(variation theory), 계량 사회언어학(quantitative sociolinguistics) 등의 별칭이 있다.

이 장에서는 먼저 2절에서 해외에서의 변이사회언어학 연구의 성격과 발전 과정을 논의하고, 이를 바탕으로 3절에서는 국내에서 이루어진 변이

사회언어학 연구의 성과들을 소개하고 논의하며, 4절에서는 국내 변이사회언어학 연구 전반에 대한 개괄과 평가가 이루어진다.

2. 변이사회언어학의 성격 및 발전

2.1. 해외 변이사회언어학 연구의 성격 및 발전 과정

언어의 변이와 변화에 대한 학문적 관심은 언어학의 역사와 함께한다고 할 수 있겠지만 전통적으로 지역적 변이를 연구 대상으로 하는 방언학과 언어의 통시적 변화에 초점을 맞추는 역사언어학에서 관련 연구가 이루어졌다. 하지만 현대적 의미의 언어 변이와 변화 연구는 이 두 분야와는 연구 관점과 방법론이 상당 부분 다르다고 할 수 있다. 라보브는 사회적 요인에 의한 언어 변화를 인정한 구조주의 역사언어학자들인 메이예(A. Meillet)와 마르티네(A. Martinet), 그리고 역사사회언어학자이며 자신의 석박사논문 지도교수이기도 한 바인라이히(U. Weinreich) 등의 영향을 받아 변이사회언어학 분야를 개척하고 발전시켰다.

변이사회언어학은 사회언어학의 한 분야이지만 다음과 같은 특성을 갖는다는 점에서 타 하위 분야와 구별된다.

먼저 변이사회언어학은 공시적 언어 변이와 더불어 진행 중인 언어 변화도 주 연구 대상으로 한다. 구조주의적 연구 전통에서는 공시적 연구와 통시적 연구를 엄격히 구분(Saussure 1916)하고 언어 변화는 관찰할 수 없는 것이라는 입장(Bloomfield 1933)을 취했지만, 변이사회언어학에서는 진행 중인 언어 변화의 경우 관찰이 가능하고, 공시적인 언어 변이와 진행 중인 언어 변화를 세대 간의 언어 사용 차, 즉 의사 시간(apparent time; Labov 1963)이라는 방법론을 통해서 동시에 연구할 수 있다는 입장[1)]을 취하고 있다.

둘째는 변이사회언어학이 사회언어학 제 분야 중에서 가장 언어의 내적 구조 및 체계에 관심을 갖고 있다는 점이다. 라보브는 기본적으로 자신의 연구를 사회학적 혹은 인류학적 연구라기보다는 언어학 연구로 생각하였고 이론언어학의 약점을 보완하고 언어 변이의 사회적 의미와 중요성을 기존 언어 연구에 통합하는 더 완전한 언어학을 추구하였다. 따라서 언어 변이 연구에는 사회적 요인만이 아니라 변이 현상에 영향을 주는 언어 내부적 제약이 거의 항상 논의되고 탐구된다. 다시 말해 변이사회언어학은 언어 체계/구조와 사회적 구조 모두에 관심을 갖는다고 할 수 있다(Guy 1993).

변이사회언어학의 또 다른 특징은 계량 사회언어학이란 별칭이 보여주듯이 사회언어학 변수의 변이형들이 사용되는 빈도를 통계적으로 분석하는 양적 연구를 기본 연구 방법으로 한다는 것이다. 언어능력(linguistic competence), 문법능력(grammatical competence)에 주관심을 두고 실제 언어 행위는 언어 수행으로 간주하며 언어학의 고유한 기술 대상이 아니라고 주장하는 촘스키 언어학(Chomsky 1965)과는 달리, 사회적 의미를 표현하는 변이적 언어 사용은 언어능력 혹은 의사소통능력(communicative competence)의 일부이며 언어학 기술의 중요 대상이라는 입장을 변이사회언어학은 취한다. 언어공동체에서의 사회언어학적 변이는 무작위적이지 않고 체계성을 띤다고 하며, 화자가 자신의 사회적 속성과 발화의 언어적, 사회적 맥락에 따라 보이는 변이적 언어 사용도 언어능력의 중요한 반영이라는 이론적 입장을 견지한다(Cedergren & Sankoff 1974). 그리고 언어 변이를 분석할 때 변이에 영향을 주는 언어 내적, 언어 외적 요인들의 통계적 유의미성과 영향 강도를 다중변인분석(multivariate analysis)[2]을 포함한 여러 통계 기법으로 계량적으로 분석하는 것이 변이사회언어학의 주요 연구 방법이다.

변이사회언어학의 발전 과정은 세 단계로 나누는 것이 일반적이다(Eckert 2012; Bayley 2013). 에커트(Eckert)는 이 세 발전 단계를 지칭하여 변이 연구의 세 물결(three waves of variation study)이라는 표현을 쓰고 있는데, 베일리(2013), 워도우와 풀러(Wardhaugh & Fuller 2015)를 비롯한 변이사회언어학의 여러 학자가 이 분류를 받아들이고 있다.

먼저, 변이 연구의 첫 번째 물결은 라보브(1966)의 뉴욕시 영어 연구에서 시작되는데 대체로 연구의 규모가 크고 많은 화자/제보자를 대상으로 하며 계층, 성별, 연령대 같은 큰 사회적 범주와 언어 변이형 간의 상관관계를 점검하는 것을 목적으로 한다. 이 범주에 속하는 연구들로는 미국 디트로이트 흑인 영어의 음운과 문법 변수를 분석한 울프램(Wolfram 1969), 앨라배마주 애니스톤 영어의 문법적 변이를 연구한 피긴(Feagin 1979), 영국 노리치(Norwich) 영어의 음운 변수 16개를 분석한 트럿길(Trudgill 1974), 스코틀랜드 글라스고 영어의 5가지 음운 변수를 연구한 매콜리(Macaulay 1977)가 대표적이다. 그중에서도 라보브(1966)의 뉴욕시 영어 연구는 변이 사회언어학 연구의 방법론을 확립했다고 할 수 있는데, 특히 현지조사 방법, 진행 중인 언어변화의 연구 방법, 표집(sampling) 방법 및 절차, 사회언어학 면담의 방법론적 모델을 제공했다고 할 수 있다.

라보브의 연구 방법론은 미국과 영국만이 아니라 다른 국가와 언어에도 적용되어 변이 연구가 이루어졌다. 파나마시 스페인어와 테헤란 페르시아어의 변이를 각각 연구한 세더그렌(Cedergren 1973)과 모다레시(Modaressi 1978), 그리고 가이아나(Guyana) 케인워크의 크리올 영어가 보이는 언어 변이를 점검한 릭포드(Rickford 1987) 등이 영미 지역 외 국가를 대상으로 한 변이 연구 초기의 대표적 연구다.

첫 번째 물결의 변이 연구들이 대도시 주민 같은 대규모의 모집단(population)을 대상으로 사회계층, 성별, 연령대와 변이형들과의 상관관계를 연구해서 중요한 학문적 성과를 이루었지만, 농어촌 같은 사회계층이 불분명한 지역이 존재할 뿐만 아니라 계층, 성별, 연령대 외의 다른 지역적 특수요인이 언어 변이에 중요한 영향을 미칠 수 있다는 것도 점차 밝혀졌다. 따라서 많은 제보자와의 비교적 짧은 시간에 이루어지는 사회언어학 면담을 위주로 한 연구보다는 참여자 관찰(participant observation)과 오랜 현지 조사를 통해 이루어지는 민족지적 방법론을 사용하는 좀 더 심층적 연구가 등장하였는데, 이를 변이 연구의 두 번째 물결이라고 한다.

변이 연구의 두 번째 물결은 밀로이(L. Milroy 1980)에서 시작되었다고 일반적으로 생각된다. 밀로이(1980)는 북아일랜드 벨파스트에서 참여자 관찰이란 민족지적(ethnographic) 현지조사 방법으로 주민 대부분이 노동자 계층에 속하는 세 지역사회의 언어를 연구하는데, 분석 도구로 문화인류학자들이 개발한 사회연계망 접근법(social network approach)을 사용한다. 이 세 지역의 주민은 사회계층에서는 아주 유사하지만 다른 지역과 마찬가지로 지역 내 사회연계망에 밀접하게 통합된 성원과 그렇지 않은 성원으로 나눌 수 있었는데, 이 두 그룹은 언어 사용에 있어서 다른 행태를 보였다. 밀로이(1980)는 8개의 사회언어학 변수를 점검하였는데, 사회연계망 지수가 높은 성원은 이 지역의 지역어 변이형을 높은 빈도로 사용한 반면 그렇지 않은 성원은 표준어 변이형의 사용 비율이 상대적으로 높았다. 따라서 이 연구는 같은 계층 내에서도 계층 내부의 하부 구조(local structure)에 따라 언어 행태에 있어 유의미한 차이가 존재한다는 것을 밝혔다고 할 수 있다. 밀로이에 이어 변이 연구에서 사회연계망 접근법을 활용한 대표적 연구로는 도시 지역으로 이주한 브라질 포르투갈어 카이피라 방언 화자들의 언어 변이를 분석한 보르토니-리카르도(Bortoni-Ricardo 1985), 디트로이트 도심 속의 흑인 지역 영어를 분석한 에드워즈(Edwards 1986), 오스트리아의 알프스 지역 그로스도르프 마을의 독일어 방언에 나타난 변이를 연구한 리피-그린(Lippi-Green 1989) 등을 예로 들 수 있다.

디트로이트 교외에 소재한 벨텐고등학교에 재학 중인 청소년의 언어 변이를 연구한 에커트(1989)는 두 번째 물결의 대표적 변이 연구 중 하나이다. 벨텐고등학교 학생은 작스(Jocks) 그룹, 번아웃스(Burn-outs) 그룹, 그리고 이 두 그룹 중 어디에도 속하지 않은 중간 그룹으로 자신을 분류했는데, 작스 그룹은 중산 계층의 자녀, 번아웃스 그룹은 노동자 계층의 자녀가 상대적으로 많았지만, 항상 그런 것은 아니었다. 세 그룹은 언어 행태에 있어서 차이를 보였는데, 특히 북부 도시 모음 연쇄 변화(Northern cities vowel shift)로 인한 모음 변이에 있어서, 번아웃스 그룹은 개신형을 세 그룹 중 가장 높은 비율로 사용한 반면, 작스 그룹은 상대적으로 가장 보수적인 변이형의 비율이 높았다. 특히 여학생의 경우 그 차이가 심했는데, 이는 남학생이 운동이나 다른 과외 활동으로 자신의 그룹 정체성을 표현할 수 있는 다른 수단이 있는데 반해 여학생은 자신의 언어를 정체성 표현의 주요 수단으로 활용하기 때문이라고 에커트(1989)는 해석하였다. 이 연구 역시 전통적 사회계층보다는 실행공동체(community of practice; Eckert 1989)[3]라고 불리는 학교 내의 소그룹이 언어 변이를 더 잘 설명할 수 있다는 것을 보였다는 점에서 두 번째 물결의 대표적 변이 연구 중 하나라고 할 수 있다.

변이 연구의 두 번째 물결은 첫 번째 물결의 주 관심 대상이었던 사회계층, 성별, 연령대 같은 단위가 큰 사회적 범주보다는 사회연계망이나 실행공동체 같은 좀 더 작은 사회적 범주에 속하는 성원의 언어 변이에 초점을 맞추면서 더 세밀한 분석을 가능하게 하였으나, 사회언어학 변수를 이루는 변이형들의 의미는 아직 사회적 범주와 밀접하게 연관되고 고정된 것으로 분석되었다고 할 수 있다. 하지만 캠벨-키블러(Campbell-Kibler 2007), 포데스바(Podesva 2007), 장(Zhang 2005) 등의 세 번째 물결의 연구에서는 화자의 변이형 사용이 자신이 속한 사회적 범주의 영향을 받기는 하지만, 변이형의 사회적 의미는 고정적인 것이 아니라 화자가 대화 맥락에 따라 변화시킬 수 있는 다중적 의미, 즉 서로 연관된 여러 의미를 가질 수 있는다는 점이 강조되었다.

에커트(2008)은 이렇게 연관된 변이형의 여러 의미가 사회언어학 변수의 지시 장(indexical field)을 이룬다고 하였으며 화자는 대화 상대자, 대화 맥락에 따라 화자의 여러 정체성 중 하나를 사회언어학 변수의 특정 변이형을 선택해 사용함으로써 표현한다고 보았다. 예를 들어 마서스 비녀드 섬의 어부가 사용하는 이중모음 변이형 [əy]와 [əw]는 대화 맥락에 따라 자신이 그 섬에 대해서는 가장 잘 안다는 권위를 표시하는 기능을 할 수도 있고, 자신이 그 섬에 대해 충직하고 애정이 있다는 의미를 표시할 수도 있으며, 지역 내 관광업과 외부 관광객에 대한 반감을 표현하는 기능을 할 수도 있다는 것이다. 영어권에서 가장 많이 연구된 사회언어학 변수 중 하나인 (ing)를 실험적 방법을 사용하여 연구한 캠벨-키블러(2007) 역시 이 변수의 두 변이형([ɩn], [ɩŋ]; 예) goin' vs going)의 의미가 단일하고 고정된 것이 아니라 여러 관련된 의미로 구성된 지시 장을 이루고 있다고 주장한다. [ɩŋ]

형은 '학식 있는, 격식적인, 말투가 분명한, 허식적인' 등의 의미를 표현하는 데 반해 [ɪn]형은 '학식이 부족한, 비격식적인, 말투가 불분명한, 진솔한' 등의 의미를 나타낼 수 있다고 제언하였다.

따라서 세 번째 물결의 변이 연구에 따르면, 화자는 자신이 소속하는 사회 범주와 밀접히 연결된 변이형의 의미를 수동적으로 표현하는 것이 아니라 자신이 나타내고자 하는 정체성에 부합하는 변이형과 그 변이형의 사회적 의미를 선택해서 능동적으로 표현한다는 것이다. 청자와 상호작용을 하면서 맥락에 따라 그때그때 나타내고자 하는 사회적 의미를 표현하는 이러한 행위를 에커트(2008)는 스타일 실행(stylistic practice; Bucholtz & Hall 2005 도 참조)이라고 지칭하였다.[4] 스타일 실행은 옷, 장신구, 머리 모양, 몸짓 등을 통해서도 이루어지는데, 언어 역시 스타일 표현의 중요 수단 중 하나라고 제안된다. 이처럼 세 번째 물결의 변이 연구에서는 화자의 능동적 언어 스타일 실행, 맥락에 따라 달라지는 화자의 가변적 정체성, 변이형의 다중적 사회적 의미 등이 중요한 개념으로 등장한다.

베일리(2013)은 에커트가 제안한 변이 연구의 세 물결은 연대순으로 나타났다기보다는 변이 연구의 대체적 변화 추세를 개괄한다고 제언하며, 실제로 미국 전역에 거주하는 762명과의 전화 인터뷰 녹음 자료를 분석해서 미국 방언의 모음 변이와 변화를 점검하고 미국의 방언 지도를 제작한 라보브, 애쉬와 보버그(Labov, Ash & Boberg 2006) 같은 중요한 대규모 연구가 여전히 이루어지고 있다는 것을 강조하였다. 베일리(2013)는 또한 변이사회언어학의 연구 방법론이 제2언어 학습의 산물인 중간 언어(interlanguage)와 수화, 그리고 크리올 언어 같은 관계 연구 영역에도 효과적으로 도입되어 사용되고 있다는 것을 보였다.

2.2. 한국인 학자의 변이사회언어학 연구

국내에서의 언어 변이와 변화 연구는 그 개념을 어떻게 정의하는냐에 따라 포함되는 범위가다를 수 있다. 개념을 넓히면 전통적 방언학도 지역 변이를 기술하는 것이므로 이 분야에 포함될 수 있으며, 한국어의 통시적 변화를 연구 대상으로 하는 국어사적 연구들도 이 분야에 해당될 것이다. 하지만 본 연구는 해외 연구에서처럼 언어 변이와 변화라는 개념을 변이사회언어학 혹은 계량 사회언어학으로 범위를 좁혀서 논의하고자 한다.

이 개념에 따르면 한국인 학자에 의한 변이사회언어학 연구는 크게 두 부류로 나눌 수 있다. 한 부류는 해외에서 계량 사회언어학자의 지도를 받아 변이 이론을 토대로 박사논문을 쓰고 귀국 후 이 분야의 후속 연구를 수행한 학자의 연구이다. 또 다른 부류는 국내에서 방언학적 혹은 역사국어학적 연구 배경을 가진 학자의 지도를 받아 변이사회언어학의 방법론을 통합한 박사논문을 쓰고 변이 연구를 수행하는 학자의 연구이다.

아래 절에서는 이 두 부류의 연구를 중심으로 한국인 학자들이 국내외에서 수행한 변이사회언어학 연구를 살펴보고자 한다.

3. 한국인 학자의 주요 연구 성과

이 절은 그동안 한국인 학자들이 수행한 언어 변이와 변화 관련 연구를 박사논문과 학술지 논문으로 나누어서 소개하고 논의한다. 먼저 박사논문은 편의상 해외에서 작성된 것과 국내에서 작성된 것으로 구분하고, 학술지 논문은 연구 대상을 음성·음운, 형태·통사, 어휘·담화 분야로 나누어 논의한다.5)6)

3.1. 박사 학위 논문

3.1.1. 해외에서 작성된 박사 학위 논문

한국인 학자가 수행한 본격적인 언어 변이 연구는 안정근(J. K. Ahn 1987)에서 시작된다고 볼 수 있다. 이 연구는 전주 지역 제보자와의 사회언어학 면담 자료를 바탕으로 한국어에서 통시적, 공시적으로 활발하게 나타나는 움라우트(Umlaut(전설모음화); (예) 호랑이→호랭이) 현상의 사회적 변이를 탐구한다. 이 연구는 이 음운 현상이 일어날 수 있는 40개의 단어를 선별해서 사회언어학 면담에서 화자가 해당 단어들을 발화하도록 유도하여 얻은 자료로 각 화자의 움라우트 점수(umlaut score)를 구하였고, 사회적 요인이 움라우트 현상에 미치는 영향을 분석하기 위해 제보자를 연령대에 따라 여섯 그룹, 사회계층에 따라 네 그룹, 그리고 남녀로 나누어 점검하였다. 자료 분석 과정에 쓰인 통계 기법은 다중회귀분석 기법의 하나인 공통성 분석(commonality analysis) 그리고 피어슨상관계수 분석과 분산 분석 등이었다. 연구 결과, 움라우트 현상은 연령대가 낮을수록 그리고 사회계층이 높을수록 빈도가 감소하고, 남성보다 여성 화자가 움라우트형을 덜 사용하는 것으로 분석되었다. 안정근(1987)은 전주 지역어의 음운 특성 중 하나인 움라우트 현상이 이 지역에서 감소하는 언어 변화를 겪고 있으며, 이 음운 현상의 변이에는 지역적 요인만이 아니라 여러 사회적 요인이 복합적으로 관여함을 강조하였다.

홍연숙(Y. S. Hong 1988)은 서울 방언에서 나타나는 세 가지 유형의 음운 변이 현상을 연구한다. 첫째는 모음 /æ/(애)와 /e/(에)의 변별이 상실되는 합류(merging)에 따른 변이(예: 게→게~개)이고, 둘째는 외래어의 어두에 나타나는 유음의 [l, r, n]으로의 변이적 실현(예: 라이터(l)~라이터(r)~나이터(n))이며, 셋째는 음절말 자음군의 음성적 실현(자음군 단순화)에 나타나는 변이(예: 넓다→넙따~널따)였다. 이 연구는 60명의 서울 방언 화자를 연령대별, 사회계층별, 성별로 나누어 세 가지 변이 현상을 탐구하였다. /æ/(애)와 /e/(에) 합류의 경우, 젊은 화자는 /æ/를 /e/와 동일하게 발화하고[7] 인식하는 경향이 강했던 반면, 비교적 연령대가 높은 화자는 이 둘을 발화와 지각에서 좀 더 높은 비율로 구별하였다. 어두 유음의 음성적 실현에는 연령대, 성별, 사회계층이 모두 영향을 주는 것으로 분석되었다. 연령이 낮을수록, 사회계층이 높을수록 [l]을 상대적으로 높은 비율로 발화했으며, 여성보다는 남성의 [l] 사용 비율이 높았다.[8] 음절말 자음군 실현은 사회적 요인보다는 거의 언어 내적 요인에 기인하였으며, 이 관찰을 바탕으로 홍연숙(1988)은 자음군 탈락 원리(cluster reduction principle)라는 규칙을 제안하는데, 서울 방언에서 관찰되는 변이 현상은 학교에서 가르치는 규범문법과 이 규칙 간의 충돌에 기인한다고 주장하였다.

채서영(S. Y. Chae 1995)는 서울 방언에서 관찰되는 [o](오)~[u](우) 변이를 심층적으로 분석한다. 48명의 서울 방언 화자의 발화 자료와 문헌에 나타난 /o/→/u/의 통시 변화 자료를 바탕으로 구속형태소인 '-고, -도, -로'(예: 영희도~영희두)와 '사촌, 장고, 사돈'(예: 사촌~사춘) 같은 몇몇 명사에서 현재 관찰되는 [o]~[u] 변이의 언어 내외적 제약을 점검하고 이 변이의 공시적, 통시적 성격을 밝히려고 시도한다. 이 연구에서 [o]~[u] 변이에 유의미한 영향을 주는 언어적 제약은 발견되지 않았고 발화 스타일과 나이, 성별, 사회계층이 중요한 요인으로 분석되었다. 채서영(1995)는 공시적인 [o]~[u]의 변이는 19세기에 활발히 이루어졌던 /o/→/u/ 변화(예: 갈고리〉갈구리, 기동〉기둥)가 음운·형태론적 이유로 구속형태소와 한자어에 뒤늦게 나타나고 있다고 주장하며, 젊은 세대와 여성 화자 그리고 하류 계층 화자가 이 변화를 선도하고 있다고 제안한다. 이 연구는 다중변인분석 프로그램인 골드바브(Goldvarb)를 통계 분석에 활용하며, 페르시아어, 프랑스어, 포르투갈어에서 나타나는 유사한 음운 변이와 변화를 함께 논의하면서 연구 논지를 강화한다. /o/→/u/의 변화와 홍연숙(1988)이 분석한 /æ/→/e/ 변화는 적용의 범위와, 어휘적 전파 기제, 그리고 언중의 모음 구별에서 상당한 차이를 보이는데, 두 변화를 이들 관점에서 심층적으로 비교하는 연구도 필요해 보인다.

강현석(H. S. Kang 1997)은 서울 방언의 활음과 중모음 체계에서 관찰되는 음운 변이를 탐구한다. 이 연구가 점검하는 사회언어학 변수는 활음 /w/ 탈락(예: 사과~사가), 모음 'e' 앞에서 이루어지는 /y/ 탈락(예: 도예~도에), 그리고 이중모음인 /ɨɩ/(의)의 단모음화 변이(예: 의심~으심)이다. 총 56명에게서 얻은 사회언어학 면담 발화와 25명에게서 수집한 동료 그룹 발화(peer group speech)를 연구 자료로 하고, 제보자를 세 사회계층 그룹, 세 연령대 그룹, 그리고 남녀로 나누어 위 세 사회언어학 변수를 분석한다. 이 연구는 라보브의 변이 이론 모델, 최적성 음운 이론, 그리고 오하라(Ohala)의 음성학적 음성 변화 설명 모델을 이론적 바탕으로 해서 수행된다. 강현석(1997)은 /w/ 탈락의 경우 선행 자음의 조음점과 음절 위치[9]가 중요한 언어적 제약이 되며 언어외적 제약으로는 사회계층과 발화 스타일이 영향을 미침을 보였으며, /y/ 탈락의 경우 언어적 제약으로는 선행자음의 유무와 음절 위치가, 언어외적 제약으로는 화자의 연령대와 발화 스타일이 중요한 제약으로 작용한다는 것을 밝혔다. 그리고 이중모음 /ɨɩ/는 어두음절을 제외하고는 거의 완전히 단모음화 되었음을 보였고, 음절 위치에 따라 다른 음운 변화[10]가 이루어지고 있다고 제언하였다. 이 연구는 통계 처리에 있어서 골드바브를 활용하며, 연구 결과의 사회언어학적, 음성학적, 음운론적 함축을 논의하고, 서울 방언의 현재 중모음 체계와 미래에 예상되는 체계를 제시하였다.

이희경(H. K. Lee 2000)은 필라델피아에 거주하는 한인교포의 영어에 나타나는 음운과 어휘 변이를 연구한다. 이 연구에서 다룬 음운 변이 하나는 영국 영어를 제외한 거의 모든 영어 변종에서 나타나는 /t/ 설탄음화('t' flapping(예: water[t~r]))였고, 또 다른 하나는 미국 여러 지역에서 관찰되지만 필라델피아에서는 다른 지역과 변이 양태가 다소 다르게 나타나는 단모음 /æ/의 긴장음화(short ɑ tensing(예: hang[æ~eɩ])였다. 그리고 어휘 변이로는 필라델피아 한인의 영어에서 나타나는 담화 표지 'you know', 'like', I mean'의 사용 양태를 분석하였다. 전체 101명 교포와의 직접 인터뷰 혹은 전화 인터뷰를 통해서 연구 자료를 수집하였으며, 교포는 이민 1세대, 1.5세대, 2세대로 구분하였고, 성별, 미국 입국 나이, 현재 나이, 직업, 제보자가 받은 영어 교육의 유형 등의 언어외적 변수도 분석 시 고려되었다. /t/ 설탄음화의 경우 미국 입국 나이가 가장 중요한 언어외적 요인으로 분석되었으며, 담화 표지 사용의 경우 이민 세대와 현재 연령이 중요한 요인으로 기능했다. 1.5세대와 2세대는 1세대보다 상대적으로 담화 표지를 높은 빈도로 사용하였고 담화 표지 중 'like'를 가장 많이 사용한 반면,

1세대의 연령대가 높은 층은 'you know'를 가장 많이 사용하였다. 이 연구도 /t/ 설탄음화의 통계 분석을 위하여 골드바브를 활용하였다. 이 연구의 특징은 미국 영어의 모어 화자가 한인교포의 읽기 표본을 듣고 이들이 모어 화자인지, 어느 정도 모어 화자같이 들리는지, 그리고 어떤 민족적 배경(ethnic background)11)을 갖는지를 판단하게 하는 인지 실험을 포함한다는 점과 한인교포의 영어 사용에 나타나는 변이를 언어학습의 관점에서도 분석하였다는 데 있다.

문규원(K. W. Moon 2017)은 고객 서비스 콜센터에서 근무하는 젊은 여성 화자 세 명의 발화 자료12)를 바탕으로 억양구(intonation phase: Jun 1993) 말에서 나타나는 모음 [o](오)~[u](우)의 음운 변이와 여성스러움과 애교 표시와 관련된 LHL% 경계 음조의 변이 양상을 연구한다. 먼저 이 연구는 한국어에서 억양구 말 위치는 발화의 다른 위치와 비교해서 화자가 의도하는 사회적, 화용적 의미가 잘 드러나는 위치라는 것을 보인 후, 세 여성 화자가 발화하는 구속형태소 '-고, -도, -로'에 나타나는 (o) 변이를 탐구한다. 통계 소프트웨어 R을 활용한 다중회귀분석 결과, 모음 길이와 발화 유형(주 12참조)이 [o]~[u] 변이에 중요한 영향을 미친다고 분석되었다. 모음의 길이가 길어질수록 [o] 변이형이 많이 쓰였고, 발화 유형에서는 고객과의 대화는 [o] 변이형이 그리고 친한 사람들과의 대화에서는 [u] 변이형이 많이 관찰되었다. 문규원(2017)은 [u]가 '친근' '친밀' '자상함' 같은 복수의 지표적 의미(indexical meaning)를 가질 수 있으나, 이러한 의미는 화자-청자 관계를 포함한 여러 발화 맥락적 요소 그리고 모음 길이나 경계 음조 종류 같은 음향·운율적 요소에 의해 결정된다고 주장하였다. 이 연구는 또한 경계 음조 LHL%은 '비격식, 친밀, 애교, 덜 지성적임, 아이 같음, 여성적임' 등의 사회적 의미를 표현할 수 있지만, 이러한 의미 역시 발화 맥락과 모음 길이, 피치 범위(pitch range) 같은 음향적 특질과 상호작용하면서 발현된다고 제언하였다. 문규원(2017)은 앞서 소개한 변이 연구의 세 번째 물결로 분류될 수 있는 연구로, 음향·운율적 분석만이 아니라 대응쌍위장실험(matched pair guise test)을 활용한 지각 실험도 이루어졌으며, 경계 음조를 사회언어학 변수의 하나로 분석하였다는 특성도 지닌다.

권수현(S. H. Kwon 2018a)은 강현석(1997)이 점검했던 서울 방언에서의 /w/ 탈락 변이 현상을 20년이 지난 시점에서 다시 탐구하고 새롭게 관찰된 변이 양태를 방언접촉적 관점과 조음적 관점에서 설명하려는 시도이다. 48명의 서울 방언 화자에게서 수집한 사회언어학 면담 자료와 음성학 도구[13]를 활용해서 얻은 'w' 조음 시 이루어지는 입술과 혀 근육의 움직임 분석 자료가 이 연구의 토대가 된다. 통계 프로그램 R을 활용하여 (w)의 사용례를 다중회귀분석기법으로 분석한 결과, 20년 전에 비해 자음 후행 /w/ 탈락((post-consonantal /w/ deletion); 예: 장관→장간)은 감소하고 비 자음 후행 /w/ 탈락((non-postconsonantal /w/ deletion); 예: 유원지→유언지)은 상당히 증가했으며, 'w'의 선행음이 /w/ 탈락에 영향을 주는 정도도 유의미하게 감소했다는 결과를 이 연구는 제시한다. 권수현(2018a)은 서울 방언에서의 /w/ 탈락이라는 변이 과정은 그동안 타 방언 화자의 급격한 서울 유입과 이로 인한 격심한 방언 접촉으로 변이의 제약과 성격이 재구조화(restructured) 되었다고 제안한다. 특히 기존에는 양순 자음과 원순 모음이 선행할 때 같은 순음(脣音)인 /w/의 탈락(예: 뭐죠→머죠, 구원→구언)이 높은 비율로 관찰되었지만 지금의 젊은 화자에게는 그렇지 않다는 결과를 제시하며, 그 이유는 이 연령대의 화자에게는 두 순음이 연속적으로 나타나는 경우에도 두 입술의 움직임이 중복되어 나타나는 것이 최소화되기 때문이라고 주장한다. 이 연구는 음성 도구를 사용하여 수집한 조음 음성학 자료를 한국어 변이 연구에 처음 도입하여 사용했다는 점과 선행 연구의 분석 자료를 활용하여 통시적 비교 연구를 하였다는 점에서 의미를 지닌다.

김경래(K. L. Kim 2018)은 페루의 중부 안데스 지역에 위치하고 있는 뚜뻬구(區)에서 사용되는 페루 스페인어의 분절음 중에서 자음 /ʎ/, /ɾ/, /r/, 음절말 /s/와 모음 /a/, /e/, /i/, /o/, /u/의 변이를 점검한다.[14] 30명(남녀 15명씩)의 스페인어와 원주민어 이중언어 화자와의 사회언어학 면담을 통해 수집한 발화 자료를 위 자모음의 변이를 연구하기 위해 분석하였다. 독립 변수로 다양한 언어내적인 요인과 함께 화자의 성별, 연령, 교육 수준, 사회연계망 응집도, 원주민어 사용 정도, 페루 해안 도시 거주 기간과 같은 사회적 요인이 고려되었고, 이 요인들의 영향도를 골드바브 프로그램을 사용하여 분석하였다. 도출된 연구 결과를 보면, 설측 구개음 /ʎ/의 변이음으로는 설측음과 비설측음이 각각 52.6%와 47.4%의 비율로 두 변이음이 비슷한 빈도로 사용되었으며, 탄설음 /ɾ/의 변이음으로는 탄설음 [ɾ](71.4%)이 가장 많이 사용되었고 이어서 접근음 [ɹ](22.8%)과 치찰음화된 마찰음 [ʐ](3.4%) 순이었다. 전동음 /r/의 변이음은 접근음 [ɹ](44.8%), 전동음 [r](33.6%), 마찰음 [ʐ](21.6%)의 순으로 사용되었다. 음절말에 나타나는 /s/의 변이음은 치찰음 [s]가 21.6%, 기식음 [h]가 12.6% 그리고 생략형 ø가 17.6%로 사용되었다. 골드바브 프로그램을 사용하여 다중회귀분석을 실시한 결과, 각각의 변수에 대한 독립 변수들의 영향도는 다르게 나타나서, 설측 구개음 /ʎ/ 변이의 경우 언어적 요인보다는 사회적 요인(나이, 해안 거주 시간 등)이 변이를 설명하는 데 더 중심적 역할을 하는 것으로 나타났고, /ɾ/과 /r/의 마찰 변이음 [ʐ]의 사용은 언어적 요인과 사회적 요인을 동시에 고려해야 하는 것으로 나타났으며, 음절말 /s/ 변이는 사회적 요인보다는 언어적 요인이 설명력이 높은 것으로 분석되었다. 일부 여성 노인의 발화에서는 언어 접촉 때문에 /e/와 /u/의 음가가 불안정하게 나타났으며, 특히 거의 일생을 뚜뻬구 내에서 지내고 토착어의 사용이 능숙한 화자일수록 그러한 경향이 두드러지게 나타났다. 이 연구는 한국인 학자가 한국어와 영어가 아닌 언어에 나타난 변이와 변화를 분석한 유일한 박사논문이라는 데 의미가 있다.

3.1.2. 국내에서 작성된 박사 학위 논문

이미재(1989)는 국내에서 최초로 사회언어학적 변이를 계량적으로 탐구한 박사학위 논문이다. 이 연구는 화성군의 농촌 지역인 봉담면 덕리 주민의 언어 자료를 바탕으로 하며, 분석된 사회언어학 변수는 '의' 단모음화(예: 의자~으자), '애/에' 합류, 'ㄴ' 첨가(예: 늦여름→는녀름, 색연필→생년필), 음장(예: 밤(栗[pa:m]), 밤(夜[pam]), 어두 경음화(예: 가시~까시) 등이다. 제보자를 계층적으로는 농촌 지역의 특성을 반영하여 중류층, 중하류층, 하류층으로, 연령대는 청(소)년층, 장년층, 중년층, 노년층으로, 그리고 성별은 남녀로 구분하여 총 88명의 제보자에게서 언어 자료를 수집하였다. 말투는 단어 읽기, 문장 읽기, 구절 읽기, 대답 유도 질문에 대한 답변, 평상적 면접 대화의 다섯 가지 말투를 구별하여 녹취하였다. '의'의 이중모음 실현은 이 지역의 가장 상위 계층인 중류층에서 상대적으로 높게 나타났으며, 철자 발화(spelling pronunciation)로 인해서 읽기 발화에서 또한 높은 비율로 관찰되었다. 소유격 조사 '의'는 다른 '의'와는 다른 변이 양태를 나타내며 '에~의'의 변이를 보였다. '에/애'의 변별은 청(소)년층을 제외한 모든 연령대에서 여전히 가능했으며 여성이 남성보다 이 두 모음을 좀 더 잘 변별하는 것으로 분석되었다. 'ㄴ'첨가와 어두 경음화 현상은 저연령대인 청(소)년층과 장년층에서 더 높은 빈도로 발견되었으며, 제보자의 (상대적으로 자유로운) 평상적 면접 대화에서 더 높은 비율로 관찰되었다. 음장의 경우, 장년층 이하의 젊은 연령층에서는 모음 장단의 변별이 잘 이루어지지 않는 것으로 분석되었고, 한자어보다는 고유어에서 더 정확한 변별이 이루어졌다. 이 연구는 국내에서 최초로 작성된 변이 분야의 박사학위 논문이라는 점에서 의의를 갖지만 변이의 언어내적 제약 분석과 통계 수치 보고에 있어서 다소 아쉬운 점이 있다.

박경래(1993)은 충주 방언에 나타나는 모음 변이와 변화를 고찰한 연구이다. 이 논문이 다룬 사회언어학 변수는 음장, '외/위' 이중모음화, '에/애' 합류, 이중모음 '의/여' 단모음화(예: 의심~으심, 벼~베), 'w계 이중모음'의 단모음화(예: 과자~가자), 그리고 움라우트(예: 고기~게기)이다. 총 80명의 충주 방언 화자와의 사회언어학 면담을 통해 얻은 자료를 바탕으로 위 사회언어학 변수에 대한 분석이 이루어진다. 80명의 제보자는 연령대, 성별, 교육 수준을 고려하여 선택되었으며, 말투는 일상적 말투, 격식적 말투, 단어목록 읽기, 구절 읽기의 네 가지 유형이 제보자에게서 수집되었다. 연구 결과 음장의 경우, 음운적 변별은 60대 이상이어야 가능하지만 음성적 차이는 30대 이상의 화자부터 보이는 것으로 분석되었다. '의/여' 단모음화의 경우 나이가 많을수록 더 높은 비율의 단모음화가 관찰된 반면, 'w계 이중모음'의 단모음화의 경우는 나이가 어릴수록 단모음화 비율이 높게 나타났는데, 제보자의 교육 수준과 단모음화는 반비례 관계를 보여서 교육 수준이 높을수록 단모음화 비율이 낮은 것으로 분석되었다. 움라우트의 경우는 60세를 분기점으로 해서 세대별 차이가 분명히 드러났는데, 나이가 많을수록 이 음운 현상이 높은 비율로 관찰되었으며, 형태소 내부에서 그리고 자유로운 말투에서 더 활발하게 나타나는 것으로 분석되었다. '외/위'는 50대 이하에서는 이중모음화 한 것으로, '에/애'의 경우는 40대 이하에서는 합류한 것으로 분석되었으며, 두 경우 모두 남녀 간 성차는 보이지 않았다. 박경래(1993)은 이러한 결과를 바탕으로 충주 방언의 경우 60세 이상에서는 10모음 체계, 50대에서는 8모음 체계, 40대 이하에서는 7모음 체계를 보인다고 주장한다. 이 연구는 일관되게 모음에 관한 변이를 고찰해서, 충주 방언의 모음 체계 전반에 대해 분석 결과가 갖는 함축을 논의할 수 있는 장점을 지닌다.

강희숙(1994)는 전남 장흥 방언에서 관찰되는 다섯 유형의 (형태)음운 변이 현상, 즉 자음군 단순화, 유기음화, 불규칙 활용, 움라우트, 체언 어간말 자음의 마찰음화를 분석한다. 40명의 제보자에게서 발화 자료를 수집하였는데, 제보자를 연령대로는 청(소)년층, 장년층, 중년층, 노년층으로, 사회계층으로는 중상류층, 중류층, 중하류층, 하류층으로, 그리고 남녀 성별로 구분하여 자료를 분석하였다. 자음군 단순화와 불규칙 활용의 경우, 나이가 어릴수록 그리고 사회계층이 높을수록 이 지역 방언 특유의 어간재구조화 형[15](예: '닭/talk/→닥/tak/', '들다→들으다'로 기저형이 바뀌는 현상)의 비율이 낮게 나타났다. 이 지역 방언에서 나타나는 유기음화의 저지 현상(예: '육학년→유각년(~유칵년)', '못하다→모다다(~모타다)')은 복합어 경계 이상의 단위에서 관찰되었다. 젊은 세대의 경우에는 다른 연령대보다 표준어적 유기음화 형의 비율이 높게 나타났다. 체언 어간말 자음의 마찰음화(예: 밭은→바슨, 젖이→저시)의 경우도 비슷해서 대체로 젊은 세대일수록 표준어적 어형 사용(예: 밭은→바튼, 젖이→저지) 비율이 상대적으로 높았다. 움라우트의 경우는 언어적 제약이 분명히 드러났는데, 용언에서보다 체언에서, 그리고 모음 '오, 우, 으'보다 '아, 어(예: 아지랭이(<-아지랑이), 멕히다(<-먹히다))'에서 움라우트형이 높은 비율로 관찰되었다. 움라우트 현상 역시 강희숙(1994)가 점검한 다른 사회언어학 변수처럼 장흥 방언형이 젊은 층과 중상류층에서 상대적으로 낮은 빈도로 나타났다. 이 연구는 각 변이 현상의 통시적, 공시적 배경을 상세히 분석하고 변이의 언어적 제약을 정확히 기술한다는 데 강점이 있으며, 다소 아쉬운 것은 설문지와 설문 내용이 첨부되어 있지 않아 자료 수집 방법을 정확히 알기 어렵다는 점이다.

김규남(1998)은 전북 정읍 정해마을 주민의 지역 언어에 나타나는 언어 변이와 변화를 연구한다. 총 46명의 40대~80대까지의 제보자에게서 면담 발화와 일상적 발화 자료를 수집하여 두 유형의 형태·어휘 변수와 여섯 유형의 음운 변수를 분석하였다. 형태·어휘 변수로는 '-제, -디' 등의 방언형 어미와 이들에 대응하는 표준어 어형 '-지, -데'와의 변이(예: 맞지~맞제, 그런디~그런데) 그리고 방언 표현인 '-잔혀'와 표준어에서 유입된 '-잖아'('-지 않아'의 축약형)의 변이를 분석하였다. 음운 변수로는 'ㄱ, ㅎ' 구개음화(예: 기름→지름, 형→성)와 유기음화(예: 못하다→모타다~모다다), 이중모음 '여' 단모음화(예: 별→벨), 그리고 모음 '위'와 '외'의 음성적 실현 변이와 'ㅍ, ㄱ, ㅎ'을 후행하는 '요'의 변이(ㅛ~ㅚ[ö])를 조사하였다. 분석된 사회언어학 변수들은 특히 연령대 변이와 성별 변이를 보였다. 언어 변수 중 '-제, -디'와 유기음화는 40, 50대에서도 방언형이 여전히 사용된 반면, '요'의 방언형인 '외[ö]'(예: 효(孝)→[hyo]~[hö])는 40대 이하의 화자들에 있어서는 관찰되지 않았다. 모음 외[ö]와 위[ü]의 변이형인 '에'(예: 죄(罪)[ce])와 '이'(예: 쥐[ci])는 50, 60대 여성화자가 주로 사용하였으며, 40대 화자의 경우는 외[ö]와 위[ü]가 대체로 또 다른 변이형인 이중모음 '웨'[we]와 '위[wi]'로 발화된다고 보고하였다. 그리고 '-잖아'의 경우 40대 여성의 발화에 두드러지게 나타나서, 외[ö]와 위[ü]와 같이 연령대 변이와 성별 변이가 동시에 관찰되었다. 이 연구의 강점은 정해 마을에 존재하는 여섯 개의 사회연계망을 파악하여 이 사회연계망을 언어 분석의 도구로 활용하였다는 점과 변이형들의 사용 비율만이 아니라 각 제보자의 변이형 사례수를 구체적으로 보고한 점이다.

오새내(2006)은 국립국어원이 수도권에서 태어나고 성장한 349명의 화자로부터 2003년에 수집한 발화 자료를 바탕으로 세 유형의 형태·음운 변이 현상16), 즉 어중 경음화(예: 봄소식~봄쏘식, 교과서~교꽈서), 'ㄴ' 삽입(예: 솜이불~솜니불, 막일~망닐), 한자어 내부 'ㄴㄹ' 연쇄의 발음(예: 선릉(설릉~선능), 광안리(광알리~광안니))을 연구한다. 349명의 제보자는 성별, 교육수준별, 연령대별로 구분되었으며, 제보자의 문장 읽기 자료와 면접자가 질문으로 유도한 제보자의 단어형 발화를 바탕으로 위 변이 현상들을 분석하였다. 어중 경음화의 경우 고유어 단어 64개와 한자어 단어 38개에 대한 발화 자료를 분석하였는데, 남녀 간 차이는 관찰되지 않았고 세대 간 차이와 교육수준별 차이가 발견되었다. 특히 연령대가 낮을수록 어중 경음화의 비율이 증가되었다. 35개의 고유어와 26개의 한자어의 발화를 분석 대상으로 한 'ㄴ' 삽입의 경우, 고유어보다는 한자어에서, 단모음 앞보다는 이중모음 앞에서, 3음절 이상 단어보다는 1, 2음절 단어에서 활발히 일어나는 것으로 분석되었다. 'ㄴ' 삽입의 사회적 제약은 어중 경음화와는 반대로 젊은 세대일수록 그리고 고학력일수록 'ㄴ' 삽입이 감소하였다. 이 연구 결과를 바탕으로 오새내(2006)는 어중 경음화와 'ㄴ' 삽입은 현재 진행 중인 언어 변화의 성격을 갖는다고 제언하였다. 20개 단어의 발화를 분석 대상으로 한 한자어 내부의 'ㄴㄹ' 연쇄, 즉 음절말 'ㄴ'과 음절초 'ㄹ'의 발음은 어휘별 특성에 따라 'ㄹㄹ' 혹은 'ㄴㄴ'으로 실현되었으며, 이 형태·음운 변이를 제약하는 뚜렷한 사회적 요인은 발견되지 않았다. 이 연구는 연구자가 직접 발화 자료를 수집하지는 않았지만, 교차분석과 카이제곱 검정을 활용해서 이전 국내 박사논문보다 통계 기법에서 진일보한 면이 있고, 어휘별로 변이형 실현에 관한 구체적 통계 수치를 제공하였다는 장점이 있다.

홍미주(2011)은 43명의 제보자로부터 수집한 자료를 바탕으로 대구 방언에서 관찰되는 10가지 (형태)음운 변수를 탐구한다. 발화 자료는 면담 발화와 문장 읽기 발화 두 종류를 수집하였고, 여기에 설문지를 통해 제보자가 자기보고(self-report)한 평소 발음형과 각 변수의 여러 변이 발음형에 대한 제보자의 태도를 분석하였다. 연구자는 10가지 사회언어학 변수를 이분하여 연구 결과를 보고한다. 첫째 유형은 진행 중인 언어 변화와 관련 있는 여섯 변수로서 어간말 자음(ㅌ, ㅊ, ㅈ, ㅅ)의 발음(예: 밭이(바치~바시)), '오→우' 상승(예: 나도~나두), 'ㄴ'삽입(예: 큰일~큰닐), 움라우트 현상(예: 먹이다~멕이다), '여' 변이(예: 경제~겡제~깅제), '에' 변이(예: 베다~비다)이고, 둘째 유형인 안정적 변이(stable variation)를 보이는 변수는 'ㄱ, ㅎ' 구개음화(예: 기름→지름, 흉→슝~숭), 자음군 탈락 변이(예: 몫이(목시~목이)), 그리고 어중, 어두 경음화 현상(예: 김밥(김밥~김빱), 조금(조금~쪼금))이었다. 언어 변화와 관련 있는 변수는 모두 변이 양태가 세대 차를 보였다. 중부 방언과의 접촉에서 도입된 '오→우' 상승의 '우'형과 어간말 자음의 'ㅅ' 발음형(예: 밭이→바시, 꽃이→꼬시)의 사용 비율은 젊은 세대일수록 높게 나타난 반면, 움라우트 현상의 움라우트형(예: 호랭이(<-호랑이)), '여' 변이의 [에]형(예: 겡제(<-경제)), '에' 변이의 [이]형(예: 비다(<-베다))은 모두 낙인형으로서 젊은 세대일수록 사용 비율이 감소했다. 홍미주(2011)은 분석된 10가지 변수에 관한 연구 결과를 바탕으로 대구 언어사회의 평가가 긍정적인 개신형은 여성의 사용 비율이 남성에 비해 높고 여성이 언어 변화를 선도하지만, 낙인형인 경우에는 여성이 남성보다 사용을 억제한다는 일반화를 시도한다.

사회언어학의 연구 문제를 음성학적 도구와 분석 방법을 사용해서 탐구하는 하위 분야를 사회음성학이라고 하는데, 안미애(2012)는 국내에서는 처음으로 사회음성학 분야에서 작성된 변이와 변화 관련 박사논문으로 생각된다. 이 연구는 대구 방언의 모음 체계에 나타나는 변이와 변화를 각 모음의 제1, 제2 포먼트의 주파수 수치와 모음들이 구축하는 모음 공간(vowel space)을 분석해서 점검하였다. 이 연구의 제보자/피실험자로 20대에서 60대에 이르는 53명의 여성 화자가 참여했으며, 이들로부터 자유 발화[17], 단어 읽기, 단일 음절 읽기라는 세 말투의 발화를 수집하여, 제보자의 모음 체계를 분석하였다. 이 연구는 제보자의 연령대와 말투를 모음 변이에 대한 주된 잠재적 변인으로 상정하고 분석하였다. 분석 결과, 제보자들은 읽기 발화와 자유 발화의 억양구 초에서는 대체로 '아, 에, 이, 오, 우, 어, 으'의 7모음 체계를 보였다. 하지만 일반적으로 음운적 변별이 약화되는 자유 발화의 억양구 중간과 끝에서는 20대~40대와 50대~60대가 '어, 으'의 구분에서 차이를 보여, 50대~60대 제보자는 이 두 모음을 변별하지 않고 발화하는 것으로 분석되었다. 위 결과는 전통 방언학 분야에서 이루어진 선행 연구의 주장, 즉 대구·경북 방언 화자는 '어, 으' 모음을 구분하지 않는다는 주장과는 뚜렷한 차이가 있으며, 안미애(2012)는 이러한 언어 변화가 중부 방언과의 활발한 방언 접촉에 기인한다고 주장한다. 이 연구는 또한 말투에 따라 제1, 제2 포먼트의 값이 차이가 난다고 제시하였는데, 특히 읽기 발화와 비교할 때 자유 발화는 상대적으로 발화 속도가 빠르고 덜 세심하게 조음이 이루어지기 때문에 모음의 조음 영역이 축소된다고 보고하였다.

김지현(2021)은 부산 방언에서 관찰되는 음운 변이를 총 70명 화자의 일상대화를 녹음하여 분석하였다. 제보자는 10대에서 70대 이상까지 각 연령대별로 10명씩이었으며, 이들을 10대에서 30대까지는 청년 세대, 40대에서 60대까지는 중년 세대, 70대 이상은 노년 세대로 구분하고, 세대 간 변이에 초점을 맞추어 자료를 분석하였다. 분석된 음운 변이는 총 7가지, 즉 어두 경음화(예: 구워 먹다~꾸워 먹다), 역행적 유기음화(예: 맏형→마텽~마뎡), 'ㄴ' 비모음화(예: 아니다~아이다)18), 'ㅇ' 비모음화(예: 종이~조이), 움라우트(예: 고기~게기), 'ㅔ→ㅣ' 고모음화(예: 제대로~지대로), 'ㅗ→ㅜ' 고모음화(예: 인사하고~인사하구)였다. 이 중 부산 방언의 전통적 음운 특질 중 하나였던 'ㅇ' 비모음화는 세대와 관계없이 거의 관찰되지 않아서 소멸 단계에 진입했다고 분석되었으며, 'ㅔ→ㅣ' 고모음화와 움라우트는 노년 세대에서만 주로 발견되었다. 반면 어두 경음화와 역행적 유기음화는 중년, 노년 세대보다 청년 세대에서 오히려 높은 비율로 나타나서 앞으로도 이 지역어에서 지속적으로 관찰될 것으로 이 연구는 예측하였다.

이 소절에서 살펴본 바와 같이 그동안 한국인 학자가 국내외에서 작성한 박사학위 논문은 거의 대부분 한국어에 관한 연구였으며, 일부 어휘·형태적 변수가 분석된 것을 제외하고는 대부분 음운 변이와 변화에 초점이 맞추어졌다. 한국인 학자의 해외 박사논문과 국내 박사논문을 비교해 보면, 대체적으로 통계 기법과 사회언어학 이론적 관점에서는 전자가, 한국어의 통시·공시적 자료의 이해도, 충실성, 정확성에서는 후자가 앞서 있다고 평가할 수 있다.

3.2. 학술지 논문

앞서 박사학위를 위해 수행된 연구들의 예에서 보았듯이 국내 변이사회언어학 연구는 주로 음성·음운 분야에서 이루어졌다. 학술지 논문의 형태로 발표된 연구들의 경우도 음성·음운 분야의 연구 비중이 가장 높다. 음성·음운 분야의 변이 연구는 크게 모음에 관한 변이, 자음에 관한 변이, 그리고 억양(intonation)과 성조에 관한 변이 연구로 나누어 볼 수 있다.

3.2.1. 음성·음운 변이와 변화 연구

(1) 모음 변이 연구

모음 변이 중 가장 많은 연구가 이루어진 사회언어학 변수는 채서영(S. Y. Chae 1995)와 문규원(K. W. Moon 2017)의 연구 대상이기도 했던 모음 '오~우'의 변이로 생각되며, 홍미주(2013), 강희숙(2014가), 이소영(S. Y. Yi 2017) 등의 연구가 있다. 홍미주(2013)는 대구 방언 화자 30명의 발화 자료를 바탕으로 이 지역어에서 나타나는 '오~우' 변이의 양태를 분석한다. 자료는 세 연령대로 구분된 남녀 제보자와의 사회언어학 면담을 통해 수집되었고, 설문지를 통해서 이들의 서울 방언, 대구 방언, 그리고 '오'와 '우' 변이형에 대한 언어 태도도 분석되었다. 분석 결과 노년층보다는 청년층이,

남성보다는 여성이 높은 비율로 '우' 변이형을 사용했으며, 특히 서울 방언과 '우' 변이형에 가장 호의적인 청년층 여성 화자가 가장 높은 비율로 이 변이형을 사용하는 것으로 분석되었다. 이 연구는 언어 태도와 음운 변이의 연관관계를 분석하며, '오~우' 변이는 이 지역어에서 진행 중인 음운 변화의 초기 단계를 반영한다고 제언한다. 강희숙(2014가)는 서울 출신 작가들이 1920~30년대와 1970~2010년대 시기에 쓴 소설을 자료로, '오→우' 변화가 이 소설들의 작중 인물 간 대화 언어에 반영되어 있는지를 분석하고, 분석 결과를 바탕으로 표준어 규정이 소설에서 사용된 '우' 변이형의 비율에 많은 영향을 끼쳤다고 주장한다. 이 연구는 서울 방언에서 '오→우' 변화가 먼저 비어두 위치의 어휘 형태소(예: 고초→고추)에서 일어나고, 이어서 비어두 위치의 문법 형태소(예: 나도→나두)로, 그리고 후에 어두 위치의 어휘 형태소(예: 골목→굴목)로 확장되었다고 상정한 후, 첫 단계의 변화는 표준어 규정에 반영된 데 반하여, 두세 번째 단계의 변화는 표준 어형으로 인정받지 못한 것이 1970년대 이후 출판된 소설에서 비어두 위치의 문법 형태소와 어두 위치의 어휘 형태소에서 '우' 변이형이 점차 감소하는 이유가 되었다고 제언한다. 이소영(2017)은 서울 방언의 문법 형태소에 나타나는 '오~우' 변이를 채서영(1995)의 연구가 이루어진 20년 후의 시점에서 사회음성학적 방법으로 다시 점검한다. 45명의 서울 방언 화자를 사회계층, 연령대, 남녀로 구분하고, 제보자와의 사회언어학 면담 대화와 제보자에게 역할을 주고 끌어낸 이야기(elicited narrative) 자료를 바탕으로 현재 서울 방언의 '오~우' 변이는 진행 중인 음운 변화가 아니라 연령대 변이(age grading)의 양태를 보인다고 주장하며19), 격식적인 맥락보다 자유로운 발화 맥락에서 '우'가 높은 비율로 실현되는 말투에 따른 변이를 또한 보인다고 제언한다.

이중모음의 단모음화와 이와 관련된 활음 탈락에 관한 연구로는 박경래(1989), 홍연숙(1994), 배혜진(2012), 강현석·이장희(2006), 강현석(H. S. Kang 1998a,b) 등이 있다. 박경래(1989)는 괴산 지역어에서 나타나는 이중모음의 단모음화를 이 음운 변이에 영향을 주는 사회적 변인을 검검하며 분석한다. 이 연구는 제보자 122명에게서 일상적 말투, 격식적 말투, 문장 읽기, 단어 읽기의 발화 자료를 수집하여 단모음화 변이 현상을 분석하였다. 대체로 연령이 낮을수록, 학력이 높을수록, 그리고 말투가 격식적일수록 단모음화 비율이 감소하였다. 성별 요인은 학력 요인과 교호작용(interaction)을 보였는데, 학력이 남성보다 상대적으로 낮은 장년층과 노년층 여성 화자는 남성 화자보다 단모음화 비율이 높았지만, 학력 수준이 남성 제보자와 비슷한 청년층 여성 화자는 남성 화자에 비해 오히려 낮은 단모음화 비율을 보였다. 홍연숙(1994)은 21명의 서울, 경상, 전라 방언 화자에게 중모음이 다수 포함된 이야기(narrative)와 단어목록을 읽게 한 자료를 토대로 한국어의 단모음화를 분석한다. 분석 결과, 경상 방언 화자, 전라 방언 화자, 서울 방언 화자의 순으로 단모음화 비율이 높았으며, 단어 읽기 발화보다 상대적으로 덜 격식적인 이야기 읽기 발화에서 단모음화가 높은 비율로 나타났다. 대구 지역어에서는 이중모음 '위[wi]'가 '이'나 '우'로 단모음화하는 현상이 발견되는데, 배혜진(2012)는 이 음운 변이 현상을 분석한다. 대구 지역 출신 60명의 제보자를 대상으로 '위' 단모음화가 나타날 수 있는 32개의 단어(방언자료집에 수록된 14개 단어가 포함됨)를 선정한 후 사회언어학 면담을 통해 제보자의 발화형을 기록하고 수집하였다. 분석 결과, 이중모음 '위'의 단모음화는 젊은 세대일수록 감소하는 것으로 나타났는데, 노년층의 경우는 모음 '이'(51%)와 모음 '우'(37%)가 주 변이형이었던 반면, 중년층은 모음 '이'(59%)에 이어 이중모음 '위'(24%)가 실현되는 비율이 높았으며, 청년층은 이중모음의 비율이 더 높아져서 '이'(55%)에 이어 '위'(36%)가 높은 음성 실현을 보였다. 단모음화에는 어휘적 제약과 더불어 선행 자음 유무, 선행 자음 유형, 음절 위치(어두, 비어두)도 언어 내적 제약으로 기능하는 것으로 나타났다.

강현석(1998a)와 강현석(1998b)는 각각 서울 방언의 활음 /w/와 /y/의 탈락 현상을 분석한다. 두 연구 모두 56명의 서울 방언 화자에게서 얻은 사회언어학 면담 발화와 25명에게서 수집한 동료 그룹(peer group) 발화를 바탕으로 두 활음의 탈락 현상을 분석하는데, /w/ 탈락의 경우, 선행 자음이 양순음인 경우(봐라→바라, 뭐야→머야)에 가장 활발히 활음이 탈락되고, /y/ 탈락의 경우는 여러 모음 중 '에' 앞에서만 /y/가 탈락된다고 보고한다. 이 두 연구는 이러한 탈락 현상이 OCP(Obligatory Contour Principle)라는 언어내적 제약을 준수하기 위해서 일어난다는 음운론적 설명을 시도한다. 또한 활음이 나타나는 단어 내의 음절 위치(어두/비어두 위치 여부)도 언어내적 제약으로 중요한 영향을 미친다는 것을 보이고, 언어외적 제약으로는 화자의 사회계층과 발화 스타일이 두 활음의 탈락에 대한 중요한 제약으로 기능함을 또한 보인다. 강현석·이장희(2006)은 /w/ 탈락이 천안·아산 지역어와 대구 지역어에서 나타나는 양상을 비교하며, 이 음운 현상이 전자보다 후자에서 높은 비율로 나타나지만 변이에 대한 제약은 유사하다는 것을 밝힌다. 이 연구는 대구 지역어에 존재한다고 가정해 온 *CGV-(자음+활음+모음)라는 음절 구조를 금지하는 표면 음성 제약(phonetic surface constraint)이 젊은 세대의 언어에서는 상당히 약화되어 있음을 또한 보여준다.

'오~우' 변이와 이중모음의 단모음화 이외의 모음 변이에 관한 연구로 강희숙(1992가), 박경래(1994), 권수현(S. H. Kwon 2018b) 등이 있다. 강희숙(1992가)는 음장 방언의 하나로 분류되는 전라남도 광주 방언에 나타나는 음장 변이를 탐구한다. 청(소)년층, 장년층, 중년층, 노년층의 네 연령대에 속하는 10명씩(남 5, 여 5)의 제보자로부터 평상적 말투, 문장 읽기 말투, 단어 읽기 말투 자료를 수집하여 음장의 연령대, 성별, 말투에 따른 변이를 분석한다. 분석 결과, 중부 방언과는 다르게 이 지역어에서는 세대별, 남녀별로 큰 차이 없이 당시까지 음장 구별이 잘 이루어지는 것으로 나타났다. 박경래(1994)는 충주 방언에 나타나는 움라우트 현상을 점검한다. 80명의 제보자를 연령대별(10대~80대), 성별, 학력으로 구분하고, 네 유형의 말투(일상적 말투, 격식적 말투, 단어 읽기, 문장 읽기) 자료를 수집하여 분석한다. 움라우트 현상이 나타날 수 있는 24개 단어(예: 고기~게기)를 특히 분석 대상으로 하였는데, 대체로 연령이 많을수록, 학력이 낮을수록, 말투가 자유로울수록 움라우트형이 더 높은 비율로 관찰되었다. 제보자의 서울말과 충주 방언에 대한 언어 태도도 점검되었는데, 대체로 젊은 층일수록 서울말에 대해 더 호감을 보였으며, 이 또한 움라우트 현상이 충주 지역에서 점차 감소하는 데 일조한다고 박경래(1994)는 분석하였다.

권수현(2018b)은 성인 화자도 미성년 화자처럼 타지역으로 이주하였을 때 그 지역 방언을, 즉 제2 방언을 적절히 습득할 수 있느냐는 문제를 유명 언어학자 촘스키(Chomsky)의 언어 자료를 바탕으로 점검한다(촘스키는 필라델피아에서 태어나고 성장했으며 27살에 대학교수직을 위해 보스턴으로 이주한 후 이 도시에 계속 거주한다). 이 연구는 필라델피아 방언과 보스턴 방언이 모음에서 보이는 차이인, 1) /ɑ/와 /ɔ/의 조음 위치, 2) /æ/ 상승의 변이 양태, 3) /o/의 조음 위치를 촘스키의 1970년과 2009년 강연 발화를 토대로 사회음성학적 방법을 사용하여 분석한다. 분석 결과, 촘스키의 /ɑ/와 /ɔ/의 조음 위치는 두 모음을 뚜렷이 구별하는 필라델피아 방언과 /ɑ/ 와 /ɔ/가 합류한 보스턴 방언의 중간적 위치를 보였으며, /æ/는 비음 앞에서만 상승하는 보스턴 방언과 유사한 변이 양태를, 그리고 /o/ 역시 약간의 전설화(fronting)가 나타나는 보스턴 방언과 비슷한 조음 위치를 보였다. 다만 촘스키의 모음 변이 양태는 완전한 보스턴 방언과는 차이가 있어서, 권수현(2018b)은 자신의 연구 결과가 성인 화자도 제2 방언 습득이 가능하지만 완전한 학습은 어려울 수 있다는 함축을 갖는다고 제언한다.

(2) 자음 변이 연구

한국어 자음에 대한 변이 연구는 모음에 비해 상대적으로 수가 적다. 선행 연구들이 조사한 자음 변이 연구의 주제 중 하나는 체언 어간말 자음 /ㅈ,ㅊ,ㅌ/이 모음으로 시작하는 격조사 앞에서 보이는 자음 변이인데, 강희숙(1992ㄴ), 홍미주(2003, 2015) 등의 연구 성과가 있다. 전라남도의 동부 지역 방언에서는 체언 어간말 자음으로 /ㅈ,ㅊ,ㅌ/을 대체로 유지(예: 낮이→나지, 밭을→바틀)하고 있는 반면, 중서부 지역 방언에서는 /ㅈ,ㅊ,ㅌ/이 'ㅅ'으로 실현(예: 낮이→나시, 밭을→바슬)되는, 즉 마찰음화하는 비율이 상대적으로 높다는 선행 연구(서상준 1984 등)의 결과를, 강희숙(1992ㄴ)은 전라

남도 동·서부 지역에 각각 거주하는 광양과 광주 지역 화자의 발화 자료를 바탕으로 점검한다. 분석 결과, 선행 연구의 제언대로 광주 지역 화자는 광양 지역 화자보다 'ㅅ'형을 사용하는 비율이 상당히 높은 것으로 나타났지만, 젊은 연령층일수록 광주 지역에서는 표준 발음형20)의 사용 비율이, 광양 지역에서는 'ㅅ'형의 사용 비율이 다른 연령대에 비해 높게 나타났다. 경북 방언에서는 서울 방언이나 전라 방언과는 달리 체언 어간말 자음 /ㅊ, ㅌ/의 'ㅅ' 실현, 즉 마찰음화 비율이 미미한데, 홍미주(2003)은 대구 방언 화자 33인의 발화 자료를 바탕으로 이 음운 변이 과정을 분석한다. 연령대별 분석 결과, 대구 지역에서는 젊은 세대일수록 /ㅊ,ㅌ/의 'ㅅ' 실현 비율이 높게 나타났다. 또한 /ㅌ/보다는 /ㅊ/의 'ㅅ' 실현 비율((예: 밭을→바슬, 낯을→나슬)이 모든 세대에서 약 3배 정도 높게 나타났는데, 이 분석 결과에 대해 홍미주(2003)은 /ㅌ/가 마찰음화되기 위해서는 /ㅌ/→ㅊ→ㅅ의 단계(예: 밭을→바츨→바슬), 즉 'ㅌ→ㅊ'의 중간 변화를 거쳐야 비로소 마찰음화가 가능하기 때문이라고 제언한다. 홍미주(2015)는 1930년대에 간행된 ≪조선무쌍신식요리제법≫이라는 서울말 문헌과 ≪영남삼강록≫이라는 영남 방언으로 쓰인 문헌을 바탕으로 당시 두 방언에서의 체언 어간말 /ㅊ, ㅌ/의 실현 양상을 점검한다. 예상대로 'ㅅ' 실현은 ≪영남삼강록≫보다 ≪조선무쌍신식요리제법≫에서 높게 나타났으며, 후자에서도 /ㅌ/보다는 /ㅊ/에서 높은 비율의 'ㅅ' 마찰음화가 관찰되어 현재의 대구·경북 방언의 변이 양상을 그대로 나타내었다. 또한 위 세 연구는 공히 후행하는 격조사의 유형(주격, 대격, 처격)과 어휘적 특성21)도 체언 어간말 /ㅊ,ㅌ/의 실현 변이에 중요한 제약으로 기능함을 보여주었다.

한국어 자음 변이의 또 다른 연구 주제는 어두 경음화 현상인데, 이미재(2002), 배혜진·이혁화(2010), 홍미주(2014) 등의 연구가 이루어졌다. 이미재(2002)는 화성군 봉담면 주민의 발화 자료를 바탕으로 10개 어휘(족집게, 고추, 상놈, 곱추 외)의 어두 경음화 현상을 점검한다. 연구 결과, 남성 화자가 여성 화자보다 어두 경음화의 비율이 높았고, 읽기 발화보다 평상적 말투에서, 그리고 다른 연령대보다 청소년층이 높은 비율의 어두 경음화를 보였다. 배혜진·이혁화(2010)과 홍미주(2014)는 중부 방언에 비해 어두 경음화가 활발한 것으로 알려진 대구 지역어를 대상으로 한 연구이다. 배혜진·이혁화(2010)는 체언, 용언, 외래어로 구성된 어휘 30개를 조사 대상으로 해서 연구를 수행하였는데, 청소년층에서 어두 경음화가 가장 활발히 이루어지는 것은 이미재(2002)와 동일하였지만, 이 연구와는 반대로 여성 화자가 남성 화자보다 어두 경음화 비율이 높은 것으로 분석되었다. 홍미주(2014)는 대구 지역어 화자 30인을 제보자로 하고 용언 10개(볶다, 두껍다, 굽다, 자르다 외)를 조사 대상 단어로 하여 이 지역의 어두 경음화를 점검하였으며, 분석된 연구 결과를 화자의 언어 태도와 관련지어 논의하였다. 제보자의 어두 경음화 자료 분석 결과, 위의 두 선행 연구와는 달리 남녀 성차와 연령대 차이는 관찰되지 않았으며, 대상 어휘의 약 70% 정도에서 어두 경음화가 이루어지는 것으로 보고하였다. 홍미주(2014)는 이 지역에서 나타나는 어두 경음화의 높은 비율은 대구 지역어의 특성과 어두 경음화에 긍정적인 인식을 보이는 이 지역 화자의 언어 태도에서 상당 부분 비롯된다고 제언한다.

남북한의 표준어는 두음법칙 적용에 차이가 있어서 어두 'ㄹ'과 'ㄴ'을 발음하는 것(예: 로동당(노동당), 녀자(여자))이 북한에서 표준발음으로 규정되어 있는데, 정성희·신하영(2017)은 북한 아나운서의 뉴스 발화 자료를 바탕으로 어두 'ㄹ'과 'ㄴ'이 뉴스 방송에서 실제로 어떻게 음성적으로 실현되는지를 분석하였다. 분석 결과, 어두 'ㄹ'과 'ㄴ'은 각각 84%와 47%의 실현율을 보여 북한의 어문 규정을 그대로 준수하지는 않았지만, 서양 외래어를 제외하고는 이 두 자음이 어두에 나타나지 않는 남한의 표준어와는 커다란 차이를 보였다. 정성희·신하영(2017)은 이러한 차이가 남북한의 언어정책의 차이에서 비롯된다고 제안하였다. 반면, 채서영(2008)은 영어 차용어의 영향으로 최근 남한의 표준어에서도 어두 유음 사용을 금지하는 두음법칙이 약화되고 있다고 제언한다. 이 연구는 인명과 신조어에서 관찰되는 어두 유음의 사용과 이에 대한 언중의 언어 태도를 분석하는데, 인명의 분석 결과 여성과 젊은 층 그리고 연예인의 이름(예: 강리라, 이란희, 류미오

등)에서 어두 유음으로 시작하는 성과 이름이 더 높은 빈도로 나타났으며, 언어 태도 분석 결과에서도 여성이 어두 유음 이름을 더 긍정적으로 평가하고 세련된 것으로 판단했다고 보고하였다. 채서영(2008)은 이러한 현상이 영어의 위세가 반영된 것으로 판단하였으며, 현재 언어접촉으로 인해 어두 유음에 관한 음운 변화가 일어나고 있고 앞으로도 한국어에서 어두 유음의 사용은 더 늘어날 것으로 분석하였다.

(3) 억양과 성조 변이 연구

모음과 자음에 대한 변이 연구 외에 한국어의 억양(intonation)과 성조(tone)에 대한 변이 연구로 강현석(H. S. Kang 2002), 문규원(K. W. Moon 2018), 그리고 이재섭(2020)이 있다. 앞의 두 연구는 억양 변이를 분석하며, 특히 억양의 여러 요소 중 사회·화용적 의미의 상당 부분을 표현하는 경계음조(boundary tone)에 초점을 맞춘다. 강현석(2002)는 토크쇼 남녀 사회자의 발화 자료와 남녀 각 3인의 낭독 발화를 바탕으로 여성이 복합 경계음조(complex tone)를 남성보다 많이 사용한다는 크리스탈(Crystal 1971)의 주장을 점검한다. 분석 결과 두 자료에서 모두 한국인 여성 화자는 남성 화자보다 두 배 이상의 비율로 ML%, LM%, LML% 같은 복합 경계음조를 사용하였다. 강현석(2002)는 이 관찰된 성차는 복합경계음조(예: ML%, LM%)가 단순음조(예: L%, M%)보다 표현하는 방식이 덜 직접적이고 좀 더 부드러운 인상을 주는 데 기인한다고 제언한다.

문규원(2018)은 '우리 결혼했어요'라는 텔레비전 프로그램에 출연한 여성 출연자의 발화 자료를 토대로 젊은 여성 화자가 많이 사용하는 복합 경계음조 LHL%의 유형, 사용 빈도, 그리고 표현 가능한 의미를 분석한다. 분석된 자료에서 경계음조 LHL%은 인터뷰 대화보다는 가상적 배우자와의 사적 대화에서 많이 관찰되었으며, 기본적인 기능은 억양구(intonation phrase)[22]를 부드럽게 이어주는 것이지만, 발화 맥락과 억양 곡선(intonation contour)의 굴곡 정도에 따라 사회·화용적 의미로 애교, 흥분, 부정, 성냄 등의 의미를 나타낼 수 있다고 주장하였다.

이재섭(2020)은 경상 방언 화자가 수도권으로 이전한 후에 보이는 성조 변이를 분석하였다. 20명의 수도권 이전 경상 방언 화자를 제보자로 해서 총 32개 단어의 성조 발화와 언어 태도에 대한 설문을 시행하였다. 자료 분석 결과, 전체 사용례의 약 38% 정도는 여전히 경상 방언의 성조형(방언형)으로 나타났으며, Rbrul(Johnson 2009) 분석에서 통계적으로 유의미하게 분석된 사회적 요인은 표준 방언에 대한 긍정적 언어 태도, 성별(여성이 표준형 선호), 그리고 수도권 지역 거주 기간(기간이 길수록 표준형 선호)이었다. 성조 변이는 이재섭(2019)에서 조사한 음소 변이와 음운 현상 변이와 상당히 다른 양태를 보여서, 경상 방언의 음운 특징 중 성조 특질이 수도권 이주 경상 방언 화자에게 가장 오랜 기간 유지된다고 분석되었다.

3.2.2. 형태·통사적 변이와 변화 연구

그동안 이루어진 형태·통사적 변이 연구는 크게 한국어에 관한 연구와 영어를 대상으로 한 연구로 나뉜다. 먼저 한국어에 관한 연구는 용언의 어미와 어간에 대한 변이 연구가 주를 이룬다. 용언의 어미 변이에 관한 연구 중 청자 경어법에 관련된 연구로는 강현석(2011), 장경우(2013), 최윤지(2018), 강현석·김민지(2018)을 들 수 있다.

강현석(2011)은 영화와 텔레비전 드라마의 대본 자료를 바탕으로 해요체와 합쇼체의 변이 양상을 골드바브를 활용하여 분석한다. 이 연구는 화자의 성별과 더불어 다양한 외적 요인(발화 장면의 공식성, 화자와 청자의 친밀정도, 화자의 연령대)과 내적 요인(발화문의 문형, 발화의 의례성)을 청자 경어법에 관여하는 사회언어학적 변인으로 가정하고 분석하였다. 그 결과, 모든 변인은 해요체와 합쇼체 간의 변이에 통계적으로 유의미한 영향을 주며 특히 화자의 성별, 발화의 의례성, 발화 장면의 공식성, 그리고 발화문의 문형이 상대적으로 높은 강도를 보이는 것으로 분석되었다. 강현석·김민지(2018)은 카카오톡 단체대화방의 자료를 바탕으로 경어체 종결어미, 특히 해요체와 합쇼체의 변이 양태를 골드바브와 LVS(Language Variation Suite; Scrivener, Diaz-Campos & Frisby 2016)를 활용하여 분석한다. 이 연구는 강현석(2011)에서 발견했던 변이형보다 훨씬 많은 변이형(해요체 변이형 12개, 합쇼체 변이형 6개)을 카카오톡 대화 자료에서 발견하며, 여성 화자는 해요체 변이형, 비음 첨음형(용, 욤, 당 등), 모음 연장형(요오, 다아아, 다앙)을 남성 화자보다 높은 비율로 사용한다고 분석되었다. 이 연구는 카카오톡 자료에서 습죠체, 한다요체, 하셈/하삼체 등 구어 자료에서는 관찰되지 않는 종결어미도 사용된다고 보고한다. 최윤지(2018)은 연구자가 직접 구축한 텔레비전 뉴스 자료의 말뭉치를 바탕으로 합쇼체와 해요체의 변이를 연구한다. 이 연구는 변인으로 화자의 성별, 화자의 뉴스에서의 역할(앵커, 기자), 기사 종류(앵커와의 대화, 뉴스 보도)로 설정하고 자료 분석을 하였다. 분석 결과, 여성 화자가 남성 화자보다, 앵커가 기자보다, 대화체가 순수 뉴스 보도보다 높은 비율의 해요체를 사용하였으며, 뉴스 자료에서의 종결어미로는 전체적으로 합쇼체가 해요체의 약 10배에 이르는 압도적 비율로 사용된다고 분석되었다. 장경우(2013)은 전통 인형극 꼭두각시놀음의 채록본 자료를 바탕으로 주인공 부부(박첨지와 꼭두각시)의 대사와 창을 분석해서 1930년대부터 최근에 이르는 청자 경어법의 변화를 파악하려는 시도이다. 분석 결과, 특히 하오체 사용의 뚜렷한 감소가 관찰되었는데, 꼭두각시가 남편에게 발화하는 대사와 창에는 원래 존대 의미가 강했던 하오체가 언어 변화로 존대 의미가 점차 감소하면서 해요체와 합쇼체 어미로 대체되는 추세가 발견되었다.

용언의 어미에 관한 다른 유형의 변이 연구로는 강희숙(1999), 조용준(2017), 조용준·하지희(2016) 등이 있다. 강희숙(1999)과 조용준(2017)은 해라체 의문형 어미 '-냐'와 '-니'의 사용 변이에 관한 연구이다. 강희숙(1999)는 의문형 어미 '-냐'는 전남 방언형, '-니'는 서울 방언형으로 규정한 후, 광주광역시 지역 화자 120명을 대상으로 해서 이 두 어미의 출현 변이를 점검한다. '-니'의 평균 실현율은 약 18%로 나타났으며, 대체적으로 남성 화자보다는 여성 화자가, 그리고 젊은 연령대의 화자가 '-니'를 상대적으로 높은 비율로 발화하는 것으로 분석되었다. 조용준(2017)은 '-냐'와 '-니'의 사용에 대한 인식 실험 자료와 카카오톡 대화 자료를 바탕으로 연구가 이루어진다. 이 연구는 두 어미의 출현 변이에 화자 성별 요인과 청자 성별 요인이 유의미한 영향을 주는지에 초점을 맞추었는데, 두 요인 모두 '-냐'와 '-니'의 변이를 제약하는 것으로 분석되었다. '-냐'는 상대적으로 남성 화자가 여성 화자보다 많이 사용하고, 여성 화자인 경우에는 남성이 청자인 경우 상대적으로 높은 빈도로 사용하는 것으로 나타났다. 이 연구는 '-니'는 '-냐'와 같은 해라체 어미이지만 '-냐'보다는 존대 정도가 높다고 제안하며, 여성 화자는 상대방의 체면을 좀 더 존중하고 배려하기 때문에 전자를 후자보다 선호하여 사용한다고 분석한다. 조용준·하지희(2016)는 한국어에서 감탄/의외성 표지로 사용되는 '-구나, -네, -다'의 세대 간, 성별 간 변이를 인식 실험과 카카오톡 대화 자료 분석을 통해서 점검한다. 분석 결과, 유의미한 성차는 발견되지 않았고, 노년층에서는 '-구나'와 '-네'가 비슷한 빈도로 관찰된 반면, 청년층에서는 '-구나' 사용의 빈도가 아주 제한적이고 '-네'와 '-다'가 높은 비율로 사용되었다. 조용준·하지희(2016)는 이 세대 간 차이를 진행 중인 언어 변화로 볼 수 있다고 제안하며, '-구나'와 '-네'의 경우는 의외성을 기본 의미로, '-다'는 의외성을 부차적 의미로 갖는다고 주장한다. 조용준(2017)과 조용준·하지희(2016)은 국내 변이 연구에 인식 실험을 연구방법으로 도입해서 사용하였다는 점과 다양한 통계 기법을 활용하였다는 점에서 의미가 있다.

용언의 어간 형태에 나타나는 변이를 분석한 연구로는 이미재(1990)이 있다. 이 연구는 화성군 봉담면 덕리 주민의 발화에서 발견되는 '하다' 동사의 어간 이형태 '하-'와 '해-'의 사회언어학적 변이를 분석한다. 이 지역어에서는 특이하게 '하고~해고'(예: 너 그거 하고(~해고) 바로 이리로 와), '하니~해니', '하면~해면' 등에서 관찰되는 '하-'와 '해-'의 형태적 변이가 나타나는데, 이미재(1990)은 연령적으로는 65세 이하이면서 지역 애착이 강하고 자신의 정체성을 이 고장에 두는 화자가 주로 '해-' 변이형을 사용한다는 것을 밝혔다.

학술지 논문 중 영어에 나타나는 변이 현상을 탐구한 선행 연구는 모두 통사적 변이를 분석한 것이다. 김혜숙(2010, 2014)는 영국인의 부가의문문 사용에 나타나는 변이를 분석하였고, 강현석(2008)은 한국인 영어 사용자/학습자의 관계사 사용에서 관찰되는 변이를 분석한 것이다.

김혜숙(2010)은 영국 영어의 구어와 문어를 모은 말뭉치인 ICE-GB를 분석해서 여성 화자가 남성 화자보다 부가의문문을 높은 빈도로 사용한다는 레이코프(Lakoff, 1975)의 주장을 점검한다. 분석 결과, 여성이 남성보다 높은 빈도로 부가의문문을 사용하지만 이 성차는 다른 변인과의 교호작용을 보였다. 즉 45세 미만 여성만이 남성 화자보다 많은 부가의문문을 사용했고, 여성 중에서도 학력 수준이 낮은 여성에게서 이 차이가 두드러졌으며, 공적인 상황이 아닌 사적인 상황에서만 여성이 남성보다 부가의문문을 많이 사용하는 것으로 분석되었다. 홈즈(Holmes 1995)는 뉴질랜드 영어 자료를 토대로 여성은 상대방의 발화를 유도하는 촉진적(facilitative) 부가의문문을, 남성은 정보를 확인하는 정보적(informational) 부가의문문을 많이 사용한다고 주장하였는데, 김혜숙(2014)는 ICE-GB 코퍼스, 즉 영국 영어 자료를 토대로 홈즈의 주장을 점검하려는 시도이다. 전체 560개의 사용례를 분석한 결과, 영국 영어 자료는 홈즈의 주장을 지지하지 않았다. 남성, 여성 모두 네 가지 부가의문문 유형 중 정보적 부가의문문을 가장 많이 사용하였고 촉진적 부가의문문이 뒤를 이었으며, 연령대 및 학력 별 차이는 보이지 않았다. 강현석(2008)은 학술지의 영어 논문 자료와 대학생의 영작 자료를 바탕으로 한국인 영어 사용자/학습자의 관계사 사용 변이를 탐구한다. 관계사의 격/기능, 선행사의 인칭성/비인칭성, 선행사와 관계사의 인접성, 관계절의 길이를 독립 변수로 하고 'wh어(who, which 등), that, ø(생략)'의 변이를 종속 변수로 해서 골드바브 분석을 한다. 연구 결과 한국인 영어 자료는 미국 영어보다 wh어의 사용 비중이 훨씬 높아서 영국 영어에 가까운 결과를 보였는데, 이 결과를 강현석(2008)은 한국의 학교 교육에서 가르치는 학교 문법/규범 문법의 영향에 기인한다고 제안한다. 또한 한국인 영어 사용자의 영어 숙련도가 높아질수록 관계사 사용의 변이 양태가 영어 모어 화자가 보이는 변이 양태와 유사해진다고 이 연구는 보고한다.

3.2.3. 어휘·담화적 변이와 변화 연구

어휘·담화적 변이에 관한 연구 역시 음성·음운 변이 연구에 비하면 수효가 적다. 어휘 변이는 많은 경우에 어휘의 담화적 (혹은 화용적) 의미와 연결되어 이루어지는 경우가 많다. 특히 해당 어휘가 대화나 텍스트에서 담화 표지로 사용되는 경우는 항상 그렇다. 한국어 대상 어휘·담화적 변이 연구의 주요 주제 중 하나는 감탄사 '예'와 '네'의 사용에 나타나는 변이 현상이며 김혜숙(2009), 강현석(2009), 강현석·김민지(2017) 등의 연구가 이루어졌다. 김혜숙(2009)는 570명의 대학생이 수업 시간에 출석 점검할 때 대답으로 사용한 '예'와 '네' 의 사용례와 세 명의 소설가(공지영, 김탁환, 박현욱)가 저술한 소설의 대화 부분에서 등장인물이 사용하는 '예'와 '네'의 사용례를 바탕으로 이 두 감탄사의 사용에 나타나는 성차를 분석한다. 출석 점검에 대한 대답 자료 분석 결과, 김혜숙(2009)는 여학생은 절대적으로 '네'를 선호해서 사용하고 남학생은 상대적으로 '예'를 선호하지만 전반적으로 성차는 줄어들고 있다고 보고한다. 또한 후자인 소설 대화 자료에서도 여성 인물이 남성 인물보다 '네'를 상대적으로 더 사용한다는 결과를 이 연구는 제시한다.

강현석(2009)는 텔레비전의 토론 프로그램(백분토론) 7회분의 실제 대화 자료와 12편의 영화 속에서 사용된 준구어 자료를 토대로 '예'와 '네'의 사용 양상을 분석하였다. 연구자는 연구 자료의 사용례를 '예'와 '네'의 담화 기능, 화자의 성별, 나이, 방언, 화자-청자의 연령 관계 등을 잠재적 변인으로 해서 통계 분석에서 점검하였는데, 이 중 특히 화자의 성별과 화자-청자 간의 연령 관계가 '예'와 '네'의 변이적 사용에 통계적으로 유의미한 차이를 주는 것으로 분석되었다. 즉 여성 화자가 '네'를 더 선호하고, 자신보다 손위의 청자에게 '네'를 더 자주 사용하는 것으로 나타났다. 이 연구는 또한 '예'의 변이형으로 '에'가 상당한 빈도(전체 사용례의 약 9.1%)로 사용된다는 것을 밝혔으며, 개인어 변이를 분석해서 같은 성별이더라도 성별 집단 내에 폭넓은 내부 변이 양태를 보인다는 것을 보고하였다. 강현석·김민지(2017)는 전자통신 언어인 카카오톡 대화 자료를 바탕으로 '예'와 '네'의 변이를 연구한다. LVS(Language Variation Suite)로 1,754개의 사용례를 분석한 결과 총 17개의 변이형('예' 변이형 2개, '네' 변이형 15개)이 발견되었고 '네' 변이형들이 자료에서 절대적 비율(90%)을 차지하여, 강현석(2009)의 (준)구어자료와는 완전히 다른 변이 양상을 보였다. '예' 변이형들은 사용 비율은 낮았으나 남성 화자와 중·노년층 화자가 상대적으로 높은 비율로 사용하는 것으로 분석되었다. 강현석·김민지(2017)은 카카오톡 대화와 (준)구어 자료의 분석 결과 차이는 전자통신 언어가 새로움과 참신성을 추구하고 문자가 제약하는 감정과 어감 표현을 다양한 어형과 변형으로 극복하려고 하기 때문이라고 제안한다. 강현석·김민지(2022)는 '예/네'의 비존칭 대응어인 '응/어'의 변이를 2010년대에 방영되었던 텔레비전 드라마의 영상 자료와 대본 자료 그리고 온라인 설문조사를 바탕으로 분석했다. 드라마 자료의 분석 결과, '응'은 9개, '어'는 6개의 변이형이 발견되었으며, '응'과 '어'의 출현은 담화 의미에 크게 영향 받는 것으로 나타났다.

한국어 2인칭 대명사의 어형 변이에 대한 연구로는 채서영(1997, 2001)이 있다. 채서영(1997)은 사회언어학 면담, 소설, 대중가요의 가사를 연구 자료로 해서 2인칭 대명사로 비교적 새롭게 등장한 '니'의 출현 원인과 사용 변이를 분석한다. 이 연구는 먼저 '니'가 주격(예: 네가, 니가)과 소유격(예: 네 책, 니 책)의 단·복수형에서만 '네'와 변이를 보인다는 것을 밝히고, '니'의 사용이 당시에 점점 더 증가하고 있다고 제언하였다. '니'가 쓰이게 된 주된 동기는 모음 상승이라고 분석한다. 즉 구어에서 '네' 대신 '니'가 주 변이형으로 사용되는 것은 '애→에' 모음 상승으로 인해 '내'와 '네'가 변별이 안된다는 점을 주 요인으로 분석하였으며, '너희(들)'에서 니(들)이란 새로운 형태가 만들어지는 과정 역시 '어→으' 모음 상승을 중요한 요인으로 규정하여, '너희(들)→너이(들)→느이(들)→늬들→니들'의 도출 과정을 제시하였다. 채서영(2001)은 2인칭 대명사 '너'의 복수형으로 어떠한 변이형이 사용되고 세대별 변이는 어떠한가를 분석한 연구이다. 방법론으로 불특정 다수 조사(rapid and anonymous survey) 기법을 사용하여 102명으로부터 2인칭 대명사 복수형의 발화를 유도하여 수집한 자료를 분석한 결과, 연령이 높을수록 '느'형(느이들, 느네들, 느이, 느네) 사용 비율이 높고, 연령이 낮을수록 '니'형(니들, 니네, 니네들)을 많이 사용하는 것으로 분석되었다.

이정복(2007)은 기본적 담화 의미 혹은 기능은 동일하지만 어근이 한자어인 '감사하다'와 고유어인 '고맙다' 간의 사용 변이를 전자 말뭉치에서 수집한 사용례를 바탕으로 분석한다. 이 두 표현이 어떤 청자 경어법 말단계(speech level)의 문장에서 사용되는지 그리고 어떤 호칭어와 함께 사용되는지를 점검한 결과, '감사하다'는 90% 이상의 비율로 합쇼체와 사용되는 반면, '고맙다'는 합쇼체에서 해라체에 이르는 다양한 말단계에서 쓰이는 것으로 분석되었으며, 사용 빈도도 '감사하다'의 두 배에 이르는 것으로 나타났다. 이정복(2007)은 또한 '감사하다'는 힘이 우위인 청자에게, '고맙다'는 심리적 거리가 가까운 대상에게 상대적으로 높은 빈도로 사용된다고 분석하였고, 두 표현이 보이는 사용 영역의 차이는 한자어/고유어 차이, 역사적 쓰임의 선후, 전통적 사용자 계층의 차이에 기인한다고 제안한다.

조태린(2018), 김신각·조태린(2022), 홍미주(2019)는 한국어 호칭어에서 관찰되는 변이와 변화를 주제로 한 연구이다. 조태린(2018)은 대학교수 간 사용되는 호칭어를 교수 백 명이 참여한 온라인 설문의 결과를 바탕으로 분석한다. 변이형은 '교수(님), 선생(님), 박사(님), 샘/쌤'으로 설정하고, 잠재적 사회적 변수로는 '발화자의 학문 계열, 연령대, 성별'과 '수신자의 소속, 보직 여부(보직자, 비보직자)', '발화자-수신자 간의 연령관계와 성별관계(동성, 이성)', 그리고 '발화 상황(교수회의, 전화통화)'으로 상정하여 변이 양태를 점검한다. 분석 결과, 호칭어 사용에 가장 큰 영향을 미치는 요인은 발화자의 학문 계열로 나타났는데, 인문계열, 사회계열, 자연계열, 공학계열 순으로 '선생(님)'이라는 호칭어를 높은 비율로 사용했으며, '교수(님)'은 그 반대의 순서를 보였다. 그 외에 유의미한 영향을 미치는 요인으로 분석된 것은 발화자-수신자의 친소 관계와 수신자의 보직 여부로 나타났으며, 발화자의 연령대와 발화 상황은 이 연구에서는 통계적으로 유의미한 영향을 주지 않는 것으로 분석되었다. 김신각·조태린(2022)은 대학(원)생이 대학교수를 부를 때 사용하는 호칭어의 실태와 사용 동기를 분석한 연구이다. 이 연구는 설문 조사와 대학(원)생들과의 심층 면접을 주 연구 방법으로 한다. 설문조사 결과, '교수님'이 압도적으로 선호(90%)되었으며 '선생님'은 미미(6%)하게 사용되는 것으로 나타났다. 조태린(2018)과 마찬가지로 발화자의 학문 계열이 호칭어 변이에 주요 요인으로 작용하는 것으로 분석되었으며, 발화자-수신자의 친소 관계 역시 영향을 주는 요인으로 나타났다. 홍미주(2019)는 연인 간, 부부간에 상호 호칭어로 사용되는 '자기'를 언중이 사용 맥락을 확장하여 일반적인 이인칭 대명사로 사용23)하는 양상을 분석한다. 이 연구는 대구 지역 화자를 대상으로 확장된 '자기'의 사용과 인식에 대한 온라인 설문을 하고 그 결과를 점검한다. 분석 결과는 1) 확장된 '자기'의 가장 전형적 사용 맥락은 여성 화자가 동년배나 자신보다 연소한 청자에게 사용하는 것이며, 2) 여성이 더 높은 빈도로 사용하지만 남성도 사용하며, 3) 연소자가 연장자에게 사용하는 것은 드물고 일반적으로 적절치 않다고 인식되며, 4) 확장된 '자기'의 사용과 적합성에 대한 인식은 여성이 더 수용성을 보여 남녀 간에 차이가 있다는 것이다. 홍미주(2019)는 연인 간 호칭어에서 유래된 '자기'가 일반적 이인칭 대명사로 확장되어 사용되는 이 언어 변화는 사용 빈도와 수용성 인식에서 여성이 주도한다고 또한 제언한다.

이진석(J. S. Lee 2018)은 스마트폰 응용프로그램의 의미로 영어에서 한국어 어휘로 차용된 '애플리케이션, 어플리케이션, 앱, 어플' 의 차용 과정과 이들 차용어의 사용 변이를 분석한다. 이 연구는 네 표현 중 표준 어형인 '애플리케이션'과 '앱'은 각각 'application'과 'application'의 절삭형(clipped form)인 'app'에서 유래했다는 것을 보이고, 비표준 어형인 '어플리케이션'은 '어플라이(apply)'의 어두 부분 발음에 기반한 잘못된 유추(false analogy)에서 도출된 것24)으로, '어플'은 '어플리케이션'의 절삭형으로 분석하였다. 또한 현재 신문과 잡지에서는 표준 어형인 '앱'과 '애플리케이션'이 널리 쓰이지만, 네이버 검색어로는 '앱'이 가장 많이 쓰이고 비표준 어형인 '어플/어플리케이션'이 '애플리케이션'보다 사용 빈도가 높다고 보고하였다. 이진석(2018)은 외국어 차용 과정에서는 발음 변이와 복수의 차용 과정 등의 이유로 어휘 변이가 나타나기 쉬우며, 절삭형을 포함한 차용어의 생략(abbreviation) 어형도 변이의 한 요인이 된다고 제언한다. 이진석(J. S. Lee 2021)은 이진석(2018)의 후속 연구로 온라인 설문 조사의 결과와 R-brul을 활용한 로지스틱 회귀분석으로 선행연구를 보완한다. 설문 결과, 교육 수준이 상대적으로 높고 영어권 국가 체류 경험이 많은 사람이 표준 어형인 '앱'과 '애플리케이션'을 비표준 어형인 '어플'과 '어플리케이션'보다 높은 비율로 사용한다고 분석되었으며, 설문 참여자들은 일상에서 첨삭형 '앱'과 '어플'을 압도적 비율로 사용한다고 보고하였다.

4. 요약 및 평가

이 장에서는 먼저 변이사회언어학의 성격과 발전 과정을 논의한 후 그동안 한국인 학자들이 수행한 대표적 변이와 변화 연구를 박사 학위 논문과 학술지 논문으로 구분하여 소개하고 논의하였다.

앞서 살펴본 바와 같이 그동안 국내에서 이루어진 연구는 음성·음운에 관한 연구의 비율이 다른 하위 분야, 즉 형태·통사나 어휘·담화보다 훨씬 높았고 연구의 주류를 이루었다. 대상 언어 관점에서 보면, 일부 영어와 스페인어에 관한 연구가 있었지만 한국어에 대한 연구가 대부분을 차지하였다. 한국어 변이 연구의 대상 방언을 보면, 표준 방언인 서울·경기 방언과 더불어, 전라, 경상, 충청, 평안 방언 등에 대한 연구가 이루어졌다. 자료 수집 방법적 관점에서 보면, 전통적 방법인 현지조사, 사회언어학 면담, 설문지 조사와 더불어 사회음성학적 방법(안미애 2012; K. W. Moon 2017 외), 전자 말뭉치 분석(김혜숙 2010, 2014 외), 인식 실험(조용준 2017 외), 불특정 다수 조사(채서영 2001), 온라인 설문 조사(J. S. Lee 2021 외) 등의 방법이 사용되었다. 통계 분석 방법의 관점에서 보면, 전통적 골드바브 분석(S. Y. Chae 1995; K. L. Kim 2018 등) 외에 SPSS(H. S. Kang 2007; 조용준 2017 외), R(K. W. Moon 2017; S. H. Kwon 2018a), R-brul(이재섭 2020; J. S. Lee 2021)을 활용한 다중변인분석, 공통성 분석(J. K. Ahn 1987), LVS(강현석·김민지 2022 외)를 활용한 분석 등이 관찰된다.

그동안 국내 학자가 수행한 변이 연구는 한국어의 변이와 변화에 많은 흥미롭고 의미 있는 결과를 냈고 주목할 만한 성과를 거두었다. 하지만 적어도 일부는 아직 국제적 수준과 다소 거리가 있다고 생각된다. 영어학을 훈련 배경으로 한 학자들은 한국어에 대한 연구를 수행하면서도 그에 대한 역사·배경적 지식이 만족스럽지 않은 사례가 발견되며, 국어학을 학문적 배경으로 한 학자들의 경우는 계량 사회언어학이라고도 불리는 변이 연구에서 요구되는 통계 분석 역량이 충분치 않은 경우가 관찰된다. 특히 후자의 관점이 이 책을 집필하게 된 동기의 하나이기도 하다.

더 읽을거리

1. Eckert, P. (2012). Three waves of variation study: The emergence of meaning in the study of sociolinguistic variation. *Annual Review of Anthropology* 41, 87-100.

이 논문은 변이 연구의 변화 단계를 세 추세적 물결로 비유해서 설명하고, 변이 혹은 변이형의 사회적 의미의 중요성이 세 물결에서 어떻게 변했는지를 기술한다. 또한 세 번째 물결에 속하는 연구들에서 사회언어학적 변이와 변이형이 어떤 사회적 의미를 갖는지를 상술하고 사회적 의미와 실행(practice) 그리고 스타일(style)과의 상호 관계에 대해서도 논의한다.

2. Bayley, R. (2013). Variationist sociolinguistics. Chapter 1 of R. Bayley, R. Cameron, & C. Lucas (eds.), *The Oxford Handbook of Sociolinguistics*, 11-30. Oxford University Press.

이 글은 변이 연구의 토대가 되는 변이 이론의 기본 가정들을 설명하고, 변이사회언어학 초기의 대표적인 연구들을 소개하며, 추가해서 비교적 근래에 이루어진 변이 연구 방법론의 제2 언어학습과 수화(手話) 분야로의 확장도 논의한다.

3. Tagliamonte, S. (2015). *Making Waves: The Story of Variationist Sociolinguistics*. Blackwell.

이 책은 저자가 라보브, 트럿길, 울프램 등 43명의 대표적 변이사회언어학자와 일대일로 인터뷰한 내용을 이야기 형식으로 기술한 것이다. 인터뷰의 주제는 사회언어학적 변이의 개념, 변이 연구의 시발과 이론적 가정, 현지조사, 후학에 대한 조언 등이 포함되며, 독자는 인터뷰 내용을 통해 딱딱한 학자의 모습이 아닌 변이 연구자의 인간적인 면모도 알 수 있다.

4. 강희숙(2014나). 〈언어와 지역〉, 강현석 외, 《사회언어학: 언어와 사회 그리고 문화》의 2장, 51-87, 글로벌콘텐츠.

저자는 이 글에서 지역적 요인에 의한 한국어의 변이 양상을 논의한다. 한국어의 지역적 변이를 음운적 변이, 어휘적 변이, 문법적 변이로 나누어 기술하며 한국어의 방언 간에 어떤 언어적 유사성과 차이를 보이는지를 개괄한다.

5. 박경래(2014), 〈연령과 사회 계층〉, 강현석 외, 《사회언어학: 언어와 사회 그리고 문화》의 3장, 89-134, 글로벌콘텐츠.

이 글은 한국어를 주 대상 언어로 해서 연령과 사회계층 요인에 따른 언어 변이에 대해 논의한다. 연령에 따른 언어 차이는 연령대 변이(age grading)로 인한 차이와 언어 변화로 인한 차이로 구분하고 있으며, 사회계층에 따른 언어 변이는 사회계층 구분이 엄격한 사회와 유동적인 사회로 구분해서 논의하며, 전자에서 계층 간 언어 차이가 더 분명히 나타난다고 제시한다.

주석

1) 물론 의사 시간 방법론은 역사적 기록, 선행 연구의 관찰이나 분석 결과, 제보자들의 인식 같은 다른 증거에 의해 보강되어야 한다.

2) 다중변인분석이란 변이형의 실현에 영향을 주는 요인 혹은 제약이 하나가 아니라 여럿이라고 판단되는 경우에 사용하는 통계 기법이며 이 책의 주요 주제이다.

3) 실행공동체란 레이브와 웽어(Lave & Wenger 1991)가 제안한 개념으로 취미, 직업, 기술, 관심사 등을 공유하는 집단을 지칭한다. 이 공동체의 성원은 서로 협력하면서 지식과 경험을 공유한다.

4) 세 번째 물결의 변이 연구에서 사용되는 스타일(style)이란 용어는 '자신의 발화에 기울이는 주의의 정도'(Labov 1972a)라는 기존의 의미와는 다르며 '화자가 대화 상대자와 대화 맥락에 따라 표현하고자 하는 자신의 정체성을 반영하는 변이형과 의미를 선택함'(Eckert 2008 참조)이라는 의미를 갖는다.

5) 편의상의 이유 외에 해외와 국내에서 작성된 박사논문을 나누어 논의하는 또 다른 이유는 전자와 후자는 대부분 각각 영어학과 국어학을 전공한 학자들에 의해 작성이 되었고 이들의 학문적 배경과 훈련 과정에 차이가 있어서 연구방법론에서도 차이를 보이는 경우가 많기 때문이다.

6) 이 절에서 다루는 해외 박사학위 논문은 김경래(K. L. Kim 2018)을 제외하면 모두 미국에서 작성되었으며, 학술지 논문은 한국사회언어학회의 학회지인 《사회언어학》에 게재된 논문의 비중이 크다. 지면과 저자 역량의 부족으로 변이사회언어학 연구를 모두 다루지 못한 점을 밝힌다.

7) 이 연구는 남성 화자 네 명의 발화 자료를 바탕으로 서울 방언 단모음의 음성적 실현을 음향음성학적으로 분석해서 두 모음의 합류 여부를 점검하는데, 이는 음향음성학적 도구의 활용을 한국어 변이 연구에 도입하였다는 점에서 의미가 있다.

8) 어두 유음 실현의 경우 외래어의 원래 유음이 /l/인지 /r/인지가 영향을 미칠 수 있는데 이 요인은 홍연숙(1988)에서 고려되지 않았다.

9) /w/ 탈락의 경우 어두 음절인 '과자'에서보다 비어두 음절인 '사과'에서, /y/ 탈락의 경우도 어두 음절인 '예술'보다 비어두 음절인 '도예'에서 활음 탈락이 훨씬 높은 빈도로 나타남을 강현석(1997)은 보인다.

10) 어두 음절에서는 '의→으'로의 변화가 진행되고 있고, 비어두 음절에서는 '의→이' 변화가 거의 완성 단계에 와 있다고 하며, 예외적으로 소유격 조사 '의'는 비어두 음절에 나타나지만 '에'로 변화가 이루어지며 이 변화 역시 완성 단계에 있다고 제안한다.

11) 표본을 읽은 화자가 '백인, 아시아인, 흑인, 히스패닉' 중 누구인지를 피실험자에게 묻는 질문이 포함되었다.

12) 세 여성으로부터 수집된 발화는 세 가지 유형인데, 연구자와의 사회언어학 면담 대화, 고객과의 전화 대화, 그리고 세 여성이 각자 녹음한 개인적으로 친한 사람과의 대화이다.

13) 에코B 초음파 머신(EchoB portable ultrasound machine), 비디오 촬영 장치, AAA(Articulate Assistant Advanced) 프로그램 등이 사용되었다.

14) 쿠스코(Cuzco)와 푸노(Puno) 등 주로 페루 남부 지역을 중심으로 안데스 스페인어 방언이 연구

되었으며, 토착어 아이마라어(Aymara)가 여전히 유지되는 뚜뻬(Tupe)에서 사용되는 스페인어는 김경래(2018) 이전에는 전혀 연구되지 않았다.

15) 이 지역 방언에서는 노년층의 경우 '닭에, 닭을'이 각각 '닥에' '닥을'로 실현되는 경우가 많았고, '듣다', '듣고' 대신 '들으다', '들으고'로 발화되는 비율이 상대적으로 높아서, 강희숙(1994)은 이들 화자의 경우는 어간이 '닭' 대신 '닥'으로 '듣' 대신 '들으'로 재구조화한 것으로 볼 수 있다고 제언한다.

16) 형태·음운 변이란 이 변이 현상을 설명하기 위해서는 음운적 제약만이 아니라 형태·어휘적 제약도 함께 고려해야 하는 변이를 지칭한다.

17) 자유 발화에서 추출된 모음은 억양구(intonation phrase) 초, 억양구 중간, 억양구 말에 나타나는 경우를 구분하여 각각 제1, 제2 포먼트의 수치를 측정하였다.

18) '아이다'의 첫 두 모음과 '조이'의 두 모음은 무두 비모음화 되는 것으로 김지현(2021)은 상정한다.

19) 직장에서 은퇴한 노년층이 가장 높은 비율의 '우'를 발화하고, 직장에서 가장 활발히 활동 중인 중년층이 가장 낮은 비율의 '우'를 사용하며, 청년층이 중간적 행태를 보인다는 것이 이소영(2017)의 언어 시장(linguistic marketplace) 개념에 바탕을 둔 주장의 주요 논거가 된다.

20) 표준 발음법(문교부 1988)이 규정한 표준 발음형은 /ㅌ/이 주격 조사 앞에 쓰이는 경우(밭이→바치)를 제외하고는 /ㅈ, ㅊ, ㅌ/의 원래 음가를 유지하는 형태(예: 낮이→나지, 숯을→수츨, 밭을→바틀)이다.

21) 체언 어간말 /ㅈ, ㅊ, ㅌ/의 실현은 어휘별로 다소 다르게 나타났다. 또한 복합어(예: 할미꽃(이))가 단일어(예: 꽃(이))보다 'ㅅ' 마찰음화의 실현에 용이한 환경으로 분석되었다.

22) 한국어의 억양 구조는 악센트구(accentual phrase)와 악센트구 하나 이상으로 구성되는 억양구(intonation phrase)로 이루어져 있다(S. A. Jun 2005).

23) 이러한 예는 다음과 같다: (상당히 가까운 관계의 동료 교수가) "장교수, 자기는 그거 어떻게 생각해?"; (직장 상사인 주과장이) "유대리, 그 회사 일은 자기가 좀 맡아줘."

24) 가능한 다른 시각은 미국 영어와는 달리 영국 영어에서는 'application'의 표준 발음이 '어플리케이션'인 점이 이 어형을 차용해서 사용하는 한 요인일 수 있다는 것이다.

제2장

변이사회언어학의 자료수집 방법

1. 들어가기

연구 대상인 사회언어학 변수를 정확하게 분석하고 변이 양태의 언어 내적, 언어 외적 함의를 밝히기 위한 선행 요건은 연구 목적에 적합하고 신뢰할 수 있는 연구 자료를 수집하는 것이다. 변이사회언어학 연구에는 다양한 자료수집 방법이 사용되며, 한국어 변이 연구도 예외가 아니어서 다채롭고 폭넓은 방법이 활용된다. 이 절에서는 변이사회언어학 분야에서 사용되는 대표적 자료 수집 유형 다섯 가지, 즉 현지조사, 사회언어학 면담, 설문조사, 말뭉치 분석, 대중 매체 언어 분석에 대하여 논의한다.

2. 현지조사

현지조사는 연구하고자 하는 언어나 방언이 사용되는 곳에서 해당 언어 자료를 수집하는 것을 말한다. 한국어 변이 연구 중 많은 연구, 특히 박사학위 논문의 대부분은 현지조사를 바탕으로 작성된 바 있다. 언어학에서 본격적인 현지조사는 보아스(F. Boas), 사피어(E. Sapir), 블룸필드(L. Bloomfield)와 같은 구조주의 언어학자들이 미국에서 아메리카 원주민들의 언어를 연구하고 기술하기 위해 수행하였고 유럽에서는 스위스의 질리에롱(J. Gilliéron)을 비롯한 방언학자들이 방언의 지역적 변이와 변화를 조사하면서 시작되었다. 미국 구조주의 언어학자들의 현지조사는 자신이 잘 알지 못하는 언어와 문화를 탐구하는 민족지적 관점에서 이루어졌다는 점에서 유럽 방언학자의 현지조사와 차이가 있다.

연구자가 연구 대상인 언어공동체의 구성원이 아닌 경우에는 원활한 현지조사를 위해서 조사 지역에 대한 지식 증진, 현지 적응, 그리고 현지인과의 원만한 관계 맺기를 위한 준비 기간이 필요하다. 현지조사 지역에 대한 지식이 불충분하거나 현지인과 우호적인 관계를 유지하지 않고는 효과적인 현지조사가 불가능하기 때문이다. 따라서 연구자는 현지인이 잘 아는 지인이나 친구의 소개 같은 과정을 통해서 연구 대상 언어 공동체에 접근하는 것이 자연스럽다(Milroy & Gordon 2003: 32). 일단 현지 언어공동체에 소개가 되면, 현지인들의 사회연계망을 통해서 그들의 친지나 친구를 다시 소개받을 수 있고 이 과정은 반복될 수 있다. 현지 사회에서 평판이 좋고 존중받는 현지인이 소개자 역할을 해주면 현지조사 과정에 많은 도움이 된다. 특히 현지 언어공동체 내부에 분열과 대립이 심한 경우 더욱 그렇다. 그리고 식견 있는 현지인들을 제보자(informant)로서만이 아니라 연구의 자문 혹은 자료수집 도우미로 활용하는 것이 바람직하다. 현지 사회에 진입하는 다른 방법 하나는 그 지역의 주민 센터, 봉사 단체, 의료 기관, 종교 단체, 교육 기관에서 봉사 활동을 하는 것이다(Nichols 2009). 이 방법으로 현지 주민과 자연스럽게 접촉할 수 있고 현지 진입에 많은 도움을 받을 수 있다.

연구자가 현지조사에서 마주해야 할 문제 하나는 자신을 혹은 자신의 신분을 현지인에게 어떻게 소개하는가이다. 이 문제는 연구자의 신뢰성과 현지조사의 성공적 수행과 직접 관련이 된다. 기본적으로 현지인들에게 연구자 자신을 소개할 때는 '가능한 범위 내에서' 사실대로 말하는 것이 바람직하다. 저자의 박사논문(H. S. Kang 1997)은 서울 방언의 중모음 체계와 관련된 음운 변이, 즉 활음 탈락 및 중모음 '의' 변이적 실현 분석에 연구 초점을 두었는데, 당시 현지조사에서 자신을 서울 방언의 억양과 운율에 관심을 가진 언어학자라고 소개하였다. 이러한 자기소개는 큰 틀에서는 사실과 부합했지만 당시 연구 주제와는 일치하지 않았는데, 이런 자기소개는 뒤이은 사회언어학 면접에서 연구 대상 사회언어학 변수에 대한 제보자들의 의식적 발화를 피하기 위해서였다. 연구자마다 그리고 수행하는 연구에 따라 변이사회언어학자의 자기소개 방식은 다르지만, 자주 사용되는 방식 하나는 자신을 현지조사 지역의 언어와 문화, 혹은 언어와 사회에 관심이 있는 학자라고 소개하는 것이다(Milroy & Gordon 2003: 77; Mesthrie 1992 참조).

연구 대상인 언어공동체의 대표성 있는 언어 자료를 확보하기 위해서는 다양한 사회계층, 연령, 성별 배경을 가진 제보자를 선택하여 자료를 수집하는 것이 필요하다. 왜냐하면 어느 언어공동체에나 언중의 발화 자료에는 공동체 내부의 변이가 관찰되기 때문이다. 연구자가 현지 사회의 성원인 경우 언어 자료수집 시 자신의 친족이나 친구에 의존하기 쉬운데, 이런 경우 대표성 있는 언어 자료를 수집하기 어렵다는 점을 유의해야 한다. 전통적 민족지 현지조사에서 수집한 연구 자료는 거의 질적 자료였지만 변이 연구의 현지조사에서는 사회언어학 면접 외에 설문조사 또는 실험적 방법 등을 통해서 양적 자료도 확보한다.

현지조사에서 연구자가 흔히 수행하는 과업은 사회언어학 면담, 참여자 관찰, 현지조사 기록 작성, 조사 대상이나 조사 지역에 대한 사진과 영상 자료수집 등이다. 물론 현지조사에서 연구자가 사용하는 방법은 연구의 목적과 성격에 따라 다를 수 있다. 특히 변이 연구의 현지조사가 민족지적 성격을 어느 정도 도입하는지에 따라 활용하는 방법이 다를 수 있다.[1)]

사회언어학 면담은 현지조사에서 현지인을 일대일 혹은 일대다 방식의 면접 대화를 통해서 언어(또는 방언) 자료와 지역 문화에 대한 정보를 수집하는 방법이다. 참여자 관찰(Emerson, Fretz & Shaw 2011)은 문화인류학에서 유래한 방법으로 연구 대상인 언어공동체의 구성원이 문화적 맥락과 상황적인 맥락에 따라 언어를 어떻게 다르게 사용하는지에 대하여 관찰하는 방법이다. 참여자 관찰이란 연구자가 분석 대상 언어 공동체에 사회문화적으로 어느 정도 통합된 상태에서 이루어져야 하며, 연구 대상 언어 공동체나 연구의 주제에 따라 관찰 대상이 되는 말 사례(speech event)와 관찰 시간이 달라질 수 있다. 세심한 참여자 관찰을 통해서 현지인들이 말 사례의 어떤 맥락에서 어떤 언어형을 사용하는지에 대한 통찰이 이루어질 수 있다(Eckert 1989). 효율적인 참여자 관찰이 이루어지려면 현지 언어공동체 구성원들과의 신뢰가 중요하며 이들에 존중하는 태도를 가져야 한다. 현지인의 도움과 협조 없이는 현지 문화와 언어에 대한 깊이 있는 통찰이 이루어지기 어렵다는 것과 후속 자료수집이나 연구 결과 확인 등을 위해서 현지 사회를 다시 방문할 수 있다는 사실을 늘 기억할 필요가 있다.

현지조사에서 연구자는 사람들의 사회적, 언어문화적 행위를 주의 깊게 관찰해야 하며, 조사 내용과 조사 과정 그리고 연구 대상의 특이 사항에 대해 늘 세심하게 기록해야 한다. 어떤 기록과 관찰이 뒤따르는 해석 과정에서 중요한 역할을 할지 미리 알 수 없기 때문이다. 연구 대상과 소재에 대한 해석과 의견도 연구자가 주의해서 작성할 필요가 있다. 주의 깊게 작성한 기록은 자료수집과 자료 분석 과정에서 중요한 역할을 한다. 작성한 기록을 나중에 정확히 이해할 수 있도록 기록에는 일자와 시간 및 장소 그리고 특이 사항을 명기해야 하며, 정해진 형식에 따라 기록을 작성하는 것이 후속하는 비교 및 해석 과정에 도움이 된다. 연구자는 기록할 때 대상에 관한 기억이 남아 있기 때문에 약식으로 기록하려는 유혹에 빠지기 쉽지만 기억은 곧 사라지므로 되도록 자세하고 몇 달 뒤에도 바로 이해할 수 있는 분명한 기록을 남겨야 한다. 참여자 관찰 시에는 관찰만 하는 것이 아니라 현지인들의 대화에도 참여해야 하기 때문에 관찰 기록을 즉시 남기기 어려운 경우도 많다. 연구자가 바로 기록을 남길 수 없는 경우에는 기억이 손실되지 않도록 가능한 한 이른 시간에 기록하려는 노력이 필요하다.

최근에는 현지조사의 결과 보고에서 사진과 영상 자료를 활용하는 경우가 증가하고 있다. 사진과 영상 자료는 단순히 연구 보고를 위한 용도만이 아니라 연구자의 연구 대상에 대한 기억 유지와 기록 목적을 위해서도 훌륭한 자료가 된다. 현지조사는 분석 대상 언어의 배경이 되는 현지 사회와 지역 문화를 통찰할 기회를 연구자에게 제공해서 변이 연구의 양적 분석을 적절히 수행하고 분석 결과를 정확히 해석할 수 있게 도와주는 기능도 한다.

3. 사회언어학 면담

사회언어학 면담(sociolinguistic interview)은 더 넓은 의미로 사용되는 경우도 있으나, 일반적으로 변이 연구를 위해서 제보자로부터 자연 발화를 포함한 다양한 말투의 언어 자료를 수집하기 위해서 라보브(Labov 1966, 1984)가 개발한 자료수집 방법을 지칭한다. 대개 면담은 연구자(혹은 연구 보조원)와 제보자 일대일로 이루어지며, 면담 내용은 녹음이 되어 전사 작업을 거치며, 분석하고자 하는 사회언어학 변수의 변이형이 출현한 각 예는 사례(token)로 코딩하여 계량 사회언어학 통계 기법을 사용하여 분석한다.

사회언어학 면담은 사전 조사나 시험 연구(pilot study)의 결과를 토대로 작성된 면담 계획(interview schedule)에 따라 무작위 표집, 판단 표집(judgement sampling), 혹은 연계망(networking)을 이용한 표집을 통해 선정된 제보자를 대상으로 시행한다. 연구에 필요한 제보자의 수는 분석 대상인 사회언어학 변수에 대해 얼마나 많은 잠재적 사회적 요인을 분석하고자 하느냐에 따라 결정된다. 예를 들어, 어떤 사회언어학 변수에 대해서 특정 집단의 성별 요인만 분석한다고 하면 각 셀(cell)에 보통 4, 5명 정도의 제보자가 필요(Feagin 2002)하므로 8~10명이면 분석 가능하다. 하지만 성별 요인 외에 세대 요인과 계층 요인까지 사회언어학 변수의 변이 양상에 영향을 준다고 가정해서, 세대를 청·장년과 중·노년으로 이분하고 사회계층을 중산층과 상위 하류 계층 그리고 하위 하류 계층의 셋으로 구분하면 총 12개

(2×2×3)의 셀에 대해 48명(12×4)에서 60명(12×5)에 이르는 제보자가 필요하다.2)

일반적으로 사회언어학 면담은 면담 계획에 따라 이루어진다. 면담 계획에 포함된 질문은 연구자가 조사하고자 하는 화자 집단이나 사회언어학 변수의 성격에 따라 다를 수 있으며, 제보자가 사용하는 어형만이 아니라 어형에 대한 평가나 태도에 대한 물음도 포함할 수 있다. 연구자는 또한 제보자가 연구 대상인 사회언어학 변이(혹은 변수)를 어떻게 인식하고 있는지를 파악하기 위해 자기보고 테스트(self-report test; H. S. Kang 1997)나 주관적 반응 테스트(subjective reaction test; Labov 1984) 혹은 설문지를 활용할 수도 있다. 사회언어학 면담 중 질문은 제보자가 자연스럽게 답변할 수 있는 지역 공동체에 대한 물음이 많이 포함되며, 처음에는 일반적인 질문에서 시작해서 점차 세부적인 질문을 하는 것이 자연스럽다. 원활한 면담 진행과 자료수집을 위해서 연구자가 제보자에게 질의할 일련의 연관된 질문을 미리 준비하는 것이 필요하다.

라보브가 개발한 고전적인 면담 방법은 제보자에게서 다양한 말투의 언어 자료를 수집할 수 있게 구성되어 있다. 이 방법에 따르면, 다섯 가지 유형의 말투, 즉 편한 말투, 주의하는 말투, 지문 읽기 말투, 단어 읽기 말투, 최소 대립쌍 읽기 말투가 수집된다. (제보자는 연구자 혹은 면담자와의 일반 대화에서는, 즉 앞의 두 말투로 말할 때는 연구 대상인 사회언어학 변이를 일반적으로 의식하지 못하지만, 읽기 발화에서는 의식하게 되며 특히 최소 대립쌍(사회언어학 변수의 변이형에서만 형태적 혹은 음성적 차이를 보이는 단어 쌍)을 읽을 때는 이 사회언어학 변이를 강하게 의식하게 된다.) 말투 수집은 연구에 따라 다소 차이가 있어서, 박경래(1993)은 일상적 말투, 격식적 말투, 단어 읽기, 구절 읽기의 네 가지 말투를, 강희숙(1992가)는 일상적 말투, 문장 읽기, 단어 읽기의 세 가지 말투를 수집한 바 있다. 라보브는 위 다섯 가지 유형의 말투는 가장 자연스러운 말투에서 가장 주의를 기울이는 말투까지 말투의 연쇄(stylistic continuum)를 이룬다고 하였다. 라보브는 이들 중 특히 일상어(vernacular)라고 불리는 편한 말투 혹은 일상적 말투의 자료를 수집하는 것이 중요하다고 강조하였다. 일상어는 화자가 자기의 말을 의식하지 않고 발화하는 언어 변종(language variety)으로서 어린 시절에 습득된 가장 체계적인 언어 형태이며 진행 중인 언어 변화를 가장 먼저 반영한다고 라보브(1984)는 주장하였다.

하지만 사회언어학 면담은 상당히 격식적인 말 사례(speech event)여서 면담을 통하여 제보자의 일상어를 수집하기가 쉽지 않으며 관찰자의 역설(observer's paradox; Labov 1972a: 209)이 흔히 관찰된다. 즉, 연구자는 제보자의 일상어를 관찰하고 이 언어 변종의 자료를 수집하는 것을 목표로 하지만, 면담이라는 격식적 상황에서는 제보자의 일상어를 관찰하기도 수집하기도 어려운 것을 관찰자의 역설이라고 한다. 따라서 제보자가 면담 상황이라는 것을 의식하지 않고, 즉 자신의 말투에 신경 쓰지 않고 답변에 몰두할 수 있는 주제에 대해 질문을 하는 것이 중요하다. 예를 들면, 어린 시절의 신났던 놀이, 즐겁던 옛 축제의 기억, 죽을 뻔했던 경험, 배우자와의 첫 만남과 같은 유형의 질문을 하는 것이 제보자의 일상어를 끌어내는 데 도움이 될 수 있다. 또한 연구자가 제보자에게서 일상어에 가까운 자료를 수집하기 위해서는 면담 상황에서 나타나는 면접자와 피면접자 간의 힘의 불균형을 줄이려는 노력과 함께 제보자의 일상어 그리고 연구 대상인 지역사회의 문화를 배우려는 학습자의 자세를 갖는 것이 중요하다. 연구자는 면담할 때 제보자가 편안하게 느끼도록 되도록 이해하기 쉬운 표현을 쓰는 것이 필요하고 때로는 제보자의 언어 형태에 가까운 말씨와 말투를 쓰려는 노력도 필요하다.

성공적인 사회언어학 면담에 필요불가결한 또 다른 요소는 연구자와 제보자 간에 신뢰가 있어야 한다는 것이다. 따라서 제보자가 모르는 상황에서 대화를 녹음해서는 안 되고 연구자가 면담을 통해 알게 되는 개인 정보를 타인에게 알려서도 안 된다. 연구자는 자신의 연구 과제에 대해 제보자에게 가능한 한 성실하게 설명하여야 하고 질문도 되도록 제보자의 관심과 흥미를 유발할 수 있는 주제에서 고르는 것이 바람직하다. 가장 이상적인 것은 연구 결과를 연구 대상 언어 공동체가 현실 생활에서 활용할 수 있게 하는 것이고 이것이 어려우면 적어도 연구 결과를 해당 언어공동체에 알리려는 적극적인 노력이 중요하다(Cameron 2007 참조).

사회언어학 면담에서 연구자는 보통 처음에 제보자의 연령, 직업, 거주지, 고향 등의 개인 정보 사항을 말로 묻든지 설문지를 작성하게 한 후 이를 바탕으로 화자의 생활, 경험, 의견 등을 묻는 대화를 이어가는 경우가 많다. 제보자에게 하는 질문은 앞선 질문과 관련 있는 물음 혹은 보충 질문이 자연스러우며, 제보자에게서 많은 발화를 끌어내는 것이 목적이므로 단답식 혹은 폐쇄형 질문보다 제보자가 길게 답할 수 있는 개방형 질문이 바람직하다. 연구자의 질문에 제보자가 면담 상황인 것을 의식하지 않고 자신의 경험에 대해 긴 이야기를 한다면 최선의 경우이다.

사회언어학 면담을 통한 자료수집 방법의 약점으로는 다음 두 가지를 들 수 있다. 하나는 여러 제보자에게서 자료를 수집하고 전사하고 통계 처리하고 분석하는 데 많은 시간과 비용이 소요된다는 점이며, 다른 하나는 음운 변수, 형태 변수와는 달리 일부 어휘 변수, 통사 변수는 면담을 통해 수집한 자료에서 나타나는 변이형의 사례수가 너무 적어 의미 있는 분석이 어려울 수 있다는 점이다. 또한 고전적 사회언어학 면담에서는 제보자의 발화를 제보자의 목소리 크기, 억양, 말 속도 등을 기준으로 해서 상대적으로 편한 말투의 발화와 주의하는 말투의 발화로 나누었는데 이 기준이 너무 주관적이라는 비판이 있으며(Rickford & McNar-Knox 1994), 이런 제보자의 자기발화에 대한 주의 정도만이 아니라, 청자 수용(listener accommodation)이나 화제(topic)에 따른 말투 전환도 제보자의 언어 사용에 적지 않은 영향을 준다는 제언도 있다(Becker 2009).

4. 설문조사

설문지를 활용한 사회언어학과 방언학 연구는 19세기부터 수행되어 오랜 역사를 갖는다. 벵커(G. Wenker), 큐래스(H. Kurath), 오턴(H. Orton) 등 유럽과 미국의 방언학자들이 이 방법을 활용한 선구적 연구를 수행하였다.

설문지를 활용한 조사의 장점은 무엇보다도 많은 응답자로부터 비교적 짧은 시간에 많은 양의 자료를 수집할 수 있다는 점이다. 예를 들어, 벵커는 독일 방언지도(Wenker, Wrede, Mitzka & Martin 1927-1956)를 제작하기 위해 40개의 독일어 문장을 제보자의 방언으로 바꾸어 보내달라는 내용을 포함한 설문지를 독일 전역 학교 교사들에게 보냈는데 약 4만4천 개의 설문 응답을 받은 바 있다. 이는 많은 시간과 비용이 요구되는 현지조사 방법이나 사회언어학 면담과 비교하면 두드러진 장점이라고 할 수 있다. 대조적으로 라보브(Labov 1963)의 마서스 비녀드 섬 연구는 섬 주민 69명과의 사회언어학 면담, 뉴욕시 연구(Labov 1966)는 로워 이스트 사이드(Lower East Side) 주민 70명과의 면담 자료를 바탕으로 이루어진 바 있다. 일반적으로 수많은 제보자로부터 많은 자료를 수집할 수 있다는 것은 신뢰할만한 분석 결과를 얻을 가능성이 커진다는 것을 의미한다. 특히 제보자 간의 지리적 거리가 먼 전국적 연구는 설문조사 연구 방법이 효과적일 수 있다.

설문조사의 다른 장점은 많은 제보자에게서 동일한 성질의 자료를 수집할 수 있다는 것이다. 물론 사회언어학 면담에서도 연구자는 제보자에게서 상호 비교할 수 있는 유사한 자료를 얻으려고 노력하지만 제보자가 관심 있는 주제에 대해 주로 질문을 하기 때문에 수집된 자료가 설문조사만큼의 등가성을 갖기는 어렵다. 설문조사의 또 다른 장점은 설문 결과의 분석이 상대적으로 쉽다는 것이다. 설문지 질문에는 폐쇄형(또는 선다형) 질문이 많아서 통계분석이 용이하고 개방형 질문에 대한 답변은 연구자가 제보자의 진술 내용을 유형별로 분류하여 통계를 낼 수 있다. 그리고 네이버 폼이나 구글 폼 같은 온라인 설문 응용프로그램을 이용하면 폐쇄형 질문의 경우는 자동으로 설문 결과를 분석해서 제공해 주기도 한다.

이런 장점이 있지만, 설문지 사용은 변이사회언어학 연구에 적합하지 않은 면도 있다. 변이 연구에서의 설문지 사용은 분석 대상인 사회언어학 변이와 변이형에 대한 직접적 질문을 포함하기 쉬운데, 이는 제보자들의 실제 언어 사용을 밝히는 것이 아니라 사회언어학 변이와 변이형에 대한 제보자의 주관적 평가를 보여줄 가능성이 크다. 특히 언어공동체에서 성원들이 분명하게 의식하는 사회언어학 변이나 변이형3)의 경우에는 더욱 그러하다. 이 외에도 설문지를 활용한 조사의 단점으로 응답자로부터 심층적 의견을 도출해 내기 어렵다는 점, 설문지에 포함된 질문이 대부분 선다형이어서 개인 언어 사용에 나타나는 변이(intra-speaker variation)를 파악하기 어렵다는 점, 그리고 응답자가 불성실하게 답변할 가능성이 다른 방법보다 높다는 점이 지적될 수 있다.

변이사회언어학에서 설문지를 활용할 수 있는 연구 영역은 다양하지만, 특히 소수 집단의 언어(또는 방언) 사용 양상 조사(이재섭 2020), 지역어 조사(홍미주 2011, 2013), 특정 어휘나 표현의 사용 양태에 대한 연구(조태린 2018; 김신각·조태린 2022), 혹은 각종 언어와 방언에 대한 태도와 평가(홍미주 2013)가 대표적이다. 잘 알려진 가장 쌍 실험 방법(matched guise test)은 지각 실험 방법과 언어 태도에 대한 설문을 병행하는 방법이라고 할 수 있다.

사회언어학 연구를 위한 설문지를 작성할 때 연구자가 해야 할 과제는 크게 세 가지다. 첫째는 명확한 연구 목표와 과제의 설정이고, 둘째는 적합한 설문 대상 표본의 선정이며, 셋째는 설문지의 실제 작성이다. 먼저 연구 과제의 설정은 선행연구와 연구 대상에 대한 체계적인 탐색과 조사의 결과를 통해서 이루어져야 하고 설문 내용이 연구 목적과 부합하여야 한다. 또한 모집단 전체를 대상으로 설문 조사를 할 수 없으므로 선정된 표본이 연구 대상 집단에 대해 대표성을 가질 수 있게 표집(sampling)해야 한다.

설문지의 구성은 크게 도입부, 설문 부분, 종결부로 나뉜다. 도입부는 설문지의 제목, 성실한 답변을 요구하는 공손한 요청, 예상 소요 시간, 익명성의 보장 등의 내용이 포함될 수 있다. 설문 부분에는 조사할 내용에 대한 설문 문항들이 배치된다. 설문 부분도 하위 구분할 수 있으며, 이 경우 설문 전체에 대한 지시 사항에 추가해서 각 설문 하위 영역마다 추가로 지시 사항을 포함할 수 있다. 종결부에는 응답자에 대한 감사의 말이 포함되고 응답자가 설문 결과를 알고 싶어 하는 경우를 위해서 연구자의 전자우편 주소나 전화번호를 포함하는 때도 있다.

설문 유형은 크게 폐쇄형과 개방형으로 나눌 수 있다.4) 폐쇄형 질문에 대한 응답은 질문에 대한 답으로 개연성이 있는 것들로 작성해야 하고 긍정이나 부정의 한 방향으로 편향성을 띠지 않게 작성해야 한다. 개방형 질문은 응답자가 상대적으로 자유롭게 답변할 수 있기는 하지만 응답하는 데 시간이 소요되고 응답 내용을 분석하는 데도 많은 시간이 걸린다. 응답자의 수고를 덜기 위해서 소수의 개방형 질문을 설문지의 말미에 포함하는 것이 일반적이다.

설문지에 포함되는 질문은 간결한 문장과 명확한 표현으로 작성해야 한다. 연구자가 질문에 어떤 표현을 쓰느냐에 따라 응답이 달라질 수 있다는 점에 유의해야 하며(Schuman & Presser 1981), 질문과 답의 순서 역시 응답자의 응답 행태에 영향을 미칠 수 있으므로 세밀한 주의를 기울여야 한다(Bishop 1987 참조). 일단 설문지가 완성되면 적절한 대상을 상대로 설문을 시험해보는 것이 필요하다. 이 과정에서 발견되는 오류나 개선점을 반영하고 수정해서 최종 설문지를 완성하여 실제 설문에 사용한다.

설문지를 이용한 자료수집에서 중요한 과제 둘은 설문 참여자의 설문 응답률을 가능한 한 높이는 일과 응답자들이 각 질문에 대해 최대한 성실히 답변하게 하는 일이다. 이 두 가지 목적을 달성하기 위해서는 일차적으로 연구자와 응답자의 우호적인 관계 설정이 이루어져야 하고, 이차적으로 설문의 내용이 충실해야 하며, 또한 짜임새 있고 신뢰할만한 구성과 외양도 필요하다.

근래에 들어 전통적 설문지와는 다른 전화 설문과 인터넷을 활용한 온라인 설문 방법이 많이 활용되고 있다. 라보브, 애쉬 및 보버그(Labov, Ash, & Boberg 2006)는 미국과 캐나다 전역의 북미(北美) 영어 연구인 텔서 연구 과제(Telsur Project)에서 전화 설문과 전화 면접을 자료수집 방법으로 사용하였다. 베일리, 위클 및 틸러리(Bailey, Wickle & Tillery 1997)의 오클라호마 영어 연구에서도 전화 설문을 활용하였고, 틸러리, 위클 및 베일리(Tillery, Wikle & Bailey 2000)의 비표준 대명사 'y'all'에 대한 연구에서도 같은 방법을 사용하였다. 전화 설문을 활용할 경우 일반적 사회언어학 면담에서 연구자가 사용하는 질문 유형을 포함해서 발화 자료도 수집할 수 있다.

인터넷을 활용한 온라인 설문도 인터넷의 범용화와 설문의 편의성으로 인해 널리 사용된다(Schilling 2013: 68 참조). 온라인 설문도 본격적 설문 시행 이전에 시험 설문을 거치는 것이 중요하며, 설문지 설문보다 더 다양한 사람들이 참여할 가능성이 크므로 설문 문항이 참여자 모두에게 같은 의미를 전달하도록 문구에 주의를 기울이는 것이 중요하다. 온라인 설문에도 참여자 모집에 친족이나 친지, 지인의 도움이 필요하며, 온라인 게시판이나 학교 신문 등에 공지를 내는 방법도 활용된다. 온라인 설문은 조태린(2018), 홍미주(2019), 이진석(J. S. Lee 2021), 강현석·김민지(2022) 같은 한국어 변이 연구에도 자료수집의 주요 방법 혹은 보조적 수단으로 널리 활용되고 있다.

설문조사는 사회언어학 면담이나 또래 집단(peer group)의 대화 분석 혹은 참여자 관찰 같은 다른 연구 방법과 함께 시행할 수도 있다. 설문조사는 기본적으로 연구자가 제보자의 언어를 직접 관찰하는 것이 아니고 제보자에게 자신의 언어에 대해서 보고하게 하는 방법이지만, 이 연구 방법의 특성 및 제한점을 잘 이해하고 변이 연구에 활용한다면 많은 도움이 될 수 있다.

5. 말뭉치 분석

말뭉치(corpus)는 언어학자들이 경험적, 실증적으로 언어를 분석하기 위해서 구축한 언어 자료를 말한다. 아메리카 원주민 언어를 연구했던 미국의 구조주의 언어학자들은 자료의 양이 방대하지는 않았지만 언어 자료를 구축하여 분석하였으며, 유럽 여러 나라와 북미의 방언학자들도 여러 언어의 지역 방언 자료를 수집하여 구축했는데, 이런 방식으로 구축된 자료를 말뭉치라고 할 수 있다. 이처럼 말뭉치를 활용한 언어 연구의 역사와 전통은 오래되었고 뿌리가 깊다고 할 수 있다.

이러한 연구 전통의 예외는 촘스키가 주도한 변형생성문법의 합리주의적 언어연구 방법론이다. 촘스키는 언어 능력과 언어 수행을 구별하고, 언어 능력이 문법 기술의 이상적인 대상이라고 하였지만, 언어 수행은 불완전하고 신빙성이 없어서 경험적 연구 방법에 의한 연구 결과를 신뢰할 수 없다고 주장하였다. 하지만 컴퓨터 과학의 발전을 통해 많은 언어 자료를 전자 말뭉치로 쉽게 구축하고 분석할 수 있는 길이 열리고, 언어학자들이 경험적 연구의 필요성을 재인식하면서, 말뭉치 분석은 언어학의 여러 분야에서 필수적이고 효율적인 연구 방법론으로 자리 잡게 되었다. 그리고 전자 말뭉치의 사용이 일반화하면서 말뭉치라는 용어는 현재 주로 전자 말뭉치(electronic corpus)를 지칭한다.

사회언어학에서 많이 활용되어 온 대표적인 전자 말뭉치들을 소개하면 다음과 같다. 먼저 최초로 본격적인 전자 말뭉치로서 구축된 것은 브라운 말뭉치(Brown Corpus)다. 이 말뭉치는 100만 어절로 구성된 미국 영어의 문어 말뭉치로 1961년에 발행된 다양한 유형의 텍스트로 이루어졌다. 미국 영어의 말뭉치인 브라운 말뭉치에 대응하는 영국 영어의 말뭉치가 LOB 말뭉치(Lancaster-Oslo-Bergen Corpus)다. LOB 말뭉치는 어절 수와 텍스트 유형의 구성 비율과 성격이 브라운 말뭉치와 동일하다. 브라운 말뭉치보다 약 30년 뒤, 즉 1990년대 초 미국 영어의 문어 자료를 브라운 말뭉치의 텍스트 유형과 구성 비율로 구축한 말뭉치가 프라운 말뭉치(Frown: Freiburg Brown Corpus)이고, 이 말뭉치에 대응하는 영국 영어의 말뭉치는 프라이버그-LOB 말뭉치(Freiburg-LOB Corpus)다. 그리고 브라운 말뭉치와 동일한 구성 방식으로 ACE(Australian Corpus of English), WCWNZE(Wellington Corpus of Written New Zealand English), 콜하푸르(Kolhapur) 말뭉치가 구축되었는데, 이들은 각각 호주 영어, 뉴질랜드 영어, 인도 영어의 문어 말뭉치다. 위의 말뭉치들은 브라운 말뭉치를 모델로 삼았기 때문에 브라운 가족 말뭉치(The Brown Family of Corpora)라고도 불린다.

최초의 순수 구어 말뭉치는 런던-룬드(London-Lund) 말뭉치다. 이 말뭉치는 1975년부터 1981년 사이에 녹음된 영국 영어의 구어 자료를 전사하여 구축하였다. 그 밖에 사회언어학 연구에서 자주 활용되는 영국 영어 말뭉치는 BNC(British National Corpus)가 있고, 미국 영어 말뭉치는 ANC(American National Corpus)와 COCA(Corpus of Contemporary American English)가 있다. 이들은 모두 문어와 구어 자료가 통합된 말뭉치며, 현재 BNC는 1억 어절, ANC는 2천 2백만 어절, COCA는 10억 어절로 구성되어 있다. 역사사회언어학(historical sociolinguistics) 분야에서는 헬싱키(Helsinki) 말뭉치를 흔히 활용한다. 이 말뭉치는 8세기에서 18세기 초까지 간행된 영어 문어 텍스트 약 450개로 구성되어 있으며 크기는 약 150만 어절이다. 여러 국가에서 사용되는 영어를 비교하는 연구에는 ICE(International Corpus of English)와 GloWbE(The corpus of Global Web-based English)가 흔히 쓰인다. ICE는 현재 15개 국가나 지역에서 쓰이는 영어 변종들의 하위 말뭉치로 구성되어 있으며 각각의 하위 말뭉치는 100만 어절로 구축되어 있다. GloWbE는 20개 국가의 영어 변종으로 구성되어 있고 전체 말뭉치의 크기가 약 19억 어절이다. 이 말뭉치는 블로그, SNS 글과 댓글, 신문, 잡지, 기업 누리집 등 웹 기반 자료로 구성되어 있다. ICE와 GloWbE는 특히 세계의 여러 영어 변종 간 어휘와 문법 차이를 연구하는 데 활용된다.

한국어의 대표적 말뭉치는 국립국어원이 구축한 모두의 말뭉치(송영규 2020)와 세종 말뭉치(국립국어원 2007), 그리고 연세대학교의 연세 말뭉치(서상규 2002)와 고려대학교의 한국어 말모둠(김흥규·강범모 1996)이 있다. 이중 가장 먼저 구축하기 시작한 것은 연세 말뭉치로 1980년대 후반에 시작되었으며 현재 문어와 구어 자료를 포함해서 약 11억 5천만 어절로 이루어져 있다. 1995년에 구축된 고려대학교 한국어 말모둠은 1970~1990년대의 한국어 문어와 구어로 구성되어 있으며 약 1천만 어절로 이루어져 있다. '21세기 세종 계획'이라는 정부 지원 사업의 일환으로 구축된 세종 말뭉치는 약 2억 어절로 이루어져 있으며 다른 말뭉치보다 높은 비율의 형태 분석 말뭉치와 형태의미 분석 말뭉치를 포함한다. 세종 말뭉치는 또한 북한어 말뭉치, 역사 말뭉치, 한영(韓英)과 한일(韓日)의 병렬 말뭉치도 하위 말뭉치로 포함하고 있다. 국립국어원이 2020년부터 공개하기 시작한 모두의 말뭉치는 약 18억 어절로 되어 있어서 세종 말뭉치보다 9배 정도 규모가 큰 말뭉치다. 약 49종의 하위 말뭉치로 구성되어 있으며, 신문 기사, 책, 일상 대화, 메신저 대화, 방송 자료, 인터넷 블로그와 게시판 등의 구어와 문어의 말뭉치를 포함한다.

변이사회언어학의 연구 주제 중에는 방언 간 변이, 문어와 구어의 변이, 언어 변화, 성별어 변이 등에서 전자 말뭉치를 자주 활용한다. 전자 말뭉치 분석을 통해서 방언 간 차이를 분석한 중요한 연구 하나는 그리브(Grieve 2016)다. 이 연구는 자신이 구축한 약 3천 6백만 어절로 된 편지 말뭉치의 분석 결과를 바탕으로 미국 영어의 문법적 특징을 기준으로 해서 미국 방언 구역을 다섯으로 나눈 바 있다. 문어와 구어의 레지스터(상황변이어) 차이에 대한 연구는 바이버(Biber 1988)이 대표적이다. 이 연구는 주 자료로 영국 영어의 문어 말뭉치인 LOB와 영국 영어의 구어 자료로 구축된 런던-룬드 말뭉치를 사용하였다. 한국인 학자들도 여러 말뭉치를 활용하여 음운, 형태·통사, 어휘 부문의 변이 연구를 수행하고 있다. 이정복(2007)은 카이스트에서 구축한 현대한국어말뭉치를 사용하여 '감사합니다'와 '고맙습니다' 간의 어휘 변이에 관여하는 언어 내적 요인과 사회적, 화용적 요인을 밝혔으며, 최윤지(2018)은 텔레비전 뉴스에서 관찰되는 합쇼체와 해요체 간의 변이적 사용 양상을 연구하는 데 본인이 직접 구축하고 주석까지 붙인 뉴스 말뭉치를 활용하였다. 김혜숙 (2010, 2014)는 영어 부가의문문에 나타나는 성차를 확인하기 위해 영국 영어의 말뭉치인 ICE-GB를 분석한 바 있으며, 홍미주(2023)은 국립국어원이 구축한 모두의 말뭉치의 하위 말모둠인 메신저 말뭉치를 활용하여 한국어 메신저 언어의 음운적 변이와 특성을 탐구한 바 있다.

말뭉치를 사용한 변이사회언어학 연구의 중요한 특징은 자연 과학의 실험 연구와 마찬가지로 기존 연구의 연구 방법을 타 연구자가 그대로 반복 사용해서 연구 결과를 검증하는 것이 가능한 점이다. 이 점에서 말뭉치 분석은 사회언어학의 다른 방법론과 뚜렷하게 차별된다. 말뭉치 분석의 또 다른 특징은 분석 결과가 계량적이어서 변이사회언어학의 주 방법인 양적 분석과 부합한다는 것이다.

물론 말뭉치 분석에도 방법론적 제약이 있다. 첫 번째 제약은 어휘 변이나 통사 변이의 연구 등에서 나타나는 말뭉치 크기의 문제다. 특히 어휘 연구에서 효과적이고 정확한 연구 분석이 이루어지기 위해서는 바우어(Bauer 1994)가 지적하였듯이 말뭉치의 크기가 방대해야 한다. 두 번째 제약은 말뭉치 구축 시 선택되는 문어나 구어 텍스트의 대표성 문제다. 문어나 구어의 텍스트 장르와 유형은 아주 다양한데, 이들 중 어떤 것을 말뭉치 구축에 선택하고 또 그 유형을 어떤 비중으로 포함하는가에 대한 결정에는 상당히 자의적인 요소가 포함되기 때문이다. 따라서 이러한 자의적 결정을 바탕으로 구축된 문어나 구어 말뭉치가 특정 언어나 방언의 대표성을 가질 수 있느냐는 것이 문제가 될 수 있다. 이 문제는 말뭉치를 구축할 때만이 아니라 말뭉치를 분석할 때도 여러 유사 말뭉치 중 어떤 것을 선택하는가에도 적용될 수 있다. 또한 코퍼스 분석이 제공하는 양적 자료는 적절하고 통찰력 있는 질적 분석과 자료 해석이 동반되어야 한다는 것은 두말할 나위가 없다.

이와 같은 제약에도 불구하고 말뭉치 분석은 컴퓨터 과학의 지속적 발달과 더불어 새롭게 구축된 말뭉치들과 정교하게 개발된 분석 도구로 인하여 더욱 진화하고 있다. 특히 상당수의 말뭉치나 분석 도구를 인터넷상에서 바로 사용할 수 있게 된 점은 말뭉치 분석 방법이 이룬 중요한 발전이라고 할 수 있다. 주목할 만한 또 다른 발전은 구어 말뭉치의 진화에서 찾을 수 있다. 구어 말뭉치는 기존의 구어를 전사한 텍스트 자료를 뛰어넘어 텍스트 자료와 소리 파일이 연결되어 원하는 경우 바로 소리를 들을 수 있는 음성 말뭉치가 개발되었고 그 수도 증가하고 있다. 영국 영어 말뭉치인 ICE-GB(ICE-Great Britain)의 최근 버전은 300개의 음성 파일이 연결되어 있고, 버카이 자연 발화 말뭉치(Buckeye Speech Corpus)는 오하이오주 콜럼버스시 주민 40명과의 사회언어학 면담 음성 자료와 철자 전사 자료 그리고 음성 전사 자료를 포함한다. 이외에도 말뭉치 구축 방법과 분석 도구는 앞으로도 여러 면에서 계속 발전할 것으로 예상된다.

6. 대중 매체 언어 분석

대중 매체 언어란 불특정 다수에게 대중 매체를 통해 정보, 지식, 견해 등을 전달할 때 사용되는 언어를 말하는데, 전통적으로 신문 언어와 방송 언어가 주 지칭 대상이었으며 인터넷이 개발되고 범용화된 이후에는 인터넷 통신 언어가 또한 주요한 대중 매체 언어의 하나가 되었다. 이외에도 영화 대사나 광고 언어, 노래 가사에 쓰이는 언어도 매체 언어의 유형으로 간주될 수 있다. 이들 대중 매체 언어는 언중이 일상적으로 대하고 접촉하는 언어여서 대중의 언어에 적지 않은 영향을 미친다.

대중 매체 언어 중 신문 언어는 활자 매체에 의존하므로 문어이며, 방송 언어는 기본적으로 구어이고[5], 인터넷 통신 언어는 기본적으로 문어이지만 인터넷 언어의 유형에 따라 구어가 복합적으로 쓰이기도 하고 구어적 특성이 가미될 수도 있다. 신문 언어와 방송 언어는 공공성을 띠어서 언론 규약에 따라 제약을 받지만, 인터넷 통신 언어의 경우는 대체로 사적이고 비규범적이다. 대중 매체 언어에서도 일상적 구어나 문어와 마찬가지로 사회언어학적 변이 현상이 나타나며 변이 연구의 주요한 연구 자료로 사용된다.

신문은 정기적으로 발행되고 인터넷으로 무료 혹은 유료로 접근할 수 있는 신문이 많이 있으므로 자료수집이 용이하다. 특히 언어 변화, 즉 통시적 언어 변이 연구에도 훌륭한 자료가 될 수 있고 신문 섹션 간 변이를 포함한 공시적 언어 변이 연구에도 좋은 자료로 기능할 수 있다. 아직 국내에는 신문 언어를 자료로 하는 변이 연구가 눈에 띄지 않고 대부분 담화분석적 연구, 특히 비판담화분석 연구가 주류를 이룬다. 신문 언어를 대상으로 해외에서 이루어진 변이 연구의 예로는 비젠바크-루카스(Bisenbach-Lucas 1987)와 웡(Wong 2005)을 들 수 있다. 비젠바크-루카스(Bisenbach-Lucas 1987)는 미국 〈워싱턴 포스트〉의 신문 기사 자료를 바탕으로 관계사 사용 변이를 분석해서, 미국 영어에서는 영국 영어와 달리 선행사가 사물일 때 주격 관계사로 'that'을 'which'보다 압도적으로 높은 비율(85%)로 사용한다는 것을 보였으며, 웡(Wong 2005)는 홍콩의 〈동방일보〉(東方日報)의 신문 기사를 바탕으로 홍콩에서 남녀 동성애자를 지칭하는 '동지(同志)'와 '동성연자(同性戀者)'의 어휘 변이를 분석해서 후자가 의학, 법률 기사에 높은 빈도로 사용되는 데 비해, 전자는 주로 범죄, 정치 기사에서 동성애를 비하하고 희화하는 의도로 사용되는 경우가 많다는 것을 밝혔다. 신문 언어를 연구 자료로 사용할 때 주의할 점 하나는 신문사(예를 들어 한국의 조선일보와 한겨레신문)에 따라 이념적 성향이 달라서 사용되는 언어나 용어가 다를 수 있다는 것이다.

방송 언어에 대한 연구는 거의 대부분 텔레비전 언어를 대상으로 이루어졌다. 방송 언어는 특히 공공성이 강조되며, 표준어 사용이 방송언어 규정(〈방송심의에 관한 규정〉 제8절 '방송언어')에 명시되어 있고, 차별어와 비속어 그리고 외국어의 사용은 특별한 경우를 제외하고는 금지되어 있다. 특히 뉴스나 보도 프로그램 그리고 교양과 정보 프로그램의 경우에는 언어 사용에 대한 이 규정이 엄격하게 적용된다. 반면에 방송 프로그램 중 오락 프로그램이나 TV 드라마 등은 언어에 대한 규제가 상대적으로 덜 하다고 할 수 있다.

TV 드라마에서 사용되는 언어는 대본을 바탕으로 하지만 일상대화와 유사하고 자연 발화보다 훨씬 자료수집이 쉽기 때문에 변이 연구의 자료로 자주 활용된다(TV 드라마, 영화, 노래의 언어는 공연 언어(performed language)라고도 불린다). TV 드라마 언어는 연기자의 연기 발화와 대본 속 발화 모두 연구에 활용될 수 있다. 연기 발화와 대본 발화는 서로 일치하기도 하고 불일치하기도 한다. 즉 연기자는 대본을 바탕으로 대사를 발화하지만 대본 그대로 발화하지는 않으며, 특히 내용어가 아니라 기능어인 경우는 상당한 차이를 보일 수 있다(강현석 2009 참조). 영상 속 발화 자료에서 나타나는 언어 변이 양태는 일상 언어와 유사한 경우가 많고, 대본 속 발화 자료는 일상 언어의 언어 변이를 반영하기도 하고 때로는 대본 작가의 특정 언어 변이에 대한 개인적 의식이나 지식을 반영할 수도 있다. TV 드라마(와 다른 여러 프로그램)의 영상 자료는 드라마를 방영한 방송국 누리집이나 다른 영상

물 누리집에서 무료로 제공되는 경우도 있고 유료로 사용료를 내야 자료를 볼 수 있는 경우도 있다. 드라마 대본 역시 무료로 대본 파일을 제공해 주는 누리집도 있고 유료로 제공하는 곳도 있으며 특히 최근에는 드라마 대본을 책으로 구입해야 하는 경우도 있다. 대본이 있는 경우도 영상 속에서 이루어지는 실제 발화의 변이 연구를 위해서는 대본 대사를 적절하게 수정 보완하는 작업이 필요하다.

텔레비전 뉴스 자료를 바탕으로 이루어진 국내 연구로는 합쇼체와 해요체의 변이를 분석한 최윤지(2018)와 북한 TV 뉴스의 아나운서 발화를 분석해서 북한의 표준 발음법에 규정된 두음법칙의 비적용(예: 로동당(노동당), 녀자(여자))이 실제 발화에서 어느 정도 지켜지는지를 분석한 정성희·신하영(2017)이 있다. TV 드라마의 영상 자료와 대본 자료를 분석한 변이 연구로는 감탄사 '응'과 '어'의 화용적 변이를 밝힌 강현석·김민지(2022)가 있는데, 이 연구는 강현석(2009)처럼 대본 발화보다 연기 발화에서 상당수 더 많은 사용례를 발견하였지만, 변이형의 종류와 분포에서는 두 자료가 비슷한 양태를 보였다고 보고한다. 강현석(2011)은 TV 드라마와 영화의 대본 자료를 토대로 합쇼체와 해요체의 성별적, 사용맥락적 변이를 분석하였으며, 강현석(2009)는 TV 토크쇼와 영화 발화 자료를 바탕으로 감탄사 '예'와 '네'의 사회언어학 변이를 점검하였다. 앞서 언급하였듯이, 방송언어 연구의 대상은 거의 대부분 텔레비전 언어인데, 강현석(H.S. Kang 2002)는 라디오 토크쇼 남녀 진행자들의 진술 화행을 중심으로 인토네이션에 나타나는 성차를 분석한 바 있다. TV 드라마 자료를 분석한 영어권 변이 연구의 예로는 강조어(intensifiers) 사용에 나타난 남녀 성차를 분석한 타글리아몬테와 로버츠(Tagliamonte & Roberts 2005)가 있다.

변이 연구에서 일상 언어 대신 TV 드라마나 영화 속 대화를 분석할 때는 공상과학물이나 공포물 같은 비일상적인 장르보다는 현실적이고 일상적인 주제를 다룬 장르를 선택하는 것이 바람직하다. 또한, 분석 대상인 사회언어학 변수의 변이형이 자주 나타나서 충분한 사용례를 확보할 수 있는 장르와 주제를 고르는 것이 중요하다. 예를 들어 '응'과 '어'의 변이를 분석한 강현석·김민지(2022)는 학교 드라마와 청춘 드라마를 연구 자료로 선택하였는데, 그 이유는 두 감탄사가 사회적/연령적 관계가 동등한 사람 간에 쓰이든지 사회적/연령적으로 상위인 사람이 하위인 사람에게 쓰는 제한적 사용 맥락 때문이었다.

TV 드라마와 영화가 공히 일상적 주제를 다룬다는 전제하에 두 매체의 언어를 비교하면 TV 드라마에서 좀 더 일상 언어에 가까운 언어를 사용하는 경우가 많다. 영화는 상대적으로 언어 이외의 요소, 즉 영상미, 음악 등의 비중이 드라마보다 커서 대사의 상대적 비중은 TV 드라마가 크다. 또한, 영화의 대사는 덜 명시적이고 함축적인 경우가 많아서 일상대화와 다소 거리가 있을 수 있다. 드라마와 영화 대본은 촬영 직전 혹은 촬영 중에도 수정되는 경우가 있기 때문에 둘 이상의 다소 다른 이형이 존재할 수 있다. 그리고 영화의 경우에는 극장판과 감독판이 각각 존재할 때가 있어서 둘은 언어 분량과 내용 면에서 다소 차이가 있을 수 있다.

인터넷 통신 언어는 여러 유형의 인터넷 공간에서 통신, 오락, 정보 제공, 소통 등의 목적으로 사용되는 언어를 말한다. 이 언어는 크리스탈(Crystal 2001, 2004)이 기존의 구어, 문어, 수화에 이어 새롭게 생긴 혁신적 언어 매체라고 제언한 바 있는데, 이 새로운 유형의 언어는 독립적 체계와 고유한 특징이 있는 사회 방언이라고 할 수 있다(이정복 2001). 인터넷 언어는 문자 언어가 중심이 되지만 기존 문어와는 기능과 사용 맥락이 상당히 다르다. 사회언어학에서는 주로 변이 연구, 이중언어사용, 코드전환, 사회적 정체성과 관련해서 연구가 이루어지고 있다. 인터넷 언어는 특히 변이 연구에 흥미롭고 적합한 대상이 될 수 있다고 생각되는데, 그 이유는 이 언어가 특유의 언어 경제적, 오락적 기능 때문에 기존 문어와는 차별되고 훨씬 다양한 변이 양상을 보이기 때문이다.

인터넷 통신 언어의 역사는 전자통신과 인터넷 매체의 기술적 발달과 새로운 플랫폼의 생성과정과 밀접히 연관되어 있다. 통신 언어는 1980년대 말 PC 통신의 대중화와 함께 시작해서 1990년대 초까지는 이메일, 메일링리스트, 뉴스그룹, 채팅 등에 사용되었고, 초기 인터넷 시기인 1990년대 중반부터 2000년대 중반까지는 개인과 기업의 누리집, 토론방, 블로그 등을 중심으로 발전하였으며, 참여 인터넷 시기라고 할 수 있는 2000년대 중반 이후에는 소셜 네트워크 서비스(SNS), 위키피디아, 그리고 미디어 공유 사이트(유튜브, 틱톡 등)가 기존 플랫폼에 추가되어 더욱 진화했다고 볼 수 있다.

신문 언어나 방송언어와 달리, 인터넷 언어는 공공성이 덜하고 사적 소통의 수단으로 사용되는 경우도 많아서 탈규범적인 면이 있다. 또한, 단일 방향으로 사용되는 신문방송의 언어와는 달리 쌍방향으로 사용되는 경우도 많다. 특히 전화 문자, 메신저, 이메일, 채팅, 토론방 등에서의 참여자 간 소통은 쌍방향적이라고 할 수 있다. 또한, 최근의 인터넷 언어는 소통 방식이 문어만을 통해서가 아니라 이미지와 음성까지 사용해서 복합적으로 이루어지는 것도 특징이다. 인터넷 언어의 그 밖의 특징은 현지조사나 설문조사에서 비교적 쉽게 구할 수 있는 언어 사용자의 성별, 연령, 직업에 관한 구체적 정보를 얻기 어렵다는 것, 온라인 언어는 관리자나 작성자가 특별히 수정하거나 없애는 경우를 제외하고는 계속 축적이 되어 사용할 수 있는 자료가 방대하다는 것, 그리고 플랫폼(예를 들어, 채팅, 이메일, 블로그, 누리집, 소셜 네트워크 서비스 등)에 따라 쓰이는 언어가 특질과 격식성에서 차이가 있다는 것이다.

인터넷 언어 자료의 구체적 수집 방법은 다양하고 플랫폼마다 다를 수 있다. 가장 간단한 방법으로는 해당 누리집 페이지의 필요한 부분을 '복사 후 붙여넣기'를 한 후 파일로 저장하는 방법이 있고, 카카오톡 대화를 수집할 때는 각 대화방 안에서 '채팅방 설정'으로 이동 후 '대화 내용 내보내기'를 사용하여 특정인(들)과의 대화를 자신의 이메일 계정으로 보내거나 지정된 저장 공간에 파일로 저장할 수 있다. 인터넷 카페나 특정인의 블로그는 회원이나 이웃에게만 자료를 공개하는 경우가 적지 않으므로 회원 가입이나 특정인과 이웃 관계를 맺는 것이 필요한 때가 있고, 페이스북, 인스타그램 등 소셜 네트워크 서비스도 친구가 아닌 경우 자료 접근에 제한이 있다. 따라서 주위 사람들의 도움을 얻어서 그들이 개별적으로 접근이 가능한 인터넷 언어를 자료로 제공 받아 필요한 자료를 수집하는 방법도 있다. 또한 방대한 인터넷 공간에서 적절한 자료를 찾기 어려운 경우에는 웹 공간의 적절한 자료를 탐색해서 찾아주는 웹크롤링(web crawling) 프로그램이나 API(application program interface)가 활용되는 경우도 많다.

근래에는 앞서 기술한 대로 소셜 네트워크 서비스나 유튜브 같은 미디어 공유 사이트에서 문자 언어만이 아니라 음성 언어도 활발히 활용되지만, 여기서 사용되는 음성 언어는 일반 구어와 큰 차이를 보이기 어려우므로, 변이사회언어학자의 연구는 여전히 주로 문자 언어를 중심으로 이루어지고 있다. 국내 연구의 예로, 강현석·김민지(2017, 2018)은 메신저 언어인 카카오톡 대화를 바탕으로 각각 '예'와 '네'의 변이와 합쇼체와 해요체의 변이를 분석해서 일반 구어 자료에서보다 훨씬 많은 변이형과 구어에서와는 상당히 다른 변이 양태를 발견하였고, 이진석(J. S. Lee 2021)은 네이버 데이터 랩에서 제공받은 네이버 검색어를 주요 자료로 분석하여 '앱, 애플리케이션, 어플리케이션, 어플'의 어휘 변이를 연구하였다. 인터넷 통신 언어를 분석한 해외 연구로는, 채팅 언어를 토대로 밀로이와 밀로이(Milroy & Milroy 1992)의 사회연계망 이론을 점검한 파오릴로(Paolillo 2001), 여성이 인터넷 언어에서 남성보다 느낌표를 많이 사용하는 이유가 남자보다 더 감정적이라기보다 상대방과의 교감을 위해서라는 것을 토론방 대화를 분석해서 밝힌 웨이절레스키(Waseleski 2006), 트위터 언어 분석을 통해 네덜란드어 3인칭 복수 목적격 대명사 'hun'(them)의 주어 기능에 관한 변이와 사용 맥락을 밝힌 그론데래즈 외(Grondelaers et al. 2023) 등을 포함한다.

7. 요약과 결어

지금까지 변이 연구에서 흔히 사용되는 다섯 가지 자료 유형의 성격과 수집 방법을 논의하였다. 가장 전통적인 자료수집 방법은 현지조사와 사회언어학 면담을 통해서 수집한 구어 자료를 분석 대상인 사회언어학 변수의 탐구에 적합한 수준의 전사 작업을 하고 사용례를 얻어서 분석하는 것이지만, 사회언어학 면담 외에도 전통적 설문조사 혹은 온라인 설문조사, 전자 말뭉치 분석, 신문과 잡지 언어를 포함한 인쇄 매체 언어, TV와 라디오를 포함한 방송언어, 인터넷 개발 이후 새로운 대중 매체로 등장한 인터넷 통신 언어도 변이 연구의 주요 연구 자료로 기능하고 있다. 각 유형의 자료는 각기 장점과 단점이 있고 자료수집 시 유의해야 할 사항들이 있다. 변이 연구자는 자료 유형의 특성을 잘 파악하고 단점을 최소화하는 방식으로 자료를 수집하고 분석할 필요가 있다. 또한, 복수의 자료 유형을 토대로 연구를 진행하면 개별 유형의 장점은 크게 하고 단점은 줄여 상호 보완적인 연구를 수행하는 데 도움이 된다. 이 장에서 논의되지 않은 변이 연구에서 활용되는 다른 주요 자료수집 방법으로는 언어 조음이나 지각 혹은 수용성(acceptability)에 대한 실험적 방법(Hong 1988; 조용준 2017; Kwon 2018a), 텍스트 자료 혹은 면담 자료 내용에 대한 질적 분석 방법(김신각·조태린 2022; 홍미주 2014) 등이 있으며, 연구자가 분석하고자 하는 사회언어학 변수의 성격에 따라 이들 자료도 효율적인 대안 혹은 보완적 자료가 될 수 있다.

더 읽을거리

1. 박동근(2020), 〈매체 언어 연구의 성과와 과제〉, 《사회언어학》, 28(4), 29-69, 한국사회언어학회.

이 글은 매체 언어, 그중에서도 신문, 방송, 인터넷 통신에서 사용되는 언어의 기본 특징과 차이를 소개한 후 국내에서 이루어진 각 매체 언어에 관한 연구의 동향과 성격, 그리고 성과를 논의한다. 또한 연구를 위해 수집된 자료의 유형에 대한 논의도 이루어진다.

2. Baker, P. (2010). *Sociolinguistics and Corpus Linguistics*. Edinburgh University Press.

이 책은 사회언어학 연구에 전자 말뭉치를 활용하는 방법을 논의한다. 사회언어학 연구 중에서 공시적 변이, 통시적 변이, 담화 연구에서의 말뭉치 사용에 특히 초점을 맞추며, BNC, 브라운 가족 말뭉치, 영국 방언 말뭉치 등의 사용 및 분석의 예가 논의된다. 저자는 전자 말뭉치 분석은 변이 연구의 주된 방법론 혹은 보조적 방법론으로 사용될 수 있고 강점과 더불어 제한점도 있음을 밝힌다.

3. Boberg, C. (2018). The use of written questionnaires in sociolinguistics. In C. Mallinson, B, Childs, & G. V. Herk (eds.), *Data Collection in Sociolinguistics: Methods and Applications*. Routledge.

저자는 이 글에서 변이 연구에서 설문조사 방법이 사용될 때의 장점과 단점을 논의한다. 그리고 캐나다와 미국 영어의 방언 및 변이 연구에서 (인터넷 설문을 포함한) 설문조사가 방법론으로 사용된 대표적 예들이 소개된다. 설문조사를 자료수집 방법으로 활용할 때 주의 및 고려해야 할 사항에 대한 논의도 이글에서 이루어진다.

4. Labov, W. (1984). Field methods of the project on linguistic change and variation. In J. Baugh & J. Sherzer (eds.), *Language in Use: Readings in Sociolinguistics*, 28-35. Prentice-Hall.

라보브는 이글에서 언어 변이와 변화 연구를 위한 현지조사의 목적, 계획 수립, 실제 자료수집 방법과 과정, 그리고 변이 연구자의 윤리에 대해 논의한다. 사회언어학 면담, 그룹 대화 녹취, 전화 설문, 불특정 다수 조사 등의 방법을 통한 자료수집의 장단점에 대한 비교도 이루어진다.

주석

1) 기존 박사학위 논문 중에는 김규남(1998)과 김경래(K. L. Kim 2018)이 민족지 연구에서 유래한 사회연계망의 개념을 분석 도구로 사용하여 분석 대상 언어의 변이를 분석한 바 있다.
2) 분석 대상인 사회언어학 변수에 따라 변이에 영향을 주는 사회적 요인은 다를 수 있다. 표준 방언과의 방언 접촉에 기인한 부산 방언의 음운 변이를 분석한 김지현(2021)은 총 70명의 제보자와 사회언어학 면담을 해서 자료를 수집하였는데, 세대 요인에 집중해서 남녀 구별 없이 10대에서 70대 이상까지 연령대별로 10명씩 면담이 이루어졌다.
3) 사회 성원들이 이렇게 명확히 의식하는 변이형을 정형체(stereotype)라고 한다(Labov 1972a: 180).
4) 폐쇄형과 개방형의 중간 방식도 가능하다. 선다형 답들을 주고 만약 답이 없다고 생각하면 제보자가 생각하는 답을 괄호 안에 써넣을 수 있게 할 수도 있다.
5) 하지만 텔레비전 언어의 경우에는 최근에 구어 외에 문어가 같이 쓰이는 경우가 많다. 문어가 보조적으로 쓰이는 빈도는 프로그램에 따라 다른데, 특히 오락물에 많이 쓰이고 시사물의 영상 자료, 드라마 자막 등에 문자가 사용되기도 한다.

제3장

골드바브 통계 분석 I: 사회언어학 변수와 분석의 과정

1. 들어가기

앞 장에서 논의한 다양한 자료수집 방법을 통해서 얻은 자료를 바탕으로 변이 연구는 여러 유형의 사회언어학 변수를 분석한다. 사회언어학 변수를 분석하는 통계 방법은 여러 가지가 있다. 변이사회언어학에서 가장 전통적으로 사용되는 통계 분석 방법은 바브럴 분석인데, 이 책에서는 바브럴 분석 목적으로 현재 사용되는 응용 프로그램인 골드바브 X(Goldvarb X; Sankoff, Tagliamonte & Smith 2005)와 골드바브의 약점을 보완해서 비교적 최근에 변이 분석을 위해 개발된 LVS(Language Variation Suite; Scrivener, Diaz-Campos & Frisby 2016))와 Rbrul(Johnson 2009)을 다룬다. 물론 R이나 SPSS, SAS 같은 더 강력한 종합 통계 패키지를 변이 연구를 위해 사용할 수도 있다.

이 장은 골드바브 분석을 다루는 두 장 중 하나로 본 분석에 앞선 예비적 논의 및 절차에 초점을 맞추면서 토큰 파일, 조건 파일, 셀 파일, 결과 파일에 대한 설명이 이루어진다. 먼저, 아래 2절에서는 변이 분석의 기본 전제가 되는 사회언어학 변수의 개념과 변수 분석 시 유의점에 대해서 논의한다.

2. 사회언어학 변수

변이 연구는 언어에 나타나는 변이 현상을 탐구하는데, 변이사회언어학에서 이루어지는 변이 연구에는 언어 내적 요인과 언어 외적 요인이 대부분 함께 변이 현상에 작용한다. 언어 내적 요인이란 음운 환경, 어휘적 요인, 형태적 요인, 의미적 요인 등 언어 자체에서 기인하는 요인을 말하며, 언어 외적 요인이란 성별, 연령, 계층, 민족, 종교 등 언어 내부의 요인과는 관련이 없는 외부적 요인을 말한다. 예를 들어, 한국어 감탄사 '예'와 '네'의 변이(강현석 2009 참조)에는 두 감탄사의 화용적 기능이 중요한 언어 내적 요인으로 작용하고, 화자의 성별(여자가 상대적으로 '네' 선호)과 화자와 청자의 연령 관계(연소자가 연장자에 발화할 때 '네' 선호)가 언어 외적 요인으로 작용하는 것으로 분석되었다.

위에서 언급한 한국어 감탄사 '예'와 '네'는 변이 연구에서 사회언어학 변수 혹은 변항을 이룬다고 말한다. 변수나 변항은 영어 'variable'을 번역한 말인데, 영한사전에서 이 영어 단어의 일반적 번역어로 '변수'가 제시되어 있고, 《표준국어대사전》을 포함한 우리말 사전에서도 '변항'이라는 표현은 올림말에 포함되어 있지 않아서, 본서는 사회언어학 변수라는 표현을 사용한다(한국사회언어학회 2012, p. 100도 참조). 이 책이 '변수'라는 표현을 사용하는 또 다른 이유는 '변수'가 일상어(예: "날씨도 경기 결과의 변수가 될 수 있어")로도 또 통계 용어(예: 독립변수, 종속변수[1])로도 흔히 쓰이는 데 반해서, '변항'이라는 표현은 거의 수학이나 논리학 용어로만 제한적으로 사용되기 때문이다. 영어에서는 사회언어학 변수(sociolinguistic variable) 외에 언어 변수(linguistic variable)란 표현도 많이 사용되는데, 사회언어학에서는 변수의 변이형(variants)이 거의 사회적 요인과 연관되고 사회적 의미를 지니게 되므로 이 책에서는 사회언어학 변수라는 표현을 일관되게 사용하도록 하겠다.

사회언어학 변수는 언어의 모든 층위에서 발견된다. 주지하듯이, 변이 이론의 초기 연구(예: Labov 1963, 1966; Trudgill 1974)가 다룬 변수는 주로 음운 변수였지만 점차 다른 언어 층위에서도 변이 연구가 이루어졌다. 사회언어학 변수의 변이형은 의미적 등가(semantic equivalence)나 기능적 등가(functional equivalence)를 갖는다고 할 수 있다. 홍미주(2013)이 다룬 사회언어학 변수 (오)[2]의 경우 변이형 '오'와 '우'(예: 별로~별루, 그리고~그리구)는 서로 교체되더라도 논리적, 지시적 의미가 달라지지 않으므로 말 그대로 의미적 등가를 갖는다고 할 수 있다. 반면, 위에서 언급한 한국어 감탄사 '예'와 '네'는 담화 기능적 의미에서 동일하다고 말할 수 있다(강현석 2009: 59~62 참조). 일반적으로 음운 변수는 엄밀한 의미의 의미적 등가를 갖는 반면 형태·통사 변수나 어휘·담화 변수인 경우는 기능적 의미의 등가를 갖는 경우가 많다. 그렇지만 사회적 변수의 변이형이 지시적 의미에서 혹은 기능적 의미에서 동일하더라도 사회적 의미에서는 차이를 보인다고 할 수 있다.

사회언어학 변이를 계량적으로 분석할 수 있으려면 변수의 변이형들이 연구 자료에 어느 정도 이상의 빈도로 나타나야 하며, 그렇지 못한 경우는 연구 대상으로 적합하지 않다. 일반적으로 음운 변수의 변이형은 출현 빈도가 충분한 경우가 많지만, 형태·통사 변수나 어휘·담화 변수는 이 요건을 충족하지 못해 계량 분석의 대상이 되기 어려운 경우도 있다. 변이형의 적절한 출현 빈도라는 요건이 충족되지 못하면 통계 분석의 신뢰성도 없고 분석 결과도 의미를 갖기 어렵다.

사회언어학 변수를 분석할 때는 변이가 이루어지는 언어 내적 환경에 대한 분석이 선행되어야 한다. 변수의 변이형 간 변이는 언어 내적 환경에 영향받는 경우가 많기 때문이다. 예를 들어, 한국어에는 /y/ 탈락이란 변이 현상(아래 (1) 참조)이 있는데, 이 경구개 활음의 변이적 탈락은 모든 환경에서 관찰되지 않고 '도예가~도에가', '집행유예~집행유에'처럼 모음 '에[e]' 앞에서만 발생한다(H. S. Kang 1998b: 317~318 참조).

(1) /y/ → ø / (C) ______ 에[e] (변이 규칙)

(2) /y/ → ø / {ㅈ/ㅊ/ㅉ} ______ V (범주적 규칙)

우리말의 /y/ 탈락은 (1)의 변이적 탈락 현상과 더불어 항시 예외 없이 일어나는 범주적 탈락 현상도 존재한다. 규칙 (2)가 보여주는 것처럼, /y/는 경구개 파찰음 'ㅈ[c], ㅊ[c^h], ㅉ[c']' 다음에서 항상 탈락한다(예: 졌다→젔다, 지쳤다→지첬다). 이 규칙은 변이 규칙이 아니라 범주적 규칙(categorical rule)이다. 따라서 이 범주적 /y/ 탈락 현상은 변이 없이 항상 ø만이 나타나므로 변이 분석의 대상이 될 수 없다.

앞서 기술했듯이, 변이 연구에서 사회언어학 변수는 의미적 등가나 기능적 등가를 갖는 변이형들로 실현된다. 그리고 변이 연구자는 변수의 모든 변이형을 인지하고 그들의 어떤 사용례(tokens)도 빠짐없이 파악하고 통계 처리에서 빠뜨리면 안 된다는 원칙이 있는데, 이를 책임 원칙(principle of accountability; Labov 1972: 72)이라고 한다. 변이 연구자는 간혹 자신이 관심 있는 자료에 집중하거나 자신의 이론이나 주장을 뒷받침하기 위해서 자료를 다소 왜곡하려는 충동을 느낄 수 있는데, 책임 원칙이란 연구 자료에 충실하고 책임감을 가지고 자료를 다루어야 한다는 연구자에 대한 지침이다.

책임 원칙에도 불구하고 통계 분석에서 제외해야 하는 사용례들이 있다. 먼저 변이형이 무엇인지 정확하게 판단하기 어려운 경우이다. 녹음의 질이 안 좋아서 변이형이 무엇인지 정확히 들리지 않는 경우나 두 사람의 말이 겹쳐서 판단이 어려운 사례가 이에 해당된다. 때로는 사용례를 누가 발화했는지 알기 어려운 경우도 있는데 이 경우도 사용례에서 제외한다. 같은 말이 반복된 경우는 일반적으로 첫 발화만 사용례로 포함하며, 말을 끝마

치지 않아 사용례의 언어 환경이 분명치 않은 경우도 분석에서 제외한다.

특히 유의해야 할 경우는 변수의 변이형이 자료에 자주 나타나면서 다른 사용례와 다른 행동, 즉 특이한 양태를 보일 때이다. 영어의 변이 현상 중에 /t,d/ 탈락 현상이 있는데, /t,d/가 어말에서 자음군의 두 번째 자음으로 나타날 때 이 탈락 현상이 발생한다(예: send~sen, guilt~guil). 그런데 'and'는 영어의 대화 자료에 높은 빈도로 나타나고 다른 단어에서보다 훨씬 /t,d/의 탈락 비율이 높아서 특이한 행동 양태를 보인다. 따라서 /t,d/ 탈락 연구에서 'and'는 흔히 사용례에서 제외하든지 제보자별로 토큰 수를 제한해서(예를 들면, 5개 정도씩) 반영한다(Walker 2010: 14 참조). 한국어에서도 활음 /w/ 탈락(예: 사과~사가, 구좌~구자)의 경우, 강조어 '되게'(예: 되게 예뻐)가 사회언어학 면담 자료에 높은 빈도로 나타나고 다른 어휘보다 /w/가 탈락하는 비율이 뚜렷이 높아서, 즉 '데게'로 실현되는 비율이 특이하게 높아서, 강현석(H. S. Kang 1997)은 '되게'의 토큰 수를 제한하여 사용례에 포함한 바 있다.

3. 골드바브 프로그램과 분석 과정

3.1. 골드바브 분석이란?

골드바브(Goldvarb)란 바브럴 분석(Varbrul analysis) 혹은 변이 규칙 분석(<u>var</u>ia<u>b</u>le <u>ru</u>le analysis)을 할 때 사용되는 응용 프로그램의 가장 근래 버전의 이름이다. 변이 규칙 분석이란 라보브(Labov 1969)가 변이적 음운 현상을 설명하기 위해서 생성 문법의 수의 규칙(optional rule)에 대한 대안으로 제시한 규칙이다. 자유 변이를 기술하는 생성 문법의 수의(隨意) 규칙은 변이형의 상대적 빈도에 대한 정보, 음운적 혹은 형태적 환경 요인에 대한 정보가 포함되지 않지만, 변이 규칙은 이들에 대한 정보와 화자의 성별, 나이, 계층 등의 언어 외적 요인에 대한 정보도 포함할 수 있다는 것이 다른 점이다. 변이 규칙은 사회언어학 변이가 무작위적인 것이 아니라 언어 내적, 언어 외적 요인에 제약되며 체계적이고 구조적 변이를 보인다는 전제하에 제안되었다.

바브럴 분석은 생성 문법의 범주적 규칙을 보완하는 변이 규칙을 전제로 개발된 통계 분석 기법이지만, 생성 음운론의 쇠퇴와 함께 지금은 변이 규칙의 본래 개념과는 큰 관계없이 동일한 의미나 기능을 갖는 사회언어학 변수의 변이형 출현에 영향을 주는 변인들(혹은 제약들)을 판별해 내고 이들 간의 상대적 강도를 분석하는 통계 도구로 주로 활용되고 있다(Fasold 1991: 17). 바브럴 분석의 장점은 카이제곱 검정 같은 단일 변인 분석 기법이 아니라 다중 변인 분석 기법이어서 여러 변인의 영향도를 동시에 검정할 수 있다는 점, 각 변인이 사회언어학 변수에 주는 영향을 다른 변인들의 영향으로부터 분리해서 산정할 수 있다는 점, 그리고 각 변인의 사회언어학 변수에 대한 영향이 통계적으로 유의미한지를 검정할 수 있다는 점에 있다.

앞서 기술한 대로, 사회언어학 변이에서 사회언어학 변수는 종속변수이고 변이에 대한 제약은 독립변수이다. 바브럴 분석에서 독립변수의 값(value)은 요인(factor) 혹은 개별 요인이라고 불리며, 독립변수 자체는 변인 혹은 요인군(要因群, factor group)이라고 불린다. 예를 들어, 한국어의 감탄사 '예'와 '네'의 변이에 성별이 이 변이에 영향을 준다면(혹은 이 변이를 제약한다면), 성별은 독립변수면서 변인이며 요인군이 되고 이 요인군의 개별 요인은 남자와 여자가 된다. 사회언어학 변수, 즉 종속변수의 가능한 값들은 분석 대상인 변수의 변이형들이 된다. 바브럴 분석을 할 때는 종속변수의 값 중 하나, 즉 변이형 중 하나를 실제적 혹은 가상적(假想的) 변이 규칙의 적용가(application value)로 설정해야 한다. 예를 들어 앞서 논의했던 한국어에서의 /w/ 탈락이나 /y/ 탈락의 경우에는 적용가를 ø, 즉 탈락으로 설정해서 분석이 이루어졌다(H. S. Kang 1997 참조).

바브럴 분석의 주 기능은, 첫째, 각 독립변수의 요인들이 갖는 요인 확률(factor probability) 혹은 바브럴 비중(Varbrul weight)을 산정하고, 둘째, 각 독립변수 혹은 변인이 분석 대상인 사회언어학 변이에 통계적으로 유의미한 영향을 끼치는가를 판별하는 것이라고 할 수 있다. 사회언어학 변수의 사용례 혹은 토큰(token)은 문자, 숫자, 혹은 기호의 열(列)로 코딩이 되고 사용례가 코딩된 전체 자료는 토큰 파일로 만들어지는데, 각 요인의 바브럴 비중 혹은 요인 확률은 전체 자료에서 변이형들의 토큰들이 보이는 분포 양태를 바탕으로 산정된다. 구체적으로, 바브럴 프로그램에서 요인 확률은 수학 모형의 하나인 (3)의 로지스틱 모형(logistic model)을 바탕으로 산정된다. (3)의 식에서 p_0는 입력 확률(input probability), 즉 독립 변수들(변인들)의 영향 없이도 종속변수의 적용가가 나타날 수 있는 확률(Fasold 1991: 7)을 나타내고, p_i, p_j, p_k는 각각 i, j, k 요인의 요인 확률을 의미한다.

(3) $\log(p/1-p) = \log(p_0/1-p_0) + \log(p_i/1-p_i) + \log(p_j/1-p_j) + \log(p_k/1-p_k) \cdots$

바브럴 프로그램에서 요인 확률은 최대 가능도 산정(maximum likelihood estimation)이라는 연산 방식을 통해서 도출된다. 즉, 바브럴 프로그램은 이 연산 방식을 통해서 언어 변이 자료에 나타난 변이형들의 토큰 분포를 가장 잘 설명할 수 있는 각 요인의 요인 확률을 산정해 낸다. 요인 확률은 0과 1 사이의 수이며, 절대적이지는 않지만 대체로 어떤 요인의 요인 확률이 0.5보다 크면 그 요인은 적용가로 지정된 변이형이 나타날 확률을 높이는 요인이고, 0.5보다 작으면 그 변이형이 나타날 확률을 낮추는 요인이라고 해석된다. 다시 말해, 일반적으로 특정 요인의 요인 확률이 0.5보다 크면 그 요인은 적용가로 선택된 변이형을 선호하는 요인으로 이해되며, 반대의 경우 그 요인은 적용가인 변이형을 선호하지 않는 요인으로 해석된다.

앞서 기술했듯이, 바브럴 분석의 다른 주요 기능은 잠재적 제약 혹은 변인 중에 어떤 것들이 분석 대상인 사회언어학 변이에 통계적으로 유의미한 영향을 끼치는가를 판별하는 것이다. 이 판별 기능은 단계적 회귀분석(stepwise regression analysis)이란 통계 기법을 통해 실현되며, 스텝업(step-up)과 스텝다운(step-down)의 양방향으로 진행된다. 특정 잠재적 제약 혹은 변인이 분석 중인 변이에 유의미한 영향을 미치는지 아닌지는, 스텝업의 경우 이 요인군을 (3)의 통계 모델에 포함했을 때 최대 가능성(maximum likelihood)이 통계적으로 유의미하게 개선되는지에 의해서, 그리고 스텝다운의 경우는 역으로 어떤 요인군이 (3)의 통계 모델에서 제외되었을 때 최대 가능성 수치가 통계적으로 유의미하게 나빠지는지 혹은 개악(改惡)하는지에 의해서 결정된다. 스텝업과 스텝다운 분석의 결과로 선택된 변인은 보통 같은 경우가 많지만, 만약 특정 제약이 스텝업 분석에서는 선택되었지만 스텝다운 분석에서는 제외되는 경우나 스텝업 분석에서는 제외되었지만 스텝다운 분석에서 선택되는 경우, 이 변인의 분석 대상 변이에 대한 통계적 유의미성은 불확실한 것이 된다(Sankoff 1988: 992).

골드바브 프로그램은 현재 윈도즈용과 매킨토시용 두 종류가 있다. 매킨토시 용의 최근 버전은 골드바브 Z(Sankoff, Tagliamonte, & Smith 2018)이고 윈도즈 용의 최근 버전은 골드바브 X(Sankoff, Tagliamonte, & Smith 2005)이다[3]. 두 프로그램은 연산과 운용 방식 그리고 통계 분석의 범위와 유형이 거의 동일하다. 이 책은 국내에서 사용되는 컴퓨터가 윈도즈 운영체제의 컴퓨터가 주류를 이루므로 골드바브 X를 활용한 통계 분석과 결과 해석을 위주로 기술한다. 골드바브 X는 현재 설명서가 따로 없지만 골드바브 2.0(Rand & Sankoff 1990)이나 골드바브 2001(Robinson, Lawrence & Tagliamonte 2001)과 분석 방식과 결과 해석에 있어 거의 차이가 없어서 위 둘의 설명서를 참조하면 된다.[4]

3.2. 토큰 파일

골드바브 X를 해당 누리집(주석 3 참조)에서 내려받고 컴퓨터의 바탕화면이나 USB 드라이브를 선택해서 압축을 풀면 'Goldvarb30b3'라는 폴더가 생성된다. 이 폴더에는 골드바브(GoldVarb)라는 응용 프로그램의 아이콘이 있으며, 이 아이콘을 클릭하면 프로그램이 열리면서 'Untitled.tkn'이라는 창이 뜬다. 이 창에 사용례를 코딩한 자료를 입력하든지 워드프로

세싱 프로그램이나 텍스트 파일에 이미 입력한 코딩된 자료를 복사 후 붙여 넣기를 하면 토큰 파일을 만들 수 있다. 물론 이미 작성된 토큰 파일이 있으면 열기(Open)를 할 수도 있다. 토큰 파일은 텍스트 파일이지만 확장자는 '.tkn'으로 명명해야 하며, 확장자가 '.tkn'으로 되어 있어야 파일 메뉴(File)의 열기에서 불러오는 것이 가능하다.

```
카톡.해요.합쇼.tkn
File  Edit  Tokens  Cells  Window  Help
카카오톡 해요체와 합쇼체의 변이
Group     Default     Factors
  1          s        sy  (변이형: s; 합쇼체; y: 해요체)
  2          v        vqro (문형: v: 평서; q: 의문; r: 명령; o: 청유)
  3          b        bp  (발화상황의 공식성: p; 공식적; b: 비공식적)
  4          n        nc  (발화문의 의례성: 의례적: c; 비의례적: n)
  5          u        ued (화자-청자 연령관계: u: 하->상; e: 동등; d: 상->하)
  6          m        mf  (화자의 성별: m; 남성; f; 여성)
  7          l        lih (화자의 연령대: l; 10~29; i: 30-49; h: 50이상)
------------------------------------------------------------------------
변이형  문형    공식성  의례성  연령관계  성별  연령대  ;발화자명
(yqbcufl        ;HJE
(yqbnufl        ;HJE
(yvbcufl        ;HJE
(yvbnufl        ;HJE
(yqbcufl        ;HJE
(yqbnufl        ;HJE
(yrbcufl        ;HJE
(yvbnufl        ;HJE
(yvbcufl        ;HJE
(svbcufl        ;HJE
(yvbcufl        ;HJE
(yvbcufl        ;HJE
(svbnufl        ;HJE
(yvbnufl        ;HJE
(yrbcufl        ;HJE
(svbcufl        ;HJE
(yvbnufl        ;HJE
(yqbcufl        ;HJE
Line 1 Column 0
```

〈그림 1〉 카카오톡 대화에서의 해요체/합쇼체 간 변이 연구에 사용된 토큰 파일

각 사용례, 즉 토큰은 〈그림 1〉의 예처럼 괄호, 즉 '('로 시작해야 하며 일반적으로 종속변수의 값을 처음에 넣고5) 이어서 독립변수의 값을 연이어 넣어서 전체 토큰을 완성한다(예: (yqbcufl)). 〈그림 1〉은 카카오톡 대화에서의 해요체와 합쇼체의 사용 변이를 분석한 강현석·김민지(2018)가 사용했던 토큰 파일의 일부이다. 이 토큰 파일의 시작 부분은 분석에 포함된 종속변수(Group 1)와 독립변수(Group 2~7) 그리고 각 변수의 개별 요인에

대한 설명으로 시작한다. 분석에 포함된 변수와 개별 요인의 코딩에 대한 설명 부분(즉, 점선 줄까지의 부분)은 헤더(header)라고 불리는데, 토큰 파일의 통계 처리의 대상은 아니지만 코딩된 방식을 밝히고 나중에 참조하기 위해서 반드시 포함하는 것이 좋다. 토큰 파일에서 토큰은 점선 줄 아래에서 2번째 줄, 즉 '(yqbcufl'부터 시작한다. 토큰 파일은 토큰 부분과 주석(comments) 부분으로 이루어져 있다. 〈그림 1〉의 헤더와 그 밑 토큰 옆의 ';HJE'(카카오톡 화자의 영문 이니셜)는 주석 부분에 속한다. 주석에는 토큰에 대한 유의점이나 특이점 혹은 참조 사항도 포함할 수 있다. 토큰 파일은 텍스트 파일로 대부분의 다른 통계 프로그램과 호환성이 있지만, 앞서 기술하였듯이 파일 확장자명은 '.tkn'으로 명명해야 골드바브 프로그램에서 불러오기가 가능하다.

토큰 파일이 열리면 요인 기입(Factor Specification) 창(〈그림 2〉 참조)이 함께 열린다. 변수 혹은 요인군의 수는 'Set Number of Groups'를 클릭해서 설정할 수 있고, 요인군의 수가 설정되면 각 요인군의 가능 값(Legal values)을 또한 설정할 수 있다. 디폴트 값(Default value)으로 설정된 요인 값은 토큰에서 디폴트 값 대신에 온점(.)으로 코딩할 수 있고, 후에 토큰(Tokens) 메뉴에 있는 체크 토큰(Check Tokens) 기능을 활용하면 온점이 자동적으로 디폴트값으로 변환된다. 요인 기입 창에 설정된 변수의 수보다 긴 코딩 열(coding string)의 부분은 변수의 값으로 인식되지 않으며, 설정된 변수의 수보다 코딩 열이 짧거나 잘못 코딩이 되어 있으면 〈그림 3〉처럼 오류 메시지[6]가 나오며, 코딩 열 내에 공백이 있는 경우는 체크 토큰 기능을 사용하면 토큰(Tokens) 메뉴의 'Set Fill Character'에 지정한 글자/기호/숫자로 공백 부분을 채울 수 있다.[7]

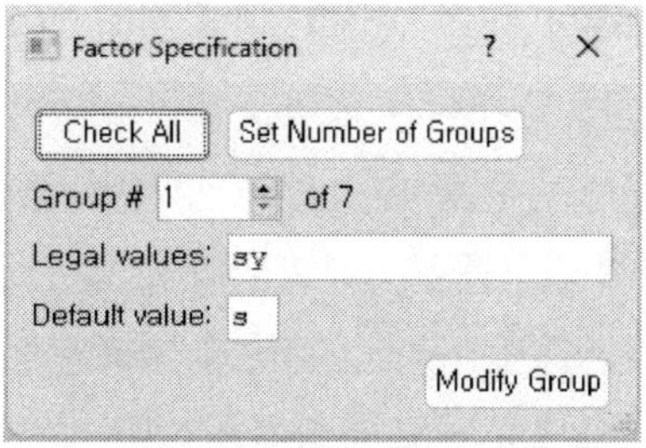

Factor Specification ? X
Check All Set Number of Groups
Group # 1 of 7
Legal values: sy
Default value: s
Modify Group

〈그림 2〉 요인군의 수와 개별 요인 기입 창

3.3. 자료/토큰 코딩 방법

위 〈그림 1〉의 골드바브 토큰 파일에서 각 토큰은 총 7개 변수의 값으로 구성되어 있다. 첫 번째 변수(Group 1) 혹은 첫 번째 요인군(factor group)은 종속변수이며 개별 요인 값은 합쇼체와 해요체이다. 위 토큰 파일에서 합쇼체와 해요체는 각각 ‘s’(hapsyo)와 ‘y’(haeyo)로 코딩이 되었는데, 이 코딩된 문자/기호/숫자만 보더라도 본래 의미를 알 수 있게 코딩하는 것이 바람직하다. 추가적 예를 들면, 문형 요인군의 코딩에서 ‘v’는 ‘declarative’에서 온 것이고, ‘q’는 ‘question’, ‘r’은 ‘request’, ‘o’는 ‘hortative’에서 따온 것이다.

각 요인의 코딩은 〈그림 1〉에 주어진 코딩의 예처럼 모든 요인의 코딩이 중복되지 않으면 더 좋겠지만 꼭 그럴 필요는 없다. 다시 말해 요인군 간에는 하위 개별 요인의 코딩이 중복되어도 골드바브 분석에서 문제가 되지 않는다. 즉, 〈그림 1〉에서 문형 요인군의 하위 요인인 평서문을 ‘declarative’를 따서 ‘d’로 코딩을 하는 경우, 화자-청자 연령관계 요인군의 ‘상→하’ 개별 요인의 ‘d’(d←down)와 중복되는데, 통계 분석에는 아무 영향도 미치지 않는다는 의미이다. 또한 코딩에는 소문자, 대문자, 숫자, 기호 등 어느 것도 사용할 수 있다. 일부 개별 요인의 코딩에는 ‘/’(슬래시)가 사용되는 경우도 있는데 이 기호의 의미는 ‘적용되지 않음’(does not apply) 혹은 '분명하지 않음'을 뜻한다. 예를 들어 의문문 중 판정 의문문, 설명 의문문, 수사 의문문이 다른 행태를 보이는지 아닌지를 점검할 필요가 있는 경우에는 문형 변수(평서문, 의문문, 명령문, 청유문) 외에 의문문의 하위 유형이라는 추가적 변수를 분석에 포함할 수 있는데, 이 경우 추가적 변수의 개별 요인 값에 의문문이 아닌 문형(즉, 평서문, 명령문, 청유문)은 이 변수와 직접 관련이 없으므로 '/'로 코딩해야 한다.

연구자가 골드바브 분석에 어떤 요인군들을 포함하고 각 요인군의 하위 요인들을 어떻게 구분하고 설정하느냐는 것은 수행하고 있는 변이 연구의 연구 문제와 직접 관련이 있다. 카카오톡 대화에서 관찰되는 해요체와 합쇼체 간의 사용 변이를 분석한 강현석·김민지(2018)은 〈그림 1〉이 보여주듯이 종속변수 하나와 독립변수 여섯 개를 포함해서 분석하였는데, 이러한 분석의 의미는 포함된 여섯 개의 독립변수 혹은 변인이 해요체와 합쇼체 간 변이에 유의미한 영향을 미칠 가능성이 있다는 가설을 검증하는 것이 된다. 이러한 가설은 기존 사회언어학 연구나 역사언어학 문헌, 표준어 규정 중 변이에 대한 약술(略述), 연구자의 관찰 등을 바탕으로 합리적으로 세워야 한다. 각 독립변수 혹은 요인군의 하위 요인들을 설정할 때는 원칙적으로 요인군의 가능한 값을 모두 포함하여야 하며, 각 요인의 구분은 합리적 언어 내적 그리고 언어 외적 규준을 토대로 이루어져야 한다. 화자의 성별을 남자와 여자로 나누는 것은 용이한 일이지만 화자의 연령대를 어떻게 구분하고, 화자-청자 연령 관계 중 동등(同等) 요인을 어떻게 규정할지, 즉 화자와 청자 간의 나이 차를 몇 살까지 동등한 연령 관계로 구분할지는 각 언어 공동체의 사회구조와 문화적 특성을 고려해서 이루어져야 한다. 또한 골드바브 분석에서는 독립변수, 종속변수 모두 변숫값이 범주적인 범주형 변수(categorical variable)여야 하며 연속형 변수(continuous variable)로 설정하는 것은 불가능하다는 것도 염두에 두어야 한다. 즉 본래 연속형 범주인 화자의 연령은 연령대로 변환해서 범주형 독립변수로 골드바브 분석에 포함하는 것은 가능하지만 연속형 변수로는 분석이 불가능하다.

코딩을 할 때는 일관된 기준을 적용해야 하며, 코딩 시 의문점이 있거나 확신이 없을 때는 후속 검토를 위해서 토큰에 주석을 달아두어야 한다. 코딩을 일관성 있게 하는 데 도움이 되는 방법 하나는 순차적 코딩을 하는 것이다. 즉 모든 토큰을 대상으로 첫 변수의 요인 값을 코딩하고, 그다음에 두 번째 변수로 넘어가서 모든 토큰에 대해 코딩하고, 다시 그다음 변수로 넘어가서 코딩하는 방법이다. 예를 들면, 카카오톡의 해요체와 합쇼체 변이의 경우(〈그림 1〉 참조) 모든 토큰에 대해 종속변수의 변이형부터 코딩하고 이어서 문형, 발화상황의 공식성, 발화문의 의례성 순으로 코딩하는 방식을 말한다. 이 방식을 사용하면 코딩 시 모든 토큰에 대해 시종 동일한 잣대로 변숫값을 부여하는 데 도움이 된다.

종속변수와 독립변수의 개별 요인 코딩은 처음에는 되도록 세분해서 하는 것이 바람직하다. 통계 처리 후, 세분된 개별 요인들의 요인 확률에 별 차이가 없으면 토큰(Tokens) 메뉴의 재코딩 설정(Recode Setup)을 통한 재코딩(recoding) 작업을 통해 이들 개별 요인을 합쳐서 재분석할 수 있다. 비록 골드바브에서는 이항 분석만이, 즉 종속변수의 값이 둘일 경우에만 분석이 가능하지만, 종속변수의 값도 코딩은 세 개 이상으로 하는 것이 가능하고 후에 재코딩을 해서 이항 분석을 할 수 있다. 예를 들어 영어의 목적격 관계대명사의 경우 가장 격식적인 wh형(wh-form)과 비격식적인 ø(생략) 그리고 중간적 성격의 'that'가 변이를 보이는데, 이 셋을 모두 분리해서 코딩한 후 변이 분석을 ø와 단어형(wh형과 'that')으로 이분해서 분석할 수도 있고, 가장 격식적인 wh형과 다른 둘('that'과 ø)로 이분해서, 혹은 'that'과 다른 둘(ø와 wh형)을 대조해서 분석할 수도 있다(강현석 2008 참조).

토큰 파일이 작성되면 토큰 메뉴의 체크 토큰(Check Tokens) 기능을 사용해서 파일에 포함된 토큰들을 점검한다. 체크 토큰은 요인 기입 창(〈그림 2〉 참조)에 기입된 내용을 토대로 토큰들이 정확하게 코딩되었는지 오류는 없는지를 확인해 준다.[8] 오류가 있는 경우에는 〈그림 3〉같이 사용자에게 오류가 있는 토큰 행(行, Token #3074)과 토큰 행 이외의 행도 포함한 행의 번호(#3075) 그리고 오류가 있는 요인군(group #2)을 알려 준다.

〈그림 3〉 체크 토큰의 오류 표시 경고 창

3.4. 조건 파일과 재코딩

토큰 파일이 일단 만들어지고 체크 토큰을 통해서 오류가 없다는 것이 확인되면, 그다음 단계는 분석을 할 때 토큰 파일의 기존 코딩을 그대로 사용해서 분석할지 아니면 수정을 가해서 분석할지를 결정해야 한다. 토큰들이 토큰 파일에 코딩된 그대로 분석하기를 원하면 토큰 메뉴에서 재코딩 안 함(No Recode) 옵션을, 코딩된 것을 수정해서 분석하기를 원하면 재코딩 설정(Recode Setup)을 선택한다.

예를 들어, 〈그림 1〉에 예시된 카톡.해요.합쇼.tkn 파일을 열고 체크 토큰 후 토큰 메뉴에서 재코딩 안 함을 선택하면 자동적으로 〈그림 4〉 같은 확장자가 '.cnd'인 조건 파일(condition file)이 생성된다. 파일 이름은 처음에는 'Untitled.cnd'로 자동적으로 명명되는데 이 조건 파일을 저장할 때 토큰 파일과 같은 이름(예에서는 카톡.해요.합쇼.cnd)을 사용하는 것이 좋다. 조건 파일이란 이름은 뒤(3.5절 참조)에서 논의하는 셀 파일이 생성될 때 파일 생성의 조건이 된다는 의미에서 붙여진 이름이다.

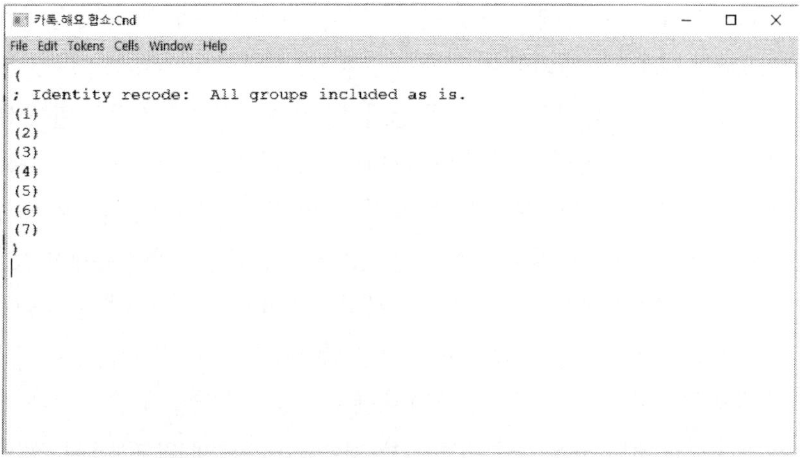

```
카톡.해요.합쇼.Cnd
File Edit Tokens Cells Window Help
(
; Identity recode:  All groups included as is.
(1)
(2)
(3)
(4)
(5)
(6)
(7)
)
```

〈그림 4〉 토큰 파일의 원 코딩과 동일하게 분석하는 재코딩 안 함(No Recode)을 선택할 때 생성되는 조건 파일(전체 변수의 수가 7인 경우: 1(종속변수), 2~7(독립변수))

골드바브는 코딩된 토큰들과 조건 파일 그리고 지정된 적용가(application value)를 바탕으로 셀(cell; 개별 요인들의 고유한 결합)들이 포함된 셀 파일(cell file)을 생성한다(3.5절의 〈그림 10〉 참조). 조건 파일을 통해 사용자는 종속변수를 지정할 수도 있고(1번 변수가 종속변수임), 요인군 혹은 개별 요인을 분석에서 제외할 수도 있고, 특정 요인군의 개별 요인들을 합칠 수도 있다. 이러한 기능을 수행하기 위해 사용자는 토큰 메뉴의 재코딩 설정을 이용할 수도 있고 쉬운 방법은 아니지만 조건 파일을 직접 작성할 수도 있다(Paolillo 2002의 3장 참조).

여기서는 골드바브의 재코딩 설정 옵션을 활용해서 바브럴 분석에서 자주 쓰이는 두 가지 유형의 재코딩을 실행하는 방법을 논의하겠다. 첫째는 특정 독립변수 혹은 요인군을 제외하고 골드바브 분석을 하는 경우이다. 이 경우에는 토큰 메뉴의 재코딩 설정(Recode Setup)을 선택한 후 〈그림 5〉와 같이 재코딩 창에서 특정 독립변수를 제외하면 된다. 〈그림 5〉를 보면, 원래 파일(카톡.해요.합쇼.tkn)에서는 7개의 변수(Groups in token file), 즉 하나의 종속변수와 여섯 개의 독립변수가 포함되어 있었지만, 재코딩 후

(Groups after recoding)에는 여섯 번째 변수인 화자의 성별 변수(개별 요인은 f(emale)와 m(ale))가 제외된 여섯 개의 변수, 즉 하나의 종속변수와 다섯 개의 독립변수만 포함되어 있는 것을 알 수 있다. 재코딩하는 방법은 왼쪽 상자에 있는 변수를 선택 후 복사(Copy) 단추를 눌러서 오른쪽 상자로 복사하면 되는데 제외하고자 하는 변수는 복사 시 제외하면 된다. 이 기능은 특히 일차적 골드바브 분석에서 특정 독립변수가 분석 중인 변이에 통계적으로 유의미하지 않은 결과를 보여서 후속 분석에서 이 변수를 제외하는 경우에 흔히 사용된다. 〈그림 5〉의 재코딩 설정 창에서 오른쪽 상자에 보이는 직각 괄호 안의 수(예: [7])는 토큰 파일 내에서 특정 변수가 전체 변수 중에 코딩된 순서를 말한다(예를 들어, 'l, i, h'라는 개별 요인을 가지며 [7] 표시가 된 독립변수는 화자의 연령대(〈그림 1〉 참조)이고, 이 변수는 예시로 주어진 카톡.해요.합쇼.tkn 파일의 토큰 열에서 7번째로 코딩된 변수이다(예: yvbcufl).

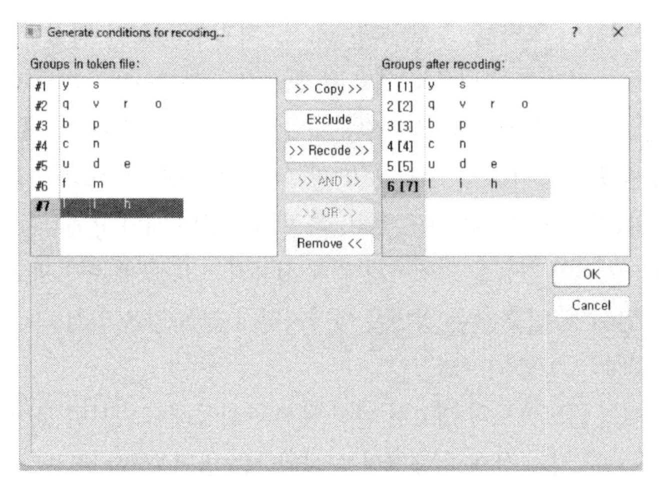

〈그림 5〉 재코딩 설정 창(토큰 파일에 포함된 요인군 하나를 분석에서 제외하는 경우)

〈그림 5〉처럼 실행된 재코딩은 〈그림 6〉과 같은 조건 파일을 만들어 낸다. 〈그림 4〉와는 달리 6번째 요인군이 〈그림 6〉에서는 보이지 않아서 이 요인군이 분석에서 제외되었음을 알 수 있다.

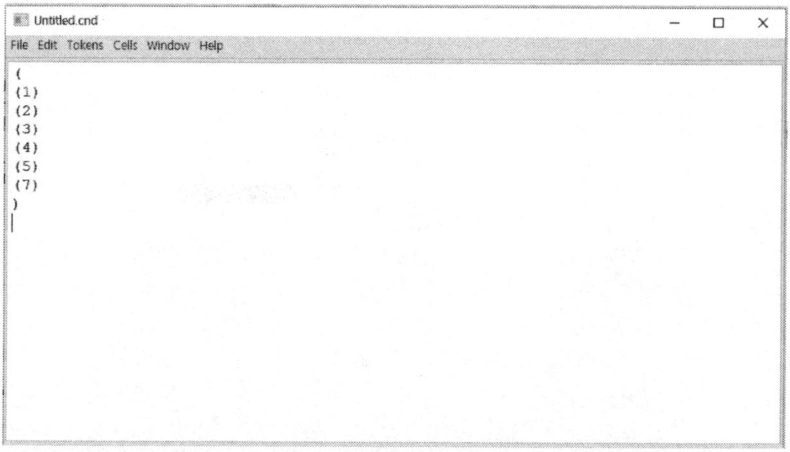

Untitled.cnd

File Edit Tokens Cells Window Help

```
(
(1)
(2)
(3)
(4)
(5)
(7)
)
```

〈그림 6〉 토큰 파일에 포함되었던 요인군 하나를 재코딩을 통해 제외할 때 생성되는 조건 파일
(토큰 파일에 있는 7개의 요인군 중 6번째 요인군이 제외됨)

두 번째 유형의 재코딩은 특정 변수의 개별 요인 중 일부를 하나로 합치는 경우이다. 예를 들어, 지금까지 예시로 든 카카오톡 대화의 해요체와 합쇼체의 변이 분석에서 낮은 연령대(l), 중간 연령대(i), 높은 연령대(h)의 화자 중 중간 연령대의 화자와 높은 연령대의 화자가 언어 행태에서 유의미한 차이가 없다는 결과를 일차적 골드바브 분석에서 보인다면, 분석은 단순할수록 설명력이 있으므로 두 연령대를 합쳐서 〈그림 7〉같이 분석하는 것이 합리적이다. 그 방법은 재코딩 설정 창의 왼쪽 상자에서 #7번 변수를 클릭해서 선택한 후 재코딩(Recode) 단추를 누른 후 'l' 자리에는 'l'을 그대로 넣고, 'i'와 'h'는 둘을 합치는 임의의 문자/수/기호(〈그림 7〉에서는 't(others))로 각각 바꿔주면 된다.

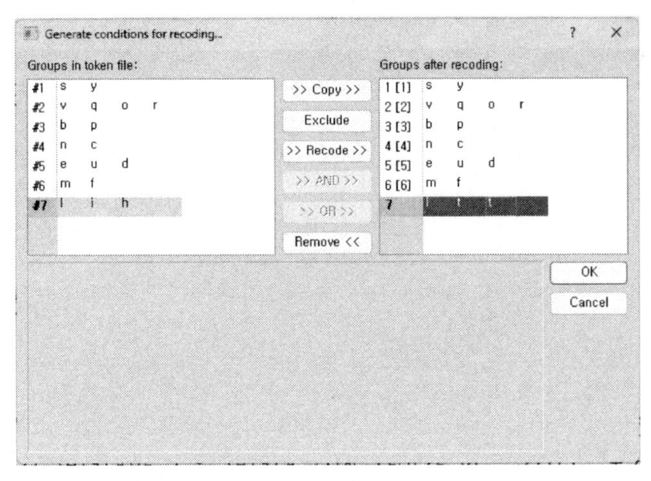

〈그림 7〉 재코딩 설정 창(특정 요인군의 개별 요인을 합쳐서 분석하는 경우)

이 경우에 생성되는 조건 파일은 〈그림 8〉과 같다. 그림은 토큰의 일곱 번째 열(column)에 나타나는 변수의 'l' 요인은 'l' 그대로 유지되지만 'i'와 'h'는 't'라는 요인으로 합쳐져서 분석된다는 것을 보여준다.

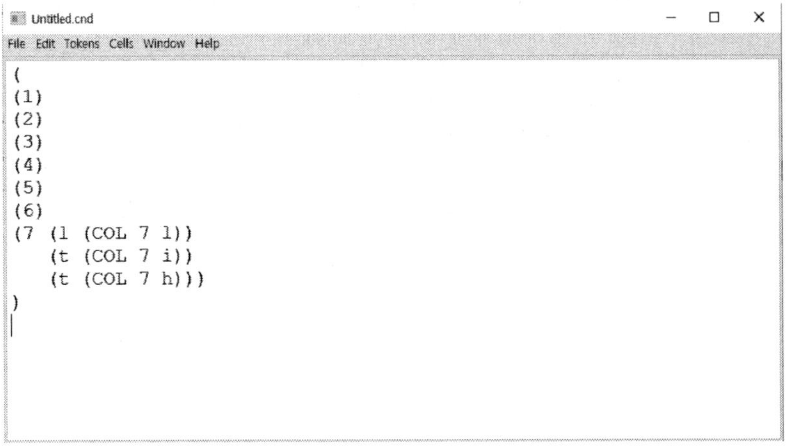

Untitled.cnd

File Edit Tokens Cells Window Help

```
(
(1)
(2)
(3)
(4)
(5)
(6)
(7 (l (COL 7 l))
   (t (COL 7 i))
   (t (COL 7 h)))
)
```

〈그림 8〉 토큰 파일 속 7번째 요인군의 'i'(중간 연령대)와 'h'(높은 연령대) 요인을 하나로 합쳐 재코딩할 때 생성되는 조건 파일

토큰 파일과 조건 파일이 생성된 후에 골드바브 분석을 하기 위해서는 셀 파일이 필요하다. 사용자가 셀 파일을 생성하기 위해서는 셀(Cells) 메뉴에서 'Load Cells to Memory'(셀 자료를 프로그램의 기억 영역에 입력하라는 의미)를 선택해야 한다. 그러면 〈그림 9〉와 같은 창이 뜨면서 적용가를 지정하라는 지시가 나타난다. 적용가란 앞서 소개했던 변이 규칙이 적용되는 값이라는 의미에서 유래한 용어이다. 하지만 현재는 변이 규칙이 실제로 존재하지 않는 경우가 많고 종속변수의 값 중 하나, 즉 변이형 중 하나를 적용가(application value)로 지정해서 분석하게 된다. 예시 중인 카톡.해요.합쇼.tkn의 분석에서는 두 변이형 간의 교체 양태를 분석하는 것이므로 합쇼체(s)와 해요체(y) 중 어느 것을 적용가로 설정해도 상관이 없다.

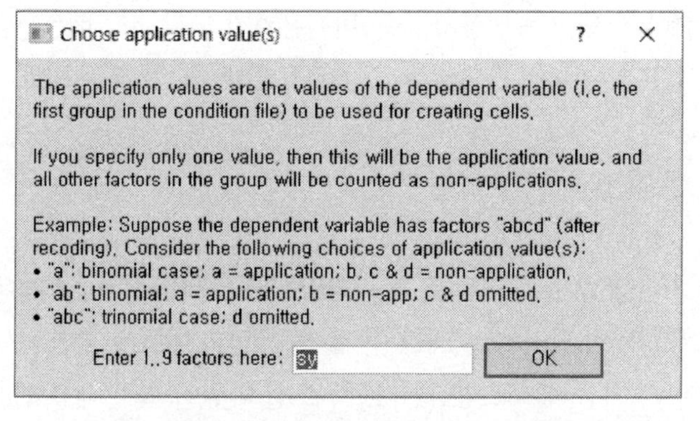

〈그림 9〉 (카카오톡 대화에서의 해요체/합쇼체 변이 분석 중 셀 파일을
만들기 전에 나타나는 적용가를 선택하라는 지시 창

적용가 선택 지시 창의 상자 안에는 토큰 파일에 종속변수의 개별 요인으로 코딩된 모든 변숫값이 디폴트로 상자 안에 깜빡이며 나타나며, 〈그림 9〉의 경우 s(합쇼체)와 y(해요체)의 두 종속변수의 값을 볼 수 있다. 적용가로는 하나의 변숫값만을 지정할 수 있고 두 개 이상을 상자 안에 기입하는 경우에는 맨 왼쪽에 적용가를 위치시켜야 한다. 〈그림 9〉 내의 영어 문장이 설명하듯이, 종속변수의 값이 4개이고, 이 넷이 a, b, c, d로 코딩된 경우 a만 기입하면 a가 적용가가 되고 b, c, d는 비적용가(non-applications)

가 되며, ab를 기입하면 a가 적용가, b가 비적용가가 되고 c와 d의 토큰은 분석에서 제외되며, abc를 기입하면 a가 적용가, b와 c는 비적용가가 되고, d의 토큰은 분석에서 제외된다.

따라서 예시 중인 카카오톡 대화에서의 해요체와 합쇼체 간 사용 변이를 분석할 때, 합쇼체를 적용가로 설정하는 방법은 두 가지가 있다. 첫 번째 방법은 s만을 기입하는 것(y는 비적용가가 됨)이고, 다른 방법은 sy를 기입하는 것(s는 적용가 y는 비적용가가 됨)이다. 앞서 논의했던 영어 관계대명사의 형태 변이를 분석할 때는, 세 변이형, 즉 wh형(w), 'that'(t), ø(o)의 코딩 값 w, t, o가 모두 적용가 선택 지시 창의 상자 안에 디폴트로 나타나게 되며, 이중 o만을 상자 안에 넣으면 o가 적용가가 되고 w와 t는 비적용가가 되고, w만을 넣으면 w가 적용가, t와 o는 비적용가가 된다. 만일 t와 o를 상자 안에 넣으면, t는 적용가, o는 비적용가가 되고 w의 토큰은 분석에서 제외된다.

3.5. 셀 파일과 결과 파일

앞서 기술했듯이, 셀 파일은 토큰 파일, 조건 파일, 그리고 적용가를 바탕으로 생성되며 확장자는 '.cel'이다. 셀 파일의 이름은 조건 파일의 이름과 동일하게 자동적으로 명명된다. 즉 조건 파일이 카톡.해요.합쇼.cnd인 경우 셀 파일은 카톡.해요.합쇼.cel이란 이름을 갖게 된다(〈그림 10〉의 파일명 참조).

셀 파일의 내용은 크게 둘로 나뉘는데, 앞의 머리 부분(header)과 생성된 셀이 하나하나 나열되는 셀 부분으로 구성된다. 예시로 주어진 셀 파일의 경우, 머리 부분은 〈그림 10〉에서 1s에서 31ih까지의 부분이다. 첫 줄인 1s는 합쇼체(s)가 적용가임을 의미(여기서 1은 적용가를 뜻함)하며, 둘째 줄의 6은 독립변수가 모두 여섯이라는 것을 뜻하고, 그 밑에는 6개 독립변수의 개별 요인의 개수(예: 4)와 요인 값들(예: qvro)이 주어져 있다. 그 아래에는 카카오톡 대화에서의 해요체/합쇼체 사용 변이의 토큰 파일, 조건 파일,

그리고 지정된 적용가(s)를 바탕으로 생성된 총 198개의 셀이 차례로 열거되는데(〈그림 10〉에는 10번째 셀까지만 보임), 각 셀(예: obc/fh) 바로 위의 숫자 중 왼쪽 수(예: 1)는 각 셀 중 적용가를 가진 토큰의 수이고 오른쪽 수(예: 0)는 비적용가를 가진 토큰의 수를 의미한다.

```
카톡.해요.합쇼.cel
File Edit Tokens Cells Window Help
1s
 6
   4qvro
   2bp
   2cn
   3ude
   2fm
   3lih
   1   0
obc/fh
   0   1
obc/fl
   0   1
obcefi
   2   3
obn/fh
   1   0
obn/fi
   2   5
obn/fl
   2   1
obn/mh
   1   4
obn/mi
   0   5
obn/ml
   0   1
obndfh
```

〈그림 10〉 예시 중인 카톡.해요.합쇼.tkn 파일을 재코딩 없이 분석할 때 생성된 셀 파일의 일부

셀 파일이 만들어짐과 동시에 각 독립변수의 요인별 백분율 분석 결과를 포함한 결과 파일(확장자는 '.res')이 또한 생성된다(〈그림 11〉 참조). 결과 파일은 셀 파일의 입력으로 기능하는 토큰 파일과 조건 파일의 이름과 조건 파일의 내용이 포함되며, 셀의 전체 개수(Number of cells), 분석 시 지정한 적용가(Application value(s)), 독립변수들의 전체 개별 요인의 개수(Total no. of factors; 〈그림 11〉에서는 16〈=4+2+2+3+2+3) 또한 명기된다. 이어서 표가 이어지는데, 이 표에는 각 요인군(factor group)에 대해서 개별 요인별로 적용가(Apps)와 비적용가(Non-apps)를 가진 토큰 수와 이 둘의 비율 그리고 전체 토큰에 대비한 각 요인값을 가진 토큰들이 차지하는 비율이 주어진다. 표에 열거되는 요인군의 순서는 조건 파일에 나타난 독립변수의 순서와 동

일하다.

〈그림 11〉에서 표에 열거된 첫 번째 요인군은 문형, 즉 문장 유형으로서 q, v, r, o의 개별 요인을 가진다. 이 요인군은 조건 파일에서 독립변수 중에 첫 번째 변수로 지정되어 있고 종속변수까지 포함하면 두 번째 변수가 된다는 것을 표 두 번째 열의 '1 (2)'가 나타낸다. 결과 파일의 이름은 셀 파일과 동일한 이름으로 자동적으로 명명된다.

카톡.해요.합쇼.Res

File Edit Tokens Cells Window Help

• CELL CREATION • 2024-01-03 오후 5:27:02 ••

```
     Name of token file: 카톡.해요.합쇼.tkn
Name of condition file: 카톡.해요.합쇼.cnd
(
; Identity recode:  All groups included as is.
(1)
(2)
(3)
(4)
(5)
(6)
(7)
)

         Number of cells:  198
     Application value(s):  s
     Total no. of factors:  16
```

Group		Apps	Non-apps	Total	%
1 (2)	(문형)				
q	N	9	285	294	9.6
	%	3.1	96.9		
v	N	1091	1170	2261	73.6
	%	48.3	51.7		
r	N	38	359	397	12.9
	%	9.6	90.4		
o	N	22	99	121	3.9
	%	18.2	81.8		

Total	N	1160	1913	3073	
	%	37.7	62.3		
2 (3) (발화상황의 공식성)					
b	N	901	1768	2669	86.9
	%	33.8	66.2		
p	N	259	145	404	13.1
	%	64.1	35.9		
Total	N	1160	1913	3073	
	%	37.7	62.3		
3 (4) (발화문의 의례성)					
c	N	333	284	617	20.1
	%	54.0	46.0		
n	N	827	1629	2456	79.9
	%	33.7	66.3		
Total	N	1160	1913	3073	
	%	37.8	62.2		
4 (5) (화자-청자 연령관계)					
u	N	389	653	1042	48.4
	%	37.3	62.7		
d	N	167	344	511	23.8
	%	32.7	67.3		
e	N	223	375	598	27.8
	%	37.3	62.7		
Total	N	779	1372	2151	
	%	36.2	63.8		
5 (6) (화자의 성별)					
f	N	348	1303	1651	53.7
	%	21.1	78.9		
m	N	812	610	1422	46.3
	%	57.1	42.9		
Total	N	1160	1913	3073	
	%	37.7	62.3		
6 (7) (화자의 연령대)					
l	N	238	506	744	24.2
	%	32.0	68.0		
i	N	329	881	1210	39.4
	%	27.2	72.8		

```
  h    N      593      526      1119  36.4
       %      53.0     47.0

 Total N     1160     1913     3073
       %      37.7     62.3
-----------------------------------------
 TOTAL N   1160     1913     3073
       %    37.7     62.3

 Name of new cell file: 카톡.해요.합쇼.cel
```

〈그림 11〉 예시 중인 카톡.해요.합쇼.cel 파일이 분석될 때 생성된 결과 파일

간혹 〈그림 11〉 같은 결과 파일의 표에서 ***Singleton Group***이나 ***KnockOut*** 같은 경고 표시가 나타나는 경우가 있다. 이런 경우 다음 장에서 논의되는 골드바브의 본 분석이라고 할 수 있는 로지스틱 회귀분석이 이루어질 수 없다. 'Singleton Group'(단일요인 요인군)은 어떤 요인군이 하나의 개별 요인으로만 구성된 경우에 나타난다. 예를 들어 성별이라는 요인군이 남자라는 개별 요인만으로 이루어진 경우나 연령대 요인군이 높은 연령대라는 개별 요인만으로 구성된 경우를 지칭한다. 이런 경우는 두 개 이상의 개별 요인으로 이루어져야 한다는 요인군의 기본요건 자체를 충족하지 못하는 경우이므로 당연히 바브럴 분석이 불가능하며, 이러한 방식의 코딩은 이루어져서는 안 된다.

'KnockOut'(혹은 knockout factor; 녹아웃 요인)은 어떤 변인 혹은 독립변수의 개별 요인값이 항상 변이형(종속변수의 변숫값) 하나와만 공기(共起)하는 경우를 말한다. 이 경우는 이 개별 요인이 나타나는 맥락에서는 (그것이 언어 내적 맥락이든 언어 외적 맥락이든) 종속변수의 변숫값이 변이적이 아니라 범주적이므로 변이 분석이 가능하지 않다. 예를 들어, 카카오톡 대화에서의 합쇼체와 해요체 간 변이 연구에서 모든 명령문이 해요체로만 이루어져 있다면 특정 요인군(여기서는 문형 요인군)의 개별 요인이 종속변수의 변숫값에서 변이를 보이지 않으므로 변이 규칙 분석이 이루어질 수 없다. 이 경우는 이러한 개별 요인의 토큰(지금 예에서는 명령문의 토큰)을 제외하거나 다른

가능한 방법(예를 들면, 명령문의 토큰을 청유문의 토큰과 합치는 방법 등)으로 재코딩을 해서 녹아웃 요인을 없애야 한다. 한국인의 영어 논문과 작문에 나타난 관계사의 사용 변이를 조사한 강현석(2008)의 경우, 계속적 용법의 관계사는 사용례에서 제외하였는데, 그 이유는 계속적 용법의 관계사는 변이형 중 wh형만 가능하고 다른 변이형인 'that'과 ø는 출현할 수 없어서 변이가 나타나지 않으므로, 제한적 용법의 관계사 자료에 계속적 용법의 관계사 사례를 추가해서 분석할 경우 녹아웃 요인이 될 수 있기 때문이었다.

4. 요약과 결어

이 장에서는 먼저 2절에서 사회언어학 변수의 개념과 성격을 소개하고 이 변수를 분석할 때 유의해야 할 사항들을 논의하였다. 이어서 3.1 소절에서는 사회언어학 변수의 전통적 통계 기법인 바브럴 분석의 성격, 기원과 특성을 논의하였으며, 바브럴 프로그램의 토대가 되는 수학적 모형과 연산 방식에 대한 소개도 이루어졌다. 그다음 3.2 소절에서는 골드바브 사용 시 기본 자료가 되는 토큰 파일의 작성과 요인 기입 창에서의 요인 기입 방법에 대해 기술하였고, 3.3 소절에서는 자료 코딩 방법의 설명과 함께 자료 코딩 시 유념해야 할 사항들도 소개하였다. 이어서 3.4 소절에서는 조건 파일의 의미와 기능 그리고 내용을 기술하였으며, 조건 파일의 변경 기능을 하는 재코딩 작업을 자주 사용되는 두 가지 재코딩 유형의 예와 함께 소개하였다. 마지막으로 3.5 소절에서는 토큰 파일, 조건 파일 그리고 사용자가 지정한 적용가를 토대로 구축되는 셀 파일에 대한 논의와 셀 파일을 입력으로 해서 생성되는 결과 파일에 대한 설명이 이루어졌다. 이 장의 내용은 다음 장에서 소개되는 골드바브의 본 분석이라고 할 수 있는 로지스틱 회귀분석을 이해하고 실행하는 데 바탕이 된다.

더 읽을거리

1. Tagliamonte, S. A. (2006). *Analysing Sociolinguistic Variation* (5장~6장), 70-127. Cambridge University Press.

저자는 5장 'The linguistic variable'에서 사회언어학 변수의 개념과 변수를 발굴하는 방법 그리고 변이가 나타나는 언어적 환경/맥락을 찾는 법 등을 논의하며, 6장 'Formulating hypotheses/operationalising claims'에서는 연구 문제를 점검하기 위해 자료를 수집하고 토큰을 코딩하는 방법과 코딩 시 유의 사항에 대해 기술한다.

2. Robinson, J., Lawrence, H., & Tagliamonte, S. (2001). *Goldvarb 2001: A Multivariate Analysis Application for Windows.* Users' manual. https://romanistik.uni-freiburg.de/pusch/Download/variacionismo/GoldVarb2001_User_manual.pdf

이 문서는 골드바브 X의 이전 버전인 골드바브 2001(Goldvarb 2001)의 설명서며, 이 문서가 제공하는 토큰 파일, 조건 파일, 셀 파일, 결과 파일에 대한 설명은 골드바브의 현 버전에도 거의 적용되므로 좋은 참고 자료가 된다.

3. Paolillo, J. C. (2001). *Analyzing Linguistic Variation: Statistical Models and Methods* (2장~3장), 23-71. CSLI Publications.

이 책의 2장 'Linguistic variation'에서 저자는 언어 변이의 개념과 선행연구에서 많이 조사되었던 사회언어학 변수의 예들을 소개하며, 3장 'Variable linguistic data'에서는 바브럴 분석을 위해 토큰 파일을 작성하는 방법을 안내하고 조건 파일과 셀 파일의 개념을 설명하며 기존 토큰 코딩을 재코딩하는 방법도 자세히 논의한다.

주석

1) 사회언어학 변이를 통계 분석할 때 사회언어학 변수는 종속변수(dependent variable)가 되고 변이형의 교체에 영향을 주는 언어 내적 요인과 언어 외적 요인은 독립변수(independent variables)가 된다.
2) (오)의 예처럼 사회언어학 변수를 괄호 안에 넣어 표시하는 경우가 많다.
3) 두 프로그램은 모두 http://individual.utoronto.ca/tagliamonte/goldvarb.html에서 내려받을 수 있다.
4) 골드바브 2.0과 골드바브 2001의 설명서는 각각 아래 사이트에서 내려받을 수 있다.
(https://albuquerque.bioinformatics.uottawa.ca/goldvarb/goldmanual.dir/gvmanual.html) → 골드바브 2.0
(https://romanistik.uni-freiburg.de/pusch/Download/variacionismo/GoldVarb2001_User_manual.pdf) → 골드바브 2001
5) 종속변수의 값을 괄호 뒤 맨 처음이 아닌 뒤에 넣을 수도 있다. 뒤에서 언급하는 재코딩(Recoding) 창(〈그림 5〉 참조)에서 재코딩 시 종속변수를 첫 변수로 선택하는 방법도 있다.
6) 〈그림 3〉의 오류 메시지는 두 번째 요인군(Group), 즉 문형(〈그림 1〉 참조)의 가능 값이 요인 기입 창에 'vqro' 넷으로 규정되어 있는데 이들과 다른 p(ypbnufi)가 토큰 코딩에 포함되어 있는 것에 기인한다.
7) 골드바브 X 프로그램에서 'Set Fill Character'에 디폴트로 들어가 있는 값은 슬래시(/)이다.
8) 셀 파일이 만들어질 때(뒤의 3.5절 참조)도 체크 토큰 기능이 자동적으로 수행된다.

골드바브 통계 분석 II: 동시적 이항 분석과 단계적 추가/제거 분석

1. 들어가기

앞 장에서 논의한 셀 파일이 토큰 파일, 조건 파일, 그리고 지정된 적용가를 토대로 만들어지면 다중회귀(multiple regression) 분석이 가능해진다. 이 장은 골드바브를 활용한 동시적 이항(binomial one-step) 분석과 단계적 추가/제거 분석(step-up/step-down analysis)에 대해 상술하고 두 유형의 다중회귀 분석을 수행할 때 나타날 수 있는 요인군 간의 교호작용과 그 해결 방안에 대해서 논의한다.

2. 동시적 이항 분석의 과정과 결과 해석

동시적 이항 분석은 연구 대상 자료의 축약이라고 할 수 있는 셀 파일을 토대로 각 독립변수의 개별 요인들이 종속변수에서 적용가로 지정된 변이형이 자료에서 실현되는 데 어느 정도의 영향력을 보이는지를 산정하는 통계분석이다. 즉 동시적 이항 분석은 셀 파일 속의 셀 유형과 분포를 가장 잘 설명할 수 있는 (요인군을 구성하는) 개별 요인의 요인 확률 혹은 바브럴 비중을 산정해 내는 과정이다. 이 분석은 3장에서 언급했던 로지스틱 다중회귀 방식으로 수행된다. 동시적 이항 분석을 실행하려면 셀 파일이 열린 상태에서 셀 메뉴의 'Binomial, One Level'(동시적 이항 분석)을 선택하면 된다.

앞서 언급한 강현석·김민지(2022)는 텔레비전 드라마 속 대화에 나타난 한국어 감탄사 '응'과 '어'의 사용 변이를 분석하였다. 〈그림 1〉은 '응'과 '어' 자료에 대한 일차적 골드바브 분석의 결과이며, 앞 장에서 보았던 카카오톡 대화에서의 해요체와 합쇼체 간 변이에 대한 일차적 분석(3장의 〈그림 11〉 참조)과 같은 방식으로 결과가 제시되고 있다. 즉, 먼저 분석의 바탕이 되는 조건 파일이 제시되는데, 요인군 (1)과 요인군 (5)의 일부 개별 요인이 재코딩되었음을 보여준다. 먼저 종속변수인 요인군 (1)의 경우, '어'의 다섯 개 변이형(1~5)이 {어}(o)로 재코딩되었고, '응'의 네 개 변이형(6~9)이 {응}(g)으로 재코딩 되었다(자세한 내용은 강현석·김민지(2022)의 〈표 3〉 참조 요망). 또한 연령대를 뜻하는 요인군 (5)의 경우, 자료가 많지 않은 60대 이상 화자(6)의 토큰은 '5'로 재코딩 후 50대 화자(5)의 토큰과 합쳐서 분석했음을 조건 파일은 보여준다.

조건 파일 다음에는 셀의 수(239)와 지정된 적용가(g({응})) 그리고 전체 개별 요인의 합계 수치(18(=9+2+5+2))가 주어진다. 이어서 {응} 변이형을 적용가(Applications (Apps)), {어} 변이형을 비적용가(Non-applications (Non-apps))로 해서 각 요인군과 개별 요인에 따른 토큰의 수효와 비율을 보여주는 표가 제시된다. 이 분석에서 요인군으로 포함된 것은 ({응}과 {어}의) 화용적 기능(Group 1; 9가지의 다른 기능), 화자의 성별(Group 2; 남, 여), 화자의 연령대(Group 3; 10대부터 50대 이상), 그리고 청자의 성별(Group 4; 남, 여)이었다. 분석의 다음 단계로 다중회귀 분석인 동시적 이항 분석을 수행하면 추가적 내용, 즉 동시적 이항 분석의 결과가 이 결과 파일에 추가되어 제시된다(〈그림 2〉 참조).

```
EungEo-speech.res
File Edit Tokens Cells Window Help

• CELL CREATION • 2024-01-31 오후 4:19:08 •••••••••••••••••••••••••••••
     Name of token file: EungEo-speech.tkn ({응}과 {어} 발화 토큰 파일)
Name of condition file: EungEo-speech.cnd
(
(1 (o (COL 1 1))
   (o (COL 1 2))
   (o (COL 1 3))
   (o (COL 1 4))
   (o (COL 1 5))
   (g (COL 1 6))
   (g (COL 1 7))
   (g (COL 1 8))
   (g (COL 1 9)))
(2)
(3)
(5 (1 (COL 5 1))
   (2 (COL 5 2))
   (3 (COL 5 3))
   (4 (COL 5 4))
   (5 (COL 5 5))
   (5 (COL 5 6)))
(7)
)

        Number of cells:  239
     Application value(s):  g
     Total no. of factors:  18

                         Non-
Group          Apps     apps    Total      %
--------------------------------------------
 1 (2)  (화용적 기능)
   r    N      122      102      224    11.3
        %      54.5     45.5

   b    N      109      226      335    16.9
        %      32.5     67.5

   a    N      155      197      352    17.8
        %      44.0     56.0
```

t	N	49	408	457	23.1
	%	10.7	89.3		
c	N	26	73	99	5.0
	%	26.3	73.7		
s	N	90	88	178	9.0
	%	50.6	49.4		
e	N	36	73	109	5.5
	%	33.0	67.0		
x	N	56	106	162	8.2
	%	34.6	65.4		
f	N	9	55	64	3.2
	%	14.1	85.9		
Total	N	652	1328	1980[a]	
	%	32.9	67.1		
2 (3) (화자의 성별)					
f	N	406	828	1234	60.5
	%	32.9	67.1		
m	N	259	547	806	39.5
	%	32.1	67.9		
Total	N	665	1375	2040	
	%	32.6	67.4		
3 (5) (화자의 연령대)					
4	N	126	243	369	18.1
	%	34.1	65.9		
1	N	118	345	463	22.7
	%	25.5	74.5		
2	N	126	314	440	21.6
	%	28.6	71.4		
3	N	189	365	554	27.1
	%	34.2	65.8		
5	N	106	108	214	10.5
	%	49.5	50.5		
Total	N	665	1375	2040	

	%	32.6	67.4		
4 (7)	(청자의 성별)				
m	N	329	580	909	50.7
	%	36.2	63.8		
f	N	275	609	884	49.3
	%	31.1	68.9		
Total	N	604	1189	1793[a]	
	%	33.7	66.3		
TOTAL	N	665	1375	2040	
	%	32.6	67.4		

〈그림 1〉 {응}과 {어} 사용 변이의 골드바브 결과 파일(골드바브 본 분석 전)
[[a]토큰 수가 적어서 통계처리가 어려운 일부 화용적 기능과 청자가 없거나 불분명한 사례들은 슬래시로 코딩해서 통계 처리하였음]

동시적 이항 분석의 결과(〈그림 2〉 참조)를 보면 전체 셀의 수(239 cells)가 주어지고, 셀의 유형과 분포를 비교적 정확히 설명하는 요인 확률의 산출이 이루어졌는지를 가리키는 수렴(Convergence) 여부와 이러한 산출 시도가 반복해서 이루어진 횟수(Iteration, 여기서는 7)가 또한 주어진다. 어느 정도 이상의 정확성을 가지고 셀의 분포, 즉 자료를 설명하는 데 성공하지 못하면, 'No Convergence at Iteration 20'(20번 반복해서 다른 방식의 연산 시도를 했지만 규정된 수준의 정확성(convergence criterion)에 이루지 못함)라는 문구가 결과에 주어진 후, 개별 요인들의 요인 확률이 제시된다.

다음에 'Input'은 입력 확률(input probability)을 가리키는데 실제적 혹은 가상적 변이 규칙이 적용되는 평균값(corrected mean) 혹은 규칙의 평균적 강도(overall indication of the strength of the rule; Young & Bayley 1996: 270) 정도의 의미를 갖는다. 〈그림 2〉에 주어진 {응}과 {어} 사용의 변이 분석에서는 {응}을 적용가로 지정하였으므로 {응}이 자료에 나타나는 평균적 값 혹은 {응}이 나타나는 평균적 강도를 나타낸다고 볼 수 있다. {응}을 적용가로 해서 분석한 결과는 입력 확률이 0.298이고 0.5 이하이므로 {응}의 출현 강도가 낮은 편이라는 것을 알 수 있다. 이어서 두 개의 표가 이어진다.

첫 번째 표는 동시적 이항 분석이 산정한 각 요인군 별 개별 요인의 요인 비중(factor weight) 혹은 요인 확률(factor probability)을 제시한다. 이 표의 첫 번째 열(column)에는 요인군(Group)의 순번, 둘째 열과 셋째 열에는 개별 요인(Factor)과 요인 비중(Weight), 넷째 열에는 이 요인이 포함된 토큰 중 적용가로 실현된 비율(App(lication)/Total)이 주어진다. 요인 비중은 앞서 언급했던 입력 확률을 기준으로 해서 산정되며, 표의 마지막 열(Input&Weight)에는 입력 확률과 요인 비중을 바탕으로 현 통계 모델이 특정 요인이 포함된 토큰들 중 적용가로 실현될 것이라고 예상하는 토큰의 비율이 주어진다.

3장에서 언급했듯이, 일반적으로 어떤 요인의 요인 확률이 0.5보다 크면 그 요인은 적용가로 지정된 변이형이 나타날 확률을 높이는 요인이고, 0.5보다 작으면 그 변이형이 나타날 확률을 낮추는 요인이라고 상대적으로 해석할 수 있다. 예를 들어, 첫 번째 요인군인 '화용적 기능' 의 'r'(대화 상대자에게 어떤 요구, 질문, 진술을 한 후 재촉하거나 동의를 구하는 기능)의 경우, 요인 확률이 0.731로 분석이 되었는데, 이 수치의 의미는 이 화용적 기능 혹은 의미로 발화자가 발화할 때 다른 기능들보다 적용가인 {응}을 선호해서 사용한다는 것을 뜻한다. 반면에 같은 요인군의 'f'(말차례 유지나 시간 벌기 목적으로 사용하는 기능)는 요인 확률이 0.270이므로 이 기능을 위해 발화자가 발화할 때 {응}보다 {어}가 상당히 선호된다는 것을 보인다.

EungEo-speech.res
File Edit Tokens Cells Window Help

Name of new cell file: EungEo-speech.cel

• BINOMIAL VARBRUL, 1 step • 2024-01-31 오후 8:29:54 ••••••••••••••••••••
Name of cell file: EungEo-speech.cel

Averaging by weighting factors.
One-level binomial analysis...

Run # 1, **239** cells:
Convergence at **Iteration 7**

Input 0.298

(표 1)

Group	Factor	Weight	App/Total	Input&Weight	
1:	r	0.731	0.54	0.54	(화용적 기능)
	b	0.518	0.33	0.31	
	a	0.654	0.44	0.45	
	t	0.216	0.11	0.11	
	c	0.457	0.26	0.26	
	s	0.709	0.51	0.51	
	e	0.534	0.33	0.33	
	x	0.536	0.35	0.33	
	f	0.270	0.14	0.14	
2:	f	0.535	0.33	0.33	(화자의 성별)
	m	0.446	0.32	0.26	
3:	4	0.488	0.34	0.29	(화자의 연령대)
	1	0.453	0.25	0.26	
	2	0.467	0.29	0.27	
	3	0.499	0.34	0.30	
	5	0.683	0.50	0.48	
4:	**m**	**0.520**	0.36	0.32	(청자의 성별)
	f	**0.479**	0.31	0.28	

(표 2)

Cell	Total	App'ns	Expected	Error
xm5m	5	2	2.402	0.130
xm5f	4	1	1.759	0.585
xm5/	1	1	0.452	1.210
xm4m	5	1	1.454	0.200
xm4f	1	0	0.258	0.348
xm4/	5	2	1.341	0.443
xm3m	5	1	1.500	0.238
xm3f	5	2	1.333	0.454
xm3/	2	0	0.554	0.765
xm2m	2	0	0.547	0.753
xm2f	5	2	1.210	0.679
xm2/	1	0	0.252	0.336
xm1m	2	0	0.525	0.711
xm1f	1	0	0.232	0.302
xm1/	2	0	0.482	0.636
xf5m	5	5	2.846	3.784
xf5f	2	0	1.057	2.243
xf5/	2	2	1.083	1.694

bf4/	3	0	0.983	1.461
bf3m	40	16	14.514	0.239
bf3f	15	5	4.888	0.004
bf2m	41	17	13.670	1.217
bf2f	29	7	8.643	0.445
bf2/	1	0	0.309	0.447
bf1m	11	4	3.531	0.092
bf1f	18	8	5.155	2.200
am5m	**11**	**3**	**6.623**	**4.981**
am5f	9	6	5.060	0.399
am4m	5	0	2.008	3.356
am4f	9	5	3.266	1.444
am3m	11	6	4.533	0.808
am3f	30	7	11.191	2.504
am3/	2	0	0.770	1.252
am2m	8	5	3.049	2.018
am2f	22	7	7.551	0.061
am1m	11	7	4.047	3.410
am1f	21	4	6.944	1.865
af5m	6	5	4.102	0.621
af5f	3	2	1.942	0.005
af4m	11	5	5.384	0.054

~ ~ ~ (중략) ~ ~ ~

af4f	15	10	6.730	2.881
af3m	39	18	19.514	0.235
af3f	10	6	4.595	0.795
af2m	44	26	20.591	2.671
af2f	26	11	11.114	0.002
af1m	22	6	9.988	2.916
af1f	36	16	14.895	0.140
af1/	1	0	0.426	0.743
/m5f	2	1	0.846	0.048
/m4m	4	1	1.108	0.015
/m4f	6	2	1.473	0.250
/m3m	1	0	0.286	0.400
/m2m	1	0	0.260	0.352
/m2f	1	0	0.230	0.298
/m1m	1	1	0.249	3.009
/m1f	7	0	1.540	1.975
/m1/	2	0	0.458	0.594
/f5m	2	1	1.105	0.022
/f4m	3	1	1.061	0.005
/f4f	7	3	2.221	0.400
/f4/	3	0	0.985	1.467
/f3m	2	1	0.728	0.160

/f3f	5	0	1.634	2.427
/f2m	4	1	1.337	0.128
/f2f	6	1	1.793	0.501
/f2/	1	0	0.310	0.449
/f1f	2	0	0.574	0.806

Total Chi-square = 303.6729
Chi-square/cell = 1.2706
Log likelihood = -1155.780

〈그림 2〉 {응}과 {어} 사용 변이의 동시적 이항 분석 결과

두 번째 표는 현 통계 모델이 각 셀별로 예상하는 적용가 실현율과 실제 실현율 그리고 오차값을 보여준다. 첫 번째 열은 셀의 유형(Cell), 둘째 열은 각 셀의 수효(Total), 셋째 열과 넷째 열은 실제 적용가로 나타난 각 셀의 수(App'ns)와 현재 통계 모델이 예측하는 적용가를 가진 셀의 예상수(Expected), 마지막 열은 두 수치 간의 (보정된) 오차((Corrected) Error)를 의미한다. 각 셀의 통계 모델상의 예상 수치와 실제 수치 간 오차의 합이 표 맨 아랫부분에 주어진 총 카이제곱값(Total Chi-square)이며, 이를 셀의 수효(〈그림 2〉에서는 239)로 나눈 수치, 즉 각 셀별 오차의 평균값이 셀 평균 카이제곱값(Chi-square/cell)이다. 〈그림 2〉에서 이 수치는 총 카이제곱값인 303.6729를 셀의 수효인 239로 나눈 값, 즉 1.2706이다.

셀 평균 카이제곱값과 이들의 총계인 총 카이제곱값은 모델 적합도를 보여주므로 당연히 수치가 작을수록 바람직하다. 또한 특정 셀의 예상 적용가 실현 수치와 실제 적용가 실현 수치 간의 오차가 크면(예컨대 3.84 이상인 경우(Paolillo 2002: 82)) 변인 간에 상호작용이 있을 가능성이 있으므로 주의가 필요하다. 이 경우에는 원 자료(raw data)로 돌아가서 관계 사용례들과 코딩을 점검할 필요가 있으며 혹시 변인의 설정이나 변인의 개별 요인 설정에 문제가 있다면 수정이 필요하다. 〈그림 2〉에서는 오차값 4.981을 보이는 (볼드체로 표시된) 셀 'am5m'(연령이 50대 이상인 남자가 남자 대화 상대자의 질문/요청/제안에 긍정적으로 응답하는 맥락)이 상대적으로 큰 오차를 보이는 경우이다. 이 셀의 경우, 현재의 통계 모델에 따른 요인 확률은 네 개별 요인

중 세 요인, 즉 a(대화 상대자의 질문/요청/제안에 대한 긍정적 응답 기능(0.654)), 5(연령이 50대 이상인 화자(0.683)), m(남자 청자(0.520))의 요인 확률이 0.5 이상이어서 11개의 셀 중 상당히 많은, 즉 6.623개가 적용가인 {응}으로 나타날 것으로 예상되었지만, 실제로는 3개만이 {응}으로 실현되어 통계 모델의 예상 수치와 실제 수치 간에 비교적 큰 오류가 나타났다고 이해할 수 있다.

〈그림 2〉에서 마지막으로 제시되는 수치인 'Log likelihood'(로그 가능도 혹은 로그 우도) 역시 설정된 통계 모델이 자료에 어느 정도 부합하는지를 나타낸다. 이 수치는 모델 적합도의 절대적인 기준으로서보다는 통계 모델 간의 상대적 적합도를 보여주는 것을 주기능으로 한다. 로그 가능도는 늘 음(陰)의 값을 가지며 영(零)에 가까울수록 적합도가 높다고 해석된다. 예를 들어, 통계 모델 A가 로그 가능도 −1155.780를 보이고 통계 모델 B가 −1150.780를 보일 때, 후자의 수치가 영(零)에 더 가까우므로 전자의 통계 모델보다는 후자가 자료에 더 적합도를 보인다고 해석할 수 있다.

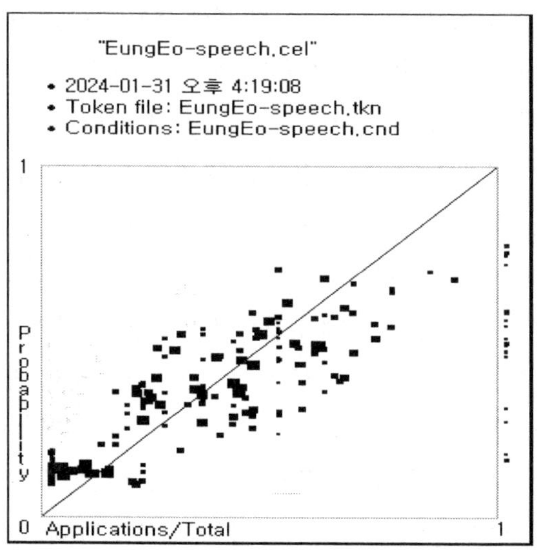

〈그림 3〉 동시적 이항 분석의 결과 중 하나인 분산도(分散圖, scattergram)

통계 모델과 실제 자료와의 적합도는 동시적 이항 분석의 또 다른 결과물인 셀의 분산도(分散圖)에서도 관찰된다(〈그림 3〉 참조). 분산도는 동시적 이항 분석의 결과와 함께 제시되는 그림 파일인데, 그림 속의 각 점은 각 셀을 의미하고 점의 크기가 클수록 셀의 크기, 즉 셀의 토큰 수가 많은 것이다. 또한 점이 대각선에 가까울수록 그 셀에 대한 통계 모델의 예상치는 실제 수치에 근접한 것이다. 그림 속 점이 대각선에서 멀수록 그리고 크기가 클수록 그 셀은 적합도에서 문제가 될 수 있다.

3. 단계적 추가/제거 분석의 과정과 결과 해석

동시적 이항 분석이 끝나면 이차적으로 통계 모델에 포함된 요인군 중 어떤 것들이 분석 대상 변이에 통계적으로 유의미한 영향을 미치는지를 파악하기 위해서 단계적 추가/제거 분석을 시행할 수 있다. 이 분석을 위해서는 셀(Cells) 메뉴에서 'Binomial, Up and Down'(단계적 추가 및 제거 이항 분석)을 선택하면 된다. 〈그림 4〉는 {응}과 {어}의 사용 변이 자료를 대상으로 단계적 추가/제거 분석을 수행한 결과이다.

EungEo-speech.res
File Edit Tokens Cells Window Help

```
• BINOMIAL VARBRUL • 2024-02-02 오후 4:52:15 ••••••••••••••••••••••••••••••••
Name of cell file: EungEo-speech.cel

Averaging by weighting factors.
Threshold, step-up/down: 0.050001

Stepping up... (단계적 추가)

---------- Level # 0 ---------- (0단계)
Run # 1, 1 cells:
Convergence at Iteration 2
Input 0.326
Log likelihood = -1287.843

---------- Level # 1 ---------- (1단계)
Run # 2, 10 cells:
```

Convergence at Iteration 5
Input 0.303
Group # 1 -- r: 0.734, b: 0.526, a: 0.644, t: 0.217, c: 0.451, s: 0.702, e: 0.532, x: 0.549, f: 0.274
Log likelihood = -1175.935 Significance = 0.000

Run # 3, 2 cells:
Convergence at Iteration 3
Input 0.326
Group # 2 -- f: 0.503, m: 0.495
Log likelihood = -1287.777 Significance = 0.721

Run # 4, 6 cells:
Convergence at Iteration 4
Input 0.323
Group # 3 -- 4: 0.521, 1: 0.418, 2: 0.457, 3: 0.521, 5: 0.672
Log likelihood = -1267.060 Significance = 0.000

Run # 5, 3 cells:
Convergence at Iteration 3
Input 0.336
Group # 4 -- m: 0.528, f: 0.472
Log likelihood = -1284.766 Significance = 0.014

Add Group # 1 with factors rbatcsexf ('화용적 기능' 변인 추가됨)

---------- Level # 2 ---------- (2단계)
Run # 6, 20 cells:
Convergence at Iteration 6
Input 0.301
Group # 1 -- r: 0.736, b: 0.525, a: 0.645, t: 0.213, c: 0.455, s: 0.716, e: 0.530, x: 0.542, f: 0.272
Group # 2 -- f: 0.524, m: 0.464
Log likelihood = -1172.915 Significance = 0.015

Run # 7, 51 cells:
Convergence at Iteration 5
Input 0.299
Group # 1 -- r: 0.730, b: 0.518, a: 0.651, t: 0.222, c: 0.450, s: 0.689, e: 0.539, x: 0.545, f: 0.273
Group # 3 -- 4: 0.489, 1: 0.450, 2: 0.483, 3: 0.498, 5: 0.664
Log likelihood = -1163.062 Significance = 0.000

Run # 8, 29 cells:
Convergence at Iteration 5
Input 0.302
Group # 1 -- r: 0.733, b: 0.528, a: 0.646, t: 0.216, c: 0.455, s: 0.702, e: 0.528, x: 0.546, f: 0.274
Group # 4 -- m: 0.531, f: 0.468
Log likelihood = -1172.995 Significance = 0.016

Add Group # 3 with factors 41235 ('화자의 연령대' 변인 추가됨)

---------- Level # 3 ---------- (3단계)
Run # 9, 99 cells:
Convergence at Iteration 7
Input 0.298
Group # 1 -- r: 0.732, b: 0.517, a: 0.654, t: 0.216, c: 0.455, s: 0.709, e: 0.537, x: 0.536, f: 0.269
Group # 2 -- f: 0.537, m: 0.443
Group # 3 -- 4: 0.484, 1: 0.450, 2: 0.468, 3: 0.502, 5: 0.688
Log likelihood = -1156.898 Significance = 0.000

Run # 10, 134 cells:
Convergence at Iteration 6
Input 0.300
Group # 1 -- r: 0.729, b: 0.519, a: 0.652, t: 0.221, c: 0.453, s: 0.691, e: 0.536, x: 0.543, f: 0.275
Group # 3 -- 4: 0.493, 1: 0.454, 2: 0.481, 3: 0.495, 5: 0.659
Group # 4 -- m: 0.525, f: 0.474
Log likelihood = -1161.220 Significance = 0.057

Add Group # 2 with factors fm ('화자의 성별' 변인 추가됨)

---------- Level # 4 ---------- (4단계)
Run # 11, 239 cells:
Convergence at Iteration 7
Input 0.298
Group # 1 -- r: 0.731, b: 0.518, a: 0.654, t: 0.216, c: 0.457, s: 0.709, e: 0.534, x: 0.536, f: 0.270
Group # 2 -- f: 0.535, m: 0.446
Group # 3 -- 4: 0.488, 1: 0.453, 2: 0.467, 3: 0.499, 5: 0.683
Group # 4 -- m: 0.520, f: 0.479
Log likelihood = -1155.780 **Significance = 0.144**

No remaining groups significant (나머지 변인, 즉 '청자의 성별' 은 유의미하지 않다고 분석됨)

Groups selected while stepping up: 1 3 2 (세 변인이 단계적 추가에서 유의미한 변인으로 추가됨)
Best stepping up run: #9

Stepping down... (단계적 제거)

---------- Level # 4 ---------- (4단계)
Run # 12, 239 cells:
Convergence at Iteration 7
Input 0.298
Group # 1 -- r: 0.731, b: 0.518, a: 0.654, t: 0.216, c: 0.457, s: 0.709, e: 0.534, x: 0.536, f: 0.270
Group # 2 -- f: 0.535, m: 0.446
Group # 3 -- 4: 0.488, 1: 0.453, 2: 0.467, 3: 0.499, 5: 0.683
Group # 4 -- m: 0.520, f: 0.479
Log likelihood = -1155.780

---------- Level # 3 ---------- (3단계)
Run # 13, 31 cells:
Convergence at Iteration 7
Input 0.329
Group # 2 -- f: 0.516, m: 0.475
Group # 3 -- 4: 0.523, 1: 0.421, 2: 0.448, 3: 0.520, 5: 0.680
Group # 4 -- m: 0.520, f: 0.480
Log likelihood = -1262.365 Significance = 0.000

Run # 14, 134 cells:
Convergence at Iteration 6
Input 0.300
Group # 1 -- r: 0.729, b: 0.519, a: 0.652, t: 0.221, c: 0.453, s: 0.691, e: 0.536, x: 0.543, f: 0.275
Group # 3 -- 4: 0.493, 1: 0.454, 2: 0.481, 3: 0.495, 5: 0.659
Group # 4 -- m: 0.525, f: 0.474
Log likelihood = -1161.220 Significance = 0.001

Run # 15, 58 cells:
Convergence at Iteration 6
Input 0.301
Group # 1 -- r: 0.735, b: 0.527, a: 0.646, t: 0.213, c: 0.458, s: 0.715, e: 0.526, x: 0.541, f: 0.273
Group # 2 -- f: 0.522, m: 0.467
Group # 4 -- m: 0.529, f: 0.471
Log likelihood = -1170.555 Significance = 0.000

Run # 16, 99 cells:
Convergence at Iteration 7
Input 0.298
Group # 1 -- r: 0.732, b: 0.517, a: 0.654, t: 0.216, c: 0.455, s: 0.709, e: 0.537, x: 0.536, f: 0.269
Group # 2 -- f: 0.537, m: 0.443
Group # 3 -- 4: 0.484, 1: 0.450, 2: 0.468, 3: 0.502, 5: 0.688
Log likelihood = -1156.898 Significance = 0.144

Cut Group # 4 with factors mf ('청자의 성별' 변인 제거됨)

---------- Level # 2 ---------- (2단계)
Run # 17, 11 cells:
Convergence at Iteration 5
Input 0.323
Group # 2 -- f: 0.518, m: 0.473
Group # 3 -- 4: 0.519, 1: 0.417, 2: 0.448, 3: 0.524, 5: 0.684
Log likelihood = -1265.422 Significance = 0.000

Run # 18, 51 cells:
Convergence at Iteration 5
Input 0.299
Group # 1 -- r: 0.730, b: 0.518, a: 0.651, t: 0.222, c: 0.450, s: 0.689, e: 0.539, x: 0.545, f: 0.273
Group # 3 -- 4: 0.489, 1: 0.450, 2: 0.483, 3: 0.498, 5: 0.664

Log likelihood = -1163.062 Significance = 0.000

Run # 19, 20 cells:
Convergence at Iteration 6
Input 0.301
Group # 1 -- r: 0.736, b: 0.525, a: 0.645, t: 0.213, c: 0.455, s: 0.716, e: 0.530, x: 0.542, f: 0.272
Group # 2 -- f: 0.524, m: 0.464
Log likelihood = -1172.915 Significance = 0.000

All remaining groups significant (나머지 변인들은 모두 유의미하다고 분석됨)

Groups eliminated while stepping down: 4 ('청자의 성별' 변인만 단계적 제거에서 제거됨)
Best stepping up run: #9
Best stepping down run: #16

〈그림 4〉 {응}과 {어} 사용 변이의 단계적 추가/제거 분석의 결과

단계적 추가/제거 분석은 단계적 추가 분석(Stepping up)과 단계적 제거(Steppping down)의 순으로 진행된다. 즉 아무런 요인군도 포함하지 않은 0단계(Level #0)부터 시작해서 동시적 이항 분석에 포함된 요인군을 하나씩 추가하면서 자료와의 적합도를 가장 개선하는 요인군을 추가하는 방식으로 단계적 추가 분석은 진행된다.

{응}과 {어} 변이 분석의 경우(〈그림 4〉 참조), 1단계(Level #1)에서 요인군 1(Group #1)부터 요인군 4(Group #4)까지 차례로 추가해 본 결과 두 요인군, 즉 요인군 1(Group #1)과 요인군 3(Group #3)이 가장 좋은 모델 개선의 유의도(Significance (Probability) = 0.000)를 보이지만, 요인군 1(화용적 기능)을 추가할 때 통계 모델과 자료의 적합도를 나타내는 로그 가능도가 더 영에 가까운 수치(로그 가능도: -1175.935)를 보이므로, 이 요인군이 1단계에서 선택된다. 2단계(Level #2)에서는 1단계에서 이미 선택된 요인군 1을 제외한 나머지 세 요인군을 다시 하나씩 추가 시도 후 통계 모델 개선도(Significance = 0.000)가 가장 높은 요인군 3(Group #3, 화자의 연령대)이 선택되며, 3단계(Level #3)에서도 같은 기준으로 요인군 2(Group #2, 화자의 성별)가 통계 모델에 추가된다. 4단계(Level #4)에서 관찰되는 요인군 4(Group #4)의 추가 시도는 이 요인군을 통계 모델에 추가할 때 통계 모델의 적합도

개선이 유의미하지 않으므로(Significance = 0.144) 이루어지지 않는다(통계 모델 개선도 혹은 개악(改惡) 정도의 기준 혹은 역치(閾値, Threshhold)는 〈그림 4〉의 넷째 줄에 제시되듯이 통계분석에서 일반적인 0.05이다). 결과적으로 단계적 추가 분석에서 선택된 요인군은 {응}과 {어}의 화용적 기능, 화자의 성별, 화자의 연령대이고 청자의 성별은 분석된 변이에 유의미한 영향을 미치지 않는 것으로 분석되었다.

단계적 제거 분석은 단계적 추가 때와는 달리 동시적 이항 분석에 포함된 모든 요인군이 통계 모델에 포함된 4단계(Level #4)에서 시작되며, 3단계(Level #4)부터는 4단계에 포함되었던 요인군들을 하나씩 통계 모델에서 제거하면서 새로운 통계 모델을 구축하려고 시도한다. 이 과정에서 제거되는 요인군은 제외 후 통계 모델의 자료에 대한 적합도를 유의미하게 낮추지 않는 것 혹은 유의미하게 개악하지 않는 것으로 한정된다. 이러한 이유로 {응}과 {어}의 변이 분석에서 이 요건을 맞추어 제외되는 요인군은 3단계(Level #3)에서 제외되는 요인군 4(Group #4), 즉 청자의 성별뿐(Significance = 0.144)이고, 2단계(Level #2) 이후에는 이 요건을 맞추는 요인군은 존재하지 않는다. 즉, 나머지 요인군은 통계 모델에서 제외되는 경우 자료와 통계 모델 간 적합도를 모두 유의미하게 낮추는 결과(Significance, 즉 p가 0.05보다 작은 값으로 나타남)를 초래한다.

{응}과 {어}의 변이에 대한 단계적 추가/제거 분석의 예처럼, 일반적으로 단계적 추가 분석과 단계적 제거 분석은 동일한 결과를 보인다. 〈그림 4〉를 보면, 단계적 추가 분석에서는 세 요인군(화용적 기능, 화자의 연령대, 화자의 성별)이 추가되었고, 단계적 제거 분석에서는 네 요인군이 포함된 통계 모델에서 한 요인군(청자의 성별)만이 제거되었으므로, 두 분석의 결과는 동일한 것이다. 〈그림 4〉에 주어진 분석 결과의 마지막 두 줄은 'Best stepping up run #9, Best stepping down run #16'인데, 'Run #9'(9번째 산정 실행)와 'Run #16'(16번째 산정 실행)은 같은 요인군 셋이 포함된 동일한 통계 모델을 가장 바람직한 것으로 제시한다는 것을 알 수 있다. 앞 장에서 언급했듯이, 단계적 추가 분석과 단계적 제거 분석의 결과가 다른

(흔하지 않은) 경우, 즉 탐구 대상인 변이에 유의미한 영향을 주는 요인군의 선택이 두 분석에서 다른 경우에는 이 변이에 유의미한 영향을 주는 요인군이 어떤 것(들)인지는 불명확한 것이 된다.

4. 동시적 이항 분석과 단계적 추가/제거 분석 결과의 보고

{응}과 {어}의 사용 변이를 동시적 이항 분석과 단계적 추가/제거 분석을 통해서 점검한 결과, 각 개별 요인의 요인 확률 수치를 구했으며 또한 {응}과 {어}의 화용적 기능, 화자의 연령대, 화자의 성별이 {응}과 {어}의 사용 변이에 통계적으로 유의미한 영향을 미치는 변인이라는 결과를 얻었다. 그렇다면 이러한 결과를 연구 논문에 어떻게 결과를 보고해야 할까?

바브럴 분석의 결과를 보고하는 방식은 물론 하나로 정해진 것은 아니다. 하지만 〈표 1〉에 주어진 방식이 사회언어학 분야의 학술지에 바브럴 분석의 결과를 엄밀하게 보고하는 방식이라고 할 수 있다(실제로는 〈표 1〉 맨 아래의 입력 확률, 로그 가능도, 전체 토큰 수에 대한 정보와 변인 별 범위는 간혹 생략되는 경우도 있다). 표의 각 열에는 동시적 이항 분석에 포함된 잠재적 요인군/변인, 개별 요인의 요인 확률, 적용가(여기서는 {응})의 출현 비율, 그리고 사례수(토큰 수)가 포함된다. 이 중 잠재적 변인, 적용가의 비율, 그리고 사례 수는 결과 파일 중 〈그림 1〉에 주어진 정보, 즉 'Group', 'Apps', 'Total'에서 각각 가져오면 되고, 개별 요인의 확률[1]은 단계적 추가/제거 분석에서 연구 대상인 변이에 통계적으로 유의미하다고 분석된 요인군만을 포함한 통계 모델에서 가져온다. 이 통계 모델은 앞 절에서 보았듯이 단계적 추가/제거 분석 중 가장 좋은 산정 실행(Best stepping up run 또는 Best stepping down run)에서 발견되며, 〈그림 4〉의 경우 9번째(Run #9)와 16번째(Run #16) 산정 실행에서 관찰된다[2]. 바브럴 분석 결과를 엄밀히 보고하는 표는 입력 확률과 로그 가능도도 포함하는데 이 역시 가장 좋은 산정 실행에서 결과 수치를 가져오면 된다.

〈표 1〉 {응}을 적용가로 한 {응}과 {어} 사용 변이의 골드바브 분석 결과
(강현석·김민지 2022의 〈표 4〉 참조)

잠재적 변인	요인 확률	{응}의 비율	사례수
[화용적 기능]			
청자에 대한 요구/질문 후 재촉/촉구	.732	55%	224
자기가 한 말을 강조	.709	51%	178
질문/요청/제안에 대한 긍정적 응답	,654	44%	352
상대방의 발화 내용에 대한 반문	.537	33%	109
감정을 표현하거나 별 뜻 없는 감탄의 말	.536	35%	162
상대방의 말이나 행동에 대한 인지/긍정	.517	33%	335
타인의 부름이나 전화에 응답	.455	26%	99
말차례 유지/시간 벌기	.269	14%	64
(반가움, 당황함 등을 표현하며) 어떤 상황이나 상대방의 말에 대해 반응하기	.216	11%	457
(범위)	(516)		
[화자의 연령대]			
10대 이하	.450	26%	463
20대	.468	29%	440
30대	.502	34%	554
40대	.484	34%	369
50대 이상	.688	50%	214
(범위)	(238)		
[화자의 성별]			
남성	.443	32%	806
여성	.537	33%	1234
(범위)	(94)		
[청자의 성별](유의미하지 않음)			
남성	[.520]	36%	909
여성	[.479]	31%	884
입력 확률	0.298		
로그 가능도	-1156.898		
전체 토큰 수	2040		

표에서 요인군이 제시되는 순서는 일반적으로 단계적 추가 분석에서 변인이 추가되는 순서나 변인의 강도가 강한 순서를 따른다. 변인의 강도는

뒤에서 자세히 논의하는 '범위'(range)로 알 수 있는데(Tagliamonte 2006: 242 참조), 단계적 추가 분석에서 요인군이 추가되는 순서와 변인의 강도 순서는 드문 예외를 제외하고는 일치한다. 〈표 1〉을 보면, 요인군의 열거 순서는 '화용적 기능(Group #1), 화자의 연령대(Group #3), 화자의 성별(Group #2)' 순인데, 이 순서는 〈그림 4〉에서 볼 수 있듯이 단계적 추가 분석에서 변인들이 통계 모델에 추가된 순서이다. 분석 대상 변이에 유의미한 영향을 보이지 않는다고 분석된 변인(〈표 1〉에서는 '청자의 성별')은 일반적으로 변인 중 마지막 순서로 표에 제시되며 변인의 개별 요인 확률은 대괄호 안에 주어진다. 통계적으로 유의미하지 않다고 분석된 변인의 개별 요인 확률은 유의미한 영향을 미친다고 분석된 변인들과 이 유의미하지 않은 변인이 통합된 통계 모델에서 가져온다. 예를 들어, '청자의 성별'의 개별 요인들, 즉 남성과 여성의 요인 확률은 {응}~{어} 변이에 유의미한 영향을 준다고 분석된 세 변인에 '청자의 성별'이 통계 모델에 추가되었던 산정 실행(〈그림 4〉의 Run #11이나 Run #12))에서 가져온다.

앞서 언급했던 '범위'는 변인별로 개별 요인들의 요인 확률 밑에 소괄호 안에 주어져 있다(〈표 1〉 참조). 범위란 특정 변인의 개별 요인의 요인 확률 중 가장 높은 것과 가장 낮은 것의 차(差)에 1000을 곱한 값(요인 확률을 소수 두 자리 수로 보고한 경우에는 100을 곱한 값)이며, 이 값이 클수록 일반적으로 분석 대상 변이에 대한 요인군의 강도 혹은 영향도가 크다고 할 수 있다. 예를 들어, '화용적 기능' 요인군의 경우, 가장 요인 확률이 높은 요인은 '청자에 대한 요구/질문 후 재촉/촉구'이고 가장 요인 확률이 낮은 요인은 '어떤 상황이나 상대방의 말에 대해 반응하기'이므로, 두 요인 간의 확률 차는 0.516이나 되고 여기에 1000을 곱하면 516이 화용적 기능 변인의 범위가 된다. 화용적 기능 변인의 범위 수치는 화자의 연령대(238)나 화자의 성별(94) 변인의 범위보다 훨씬 크므로, 이 변인의 강도는 아주 강하다고 할 수 있다. 통계적으로 유의미한 영향을 보이지 않는다고 분석된 변인의 범위는 보고하지 않는다.

5. 변인 간 교호작용의 파악 및 해결 방안

골드바브를 활용한 동시적 이항 분석과 단계적 추가/제거 분석은 앞서 기술한 대로 여러 회귀 유형 중 로지스틱 회귀분석이다. 로지스틱 회귀분석은 선형 회귀분석(linear regression)보다는 기본 가정이 적지만, 변인 간의 독립성, 즉 통계분석에 포함된 요인군들 혹은 변인들이 서로 독립적이어서 상관관계를 보이지 않고 상호 간에 교호작용(interaction)이 없어야 한다는 것을 요구한다(6장의 2.2 소절 참조).

하지만 변이 분석에서 요인군들이 교호작용이나 상관관계를 보이는 것은 드물지 않은 일이다. 니콜스(Nichols 1983)는 미국 사우스캐롤라이나의 한 섬에서 사용되는 흑인 크리올 영어 변종을 연구하였는데, 젊은 여성은 젊은 남성보다 표준 영어적 특질을 더 많이 사용하였지만 중·노년 여성은 같은 연령대의 남성과 표준 영어 특질을 동일한 비율로 사용하였다. 따라서 일반적 성별어적 특징, 즉 여성이 남성보다 표준 언어적 특징을 더 높은 비율로 사용한다는 것은 이 지역의 중·노년층 흑인 크리올 영어에서는 사실과 맞지 않고 이 지역에서는 성별 변인과 연령대 요인이 교호작용을 보인다고 할 수 있다. 변인 간 상관관계 역시 변이 분석에서 흔히 나타날 수 있다. 예를 들어, 어떤 사회언어학 변수의 분석에서 화자의 교육 수준과 사회 계층을 모두 잠재적 변인으로 포함한다고 할 때, 교육 수준이란 변인과 사회 계층이란 변인은 상당히 높은 상관관계를 보일 수 있고 회귀 분석에 문제를 초래할 수 있다. 교호작용과 변인 간 상관관계는 성별, 교육 수준, 나이 같은 사회적 변인 간만이 아니라 언어내적 변인 간에도 나타날 수 있다.

구축된 통계 모델이 변인 간에 교호작용이나 상관관계가 없고 자료(즉 사용례의 셀 분포)를 잘 설명할 때는 동시적 이항 분석에서 이루어지는 산정 시도(iteration)에서 비교적 빠른 수렴(covergence)이 이루어지고(Guy 1988: 128 참조), 셀 평균 카이제곱값(chi-square/cell)도 비교적 작은 수치를 보인다. 또한 변인 간 교호작용이 없는 경우, 단계적 추가 분석에서도 단계별로 개별 요인이 보이는 요인 확률의 변동이 작게 나타난다. 특히 단계적 추가 분석에서 추가가 시도되는 요인군에 따라 특정 요인군의 개별 요인 간 요인 확률 순위(constraint ranking)에 뚜렷한 변화가 있는 경우, 기존의 요인군과 추가 시도되는 요인군과의 교호작용을 의심해 보아야 한다. {응}과 {어} 변이의 단계적 추가/제거 분석의 결과(〈그림 4〉 참조)를 보면, 화용적 기능 변인(Group #1)의 경우 요인 확률이 거의 같은 '상대방의 발화 내용에 대한 반문'(e, 0.537(〈표 1〉에 주어진 요인 확률 참조)) 요인과 '감정을 표현하거나 별 뜻 없는 감탄의 말'(x, 0.536) 요인을 제외한 나머지 요인들의 순위는 매 단계에서, 즉 요인군 3(Group #3, 화자의 연령대))이 추가되는 2단계(Level #2)와 요인군 2(Group #2, 화자의 성별)가 추가되는 3단계(Level #3)에서도 일정하다는 것을 관찰할 수 있다(〈그림 4〉의 Run #2, Run #7, Run #9에서의 Group #1 결과 참조).

특정 요인군 간의 교호작용이나 상관관계를 파악할 수 있는 방법 하나는 두 요인군을 대상으로 교차분석을 해보는 것이다. 골드바브에서의 교차분석은 토큰 파일, 조건 파일, 셀 파일까지 만들어진 상태에서 셀(Cells) 메뉴의 교차표(Cross Tabulation)를 선택하면 된다. {응}과 {어} 사용 변이로 돌아가서, 〈표 1〉에 주어진 잠재적 변인 외에 추가적 변인 중 하나로 생각할 수 있는 것은 화자와 청자 간의 연령 관계, 즉 화자와 청자가 연령에 있어서 어떤 위계적 관계를 갖는가이다. 하지만 구축된 통계 모델(〈표 1〉 참조)에는 이미 연령대란 연령과 관계된 변인이 포함되어 있어서 연령 관계까지 포함하는 경우 두 요인군 간에 상관관계나 교호작용을 보일 가능성이 크다고 판단되었다. 이를 확인하기 위해서 두 잠재적 변인 간의 교차분석이 이루어졌고 그 결과는 〈그림 5〉와 같았다. 그림 안의 교차표에서 첫 행은 연령대(Group #3; 10대(1)에서 50대 이상(5)까지), 첫 열은 연령 관계(Group #4; e(수평 관계), u(하→상 관계), d(상→하 관계)를 가리키며, 'g'는 적용가인 {응}을 의미하고 '-'는 비적용가, 즉 {어}를 가리킨다. 또한 'Σ'(시그마)는 합계를 의미한다.

• CROSS TABULATION • 2024-02-06 오후 10:35:40 ••••••••••••••••••••••••••••
• Cell file: EungEo-speech2.cel
• 2024-02-06 오후 10:34:50
• Token file: EungEo-speech.tkn
• Conditions: EungEo-speech2..cnd

Group #3 (연령대) -- horizontally. (행)
Group #4 (연령관계) -- vertically. (열)

	4	%	1	%	2	%	3	%	5	%	Σ	%
e g:	25	30	67	24	65	27	101	37	12	**71**	270	30
-:	58	70	216	76	180	73	171	63	5	29	630	70
Σ:	83		**283**		245		272		**17**		900	
u g:	11	38	40	34	32	37	8	24	2	**67**	93	34
-:	18	62	78	66	55	63	26	76	1	33	178	66
Σ:	29		**118**		87		34		**3**		271	
d g:	86	39	5	31	24	36	77	35	85	**46**	277	39
-:	134	61	11	69	43	64	143	65	98	54	429	61
Σ:	220		**16**		67		220		183		706	
Σg:	122	37	112	27	121	30	186	35	99	49	640	34
-:	210	63	305	73	278	70	340	65	104	51	1237	66
Σ:	332		417		399		526		203		1877	

〈그림 5〉 {응}과 {어} 변이 분석에서 화자의 연령대 변인과
화자와 청자의 연령 관계 변인과의 교차분석 결과

그림 속의 교차표에서 볼 수 있듯이, 연령대 변인과 연령 관계 변인 간에는 분명한 상관관계와 교호작용이 관찰된다. 연령이 50대 이상인 화자('5')가 자신보다 연령이 높은 화자에게 {응}이나 {어}를 발화하는 사례('u'의 사례)는 3번만이 관찰되었으며 자신과 연령이 동일한 화자에게 발화한 경우('e'의 사례)도 17번에 불과했다. 무엇보다도 50대 이상인 화자는 다른 연령대 화자와는 달리 자신보다 연령이 낮은 화자('d'의 경우)에게는 {어}를 더 사용({응} 사용 비율: 46%)하는데 반해 연령이 자신보다 높거나('u': {응} 67%) 동

등한 경우('e': {응} 71%)에는 {응}을 더 사용한다는 결과를 보여 전형적인 교호작용이 관찰되었다. 10대 화자('1')의 경우도 자신보다 연령이 낮은 화자('d'의 경우)에게 {응}이나 {어}를 발화하는 사례는 16회만이 관찰된 반면 자신보다 연령이 높거나 동등한 화자('u'와 'e'의 경우)에게 {응}이나 {어}를 발화하는 사례는 각각 118회와 283회가 관찰되어 이 역시 연령대와 연령 관계가 상관관계를 보이는 또 다른 사례라고 할 수 있다. 위와 같이 교차표 분석은 변인 간의 교호작용 및 상관관계를 파악하는 데 많은 도움을 줄 수 있다.

변인 간 교호작용이 일어나면 구축된 통계 모델로 자료를 잘 설명할 수 없게 된다. 그렇다면 변인 혹은 요인군 간에 교호작용이 나타났을 때는 어떤 해결 방법이 있을까? 첫 번째 방법은 교호작용을 보이는 두 변인 중 어떤 변인을 통계 모델에 넣었을 때 더 설명력이 있는가 혹은 자료를 설명하는 데 더 적합한가를 파악해서 둘 중 그 변인만을 분석에 포함하는 것이다. {응}과 {어}의 사용 변이 분석에서는 연령 관계 변인보다는 연령대 변인을 통계 모델에 포함했을 때 통계 모델의 자료 적합도를 보여주는 셀 평균 카이제곱값(1.2706(연령대 포함 시, 〈그림 2〉 끝 부분 참조), 1.4946(연령 관계 포함 시))에서 더 나은 수치, 즉 더 작은 오류 수치를 보여서 연령대 변인을 통계 모델에 포함해서 분석하였다.

두 번째로 가능한 해결 방법은 두 변인을 통계 모델에 모두 포함하는 대신 두 변인의 개별 요인의 가능 조합을 한 변인의 개별 요인으로 만들어서 교호작용을 없애는 것이다. 예를 들어, 성별 변인(개별 요인: 남성, 여성)과 연령대 변인(개별 요인: 저연령대, 중간 연령대, 고연령대)이 교호작용을 보인다면 이들의 가능 조합 여섯 개, 즉 저연령대 남성, 중간 연령대 남성, 고연령대 남성, 저연령대 여성, 중간 연령대 여성, 고연령대 여성을 한 요인의 개별 요인으로 해서 분석하는 것이다. 즉 교호작용이 있는 두 변인을 하나의 변인으로 바꾸어 그 결과를 분석하는 방법이다. 물론 이러한 분석은 두 변인을 모두 포함해서 분석할 때보다는 결과 해석이 덜 투명할 수 있다.

교호작용에 대한 세 번째 해결 방법은 자료를 분리(data partition)한 후 분석하는 것이다. 이 방법은 겉으로 동일해 보이는 변이 현상이 실제로는 하위 자료에서 다른 성격을 가지는 경우에 활용된다. 변이 연구에서 잘 알려진 이러한 예는 뉴욕 영어와 필라델피아 영어가 /t,d/ 탈락 현상에서 다른 성격을 보이는 것이다. 즉 뉴욕 영어에서는 /t,d/로 끝나는 자음군(예: bust, mend) 뒤에 휴지(pause)가 따를 때 /t,d/의 탈락을 선호되는 반면, 필라델피아 영어에서는 이 음운환경에서 /t,d/의 발화 혹은 유지(retention)를 선호한다(Guy 1980). 따라서 뉴욕 영어와 필라델피아 영어는 /t,d/ 탈락에 대한 변이 규칙의 성격이 다르다고 할 수 있으며, 뉴욕 영어의 자료와 필라델피아 영어의 자료를 합쳐서 분석하면 영어가 쓰이는 지역과 후행 음운환경 간에 교호작용이 일어나게 되어 바브럴 분석, 즉 로지스틱 회귀분석은 자료를 잘 설명하지 못하고 통계 모델과 실제 자료 간에 상당한 오차가 나타나게 된다. 이런 경우, 뉴욕 영어의 자료와 필라델피아 영어의 자료를 분리해서 바브럴 분석을 하는 것이 교호작용을 방지하는 해결 방안이 된다. 이와 같은 자료 분리의 방법은 강현석(H. S. Kang 1998a)의 서울 방언에서 나타나는 활음 /w/ 탈락의 분석에서도 활용되었다. 한국어에서의 /w/ 탈락 현상은 자음 뒤 탈락(예: 사과[sagwa]→사가[saga])과 모음 뒤 탈락(예: 유원지[yuwənci]→유언지[yuənci])의 두 경우로 나뉘는데, 이 두 변이적 음운 현상은 탈락 비율과 탈락의 변인이 다르므로 둘의 사용례는 분리 후 개별적으로 분석되었다.

6. 요약과 결어

이 장은 골드바브 분석의 본 분석에 해당하는 동시적 이항 분석과 단계적 추가/제거 분석을 수행하는 절차, 분석 결과의 해석 및 보고 방법, 그리고 분석 결과에서 발견될 수 있는 변인 간 교호작용을 파악하고 해결하는 방법에 대해서 기술하였다.

동시적 이항 분석은 분석 대상 자료의 집약이라고 할 수 있는 셀 파일을 바탕으로 셀들의 유형과 분포를 가장 잘 설명할 수 있는 개별 요인의 요인 확률을 로지스틱 다중회귀 방식으로 산정한다. 각 변인 혹은 요인군의 개별 요인이 보이는 바브럴 비중 혹은 요인 확률은 바브럴 분석에서 적용가로 규정된 변이형이 출현하는 데 특정 개별 요인이 도움을 주는지 아니면 억제하는지, 또 그 도움 혹은 억제의 수준은 어느 정도인지를 알려준다. 동시적 이항 분석의 결과에는 카이제곱값과 로그 가능도라는 통계 모델의 자료에 대한 적합도 수치도 주어지며, 각 셀별 예상 적용가 실현율과 실제 실현율 간의 오차 수치도 제공되어 변인 간의 상호작용이나 상관관계의 존재 가능성 또는 중요 변인이 배제되어 있을 가능성을 제시하기도 한다.

단계적 추가/제거 분석은 잠정적으로 구축된 통계 모델에 포함된 변인 중 어떤 변인(들)이 분석 중인 변이 현상에 통계적으로 유의미한 영향을 미치는지를 밝히고, 유의미한 영향을 미치는 변인 간의 상대적 강도에서의 차도 보여준다. 특정 변인의 상대적 강도는 단계적 추가 혹은 제거되는 순서로 파악이 가능하며, 또한 특정 변인의 범위 값으로도 확인할 수 있다.

변인 간의 교호작용과 상관관계는 변이 연구에서 흔히 관찰되며, 사회적 요인만이 아니라 언어내적 요인 간에도 발견된다. 교호작용을 파악하는 데는 교차분석이 유용하며, 변인 간 교호작용을 해결하는 방법으로는 교호작용 중 더 많은 설명력을 보이는 변인 하나만 통계 모델에 포함하는 방법이 있고, 교호작용을 보이는 두 변인의 개별 요인의 가능 조합들을 새로운 한 변인의 개별 요인들로 만들어 분석하는 방법이 있으며, 분석 대상인 자료의 하위 자료가 일반적 성격은 유사하지만 특정 변이 양태 혹은 변이 규칙에서 차이가 있는 경우에는 하위 자료를 각기 분리해서 분석하는 방법이 또 다른 해결법이다.

과제

3장과 4장의 내용을 정독한 후 책 뒤 〈종합과제〉의 과제 1을 수행하라.

더 읽을거리

1. Tagliamonte, S. A. (2006). *Analysing Sociolinguistic Variation* (10장), 217-234. Cambridge University Press.

10장 'Multivariate analysis'에서 저자는 골드바브의 동시 이항 분석과 단계적 추가/제거 분석의 절차와 분석 수행 시 유의사항에 대해 상술한다. 추가적으로, 분석 결과에서 변인 간 교호작용을 발견하는 방법과 해결 방안에 대해서도 논의하며 분산도와 로그 가능도에 대한 설명도 이루어진다.

2. Guy, G. (1988). Advanced VARBRUL analysis. In K. Ferrara, B. Brown, K. Walters, & J. Baugh (eds.), *Linguistic Change and Contact*, 124-136. Department of Linguistics, University of Texas at Austin.

이 논문은 바브럴 분석을 수행할 때 분석자가 직면할 수 있는 몇 가지 문제와 그에 대처하는 방안을 소개한다. 논의되는 주제에는 변인 간의 독립성과 교호작용 문제 그리고 특정 변인의 개별 요인 간 토큰 수의 불균형 문제 등이 포함된다.

3. Paolillo, J. C. (2001). *Analyzing Linguistic Variation: Statistical Models and Methods* (4장), 73-100. CSLI Publications .

4장 'Conducting variationist analyses'에서 저자는 바브럴 프로그램을 이용해서 동시적 이항 분석과 단계적 추가/제거 분석을 수행하는 방법을 소개하고, 실례를 제시하며 분석 결과를 해석하는 방법도 설명한다. 교차분석의 활용과 분산도에 대한 논의도 이루어진다.

4. Walker, J. A. (2010). *Variation in Linguistic Systems* (4장), 31-44. Routledge.

저자는 4장 'Multivariate analysis with Goldvarb'에서 골드바브 분석의 전 과정을 논의한다. 토큰 파일, 조건 파일, 셀 파일, 결과 파일의 개념을 설명하면서 로지스틱 회귀분석의 절차를 소개하고, 자료에 나타날 수 있는 교호작용의 개념과 대처 방안에 대해서도 논의한다.

주석

1) 개별 요인의 요인 확률은 결과 파일에 주어진 그대로 보고할 수도 있고, 소수 세 자리에서 반올림해서 소수 두 자리 수로 보고하는 것도 가능하다.
2) 두 실행은 동일한 결과를 산출하므로 개별 요인들의 요인 확률, 입력 확률(Input), 로그 가능도(Log likelihood)에서도 동일하다.

제5장

LVS를 활용한 분석 I: 로지스틱 회귀분석

1. 들어가기

앞의 두 장에서는 변이 연구에서 전통적으로 통계분석 도구로 사용되어 온 바브럴의 최근 버전인 골드바브의 기능과 성격, 분석 절차 및 결과 해석에 대한 기술과 논의가 이루어졌다. 바브럴 분석이 처음 개발된 시기와 그 후 상당 기간에는 상용 통계 프로그램인 SPSS나 SAS 등에는 로지스틱 회귀분석이 가능하지 않아서 변이 연구에서 자료 분석을 할 때 바브럴 프로그램의 효용이 높았다. 하지만 그 후 상용 통계 프로그램에서도 로지스틱 회귀분석의 구현이 가능해졌고 지속적으로 이 통계 기법의 개선이 이루어져서 바브럴 프로그램에서보다 더 나은 자료 분석이 가능하게 되었다. 비교적 최근에는 변이 연구 학계에서도 골드바브의 약점을 보완하고 기능을 보강하기 위해서 LVS와 Rbrul이라고 불리는 두 종류의 변이 분석을 위한 통계 도구가 추가로 개발되어 사회언어학 변수의 분석 목적으로 사용되고 있다. 이 두 분석 도구 중 5장과 6장에서는 LVS에 대한 소개와 논의가 이루어지며, 특히 5장은 LVS의 성격과 기능, 골드바브와의 차이점 그리고 가능한 로지스틱 회귀분석의 유형 및 결과 해석에 대한 설명에 초점을 맞춘다.

2. LVS란?

LVS(Language Variation Suite) 혹은 언어 변이 통계 묶음은 전산언어학자인 스크리브너(Olga Scrivener)[1], 변이사회언어학자인 디아스-캄포스(Manuel Diaz-Campos), 그리고 통계학자인 프리즈비(Michael Frisby)가 변이 연구의 통계분석을 위해서 공동 개발한 응용 프로그램이다(Scrivener, Diaz-Campos & Frisby 2016). 이 통계 패키지는 인터넷 브라우저를 이용해서 사용할 수 있는 웹 응용 프로그램이어서 소프트웨어 설치 과정이 필요 없고, PC, 매킨토시, 리눅스 등 어떤 운영 체제에서도 사용이 가능하다. LVS는 R 언어를 직접 배우지 않고도 R을 활용한 통계분석이 가능하도록 설계된 샤이니 앱(Shiny App)[2]의 하나로서 웹에서 용이하게 사용할 수 있다. LVS에 구현된 R의 통계분석 기능은 물론 R에서 활용할 수 있는 기능보다는 단순하지만, 변이 사회언어학자들이 변이 연구에서 자주 활용하는 기능을 비교적 쉽게 사용할 수 있게 구축된 것이 LVS의 장점이다.

LVS를 활용한 분석(앞으로는 LVS 분석)은 골드바브 분석과 비교할 때 여러 장점이 있다. LVS 분석의 가장 두드러진 장점은 골드바브 분석에서는 가능하지 않은 군집분석(cluster analysis), 랜덤 포리스트(random forest), 조건부 추론 나무(conditional inference tree) 등 다양한 분석이 가능하다는 것이다. LVS는 또한 회귀분석에서 골드바브와 비교해 여러 강점을 지니는데 대표적인 것들은 다음과 같다. 첫째, 골드바브를 활용한 회귀분석은 앞서 기술한 대로 종속변수의 값이 둘인 이항 범주형 종속변수와 범주형인 독립변수만이 분석 가능한 데 반해, LVS를 활용한 회귀분석에서는 이항 범주형 종속변수만이 아니라 다항 범주형 종속변수와 연속형 종속변수도 분석이 가능하다. 또한 LVS 분석에서는 연속형 독립변수도 회귀 모델에 포함될 수 있다. 둘째, 골드바브의 회귀분석은 고정 효과 모델(fixed effect model) 분석만이 가능해서 변이형의 사용에 있어서 같은 계층 집단 혹은 동일한 연령대 그룹 내의 개인 간 변이나 어휘군(語彙群) 내의 어휘 간 변이가 분명한 경우 분석 결과에 오류가 나타날 수 있는 반면, LVS에서는 고정 효과 모델만이 아니라 혼합 효과 모델(mixed effect model)을 바탕으로 한 회귀분석도 가능해서 그룹 내의 개인 간 변이 그리고 어휘군 내의 어휘 간 변이가 뚜렷한 경우도 신뢰할 만한 분석 결과를 도출할 수 있다. 셋째, 골드바브의 회귀분석이 변인 간의 독립성을 전제로 하는 모수적 검정(parametric test)인 반면에, LVS에서는 모수적 회귀분석 외에도 비모수적(nonparametric) 회귀분석인 랜덤 포리스트와 조건부 추론 나무가 포함되어 있어서 변인 간에 교호작용이 있는 경우에도 그리고 변인 수에 비해 자료가 적은 경우에도 신뢰할 만한 분석이 가능하다.

3. LVS의 주요 메뉴와 통계분석을 위한 자료 파일 작성

LVS를 사용하기 위해서는 구글 검색창에서 'language variation suite'라고 치고 해당 웹 페이지(http://www.languagevariationsuite.com)에 접속하면 된다. LVS의 메뉴는 'About', 'Data', 'Visualization', 'Inferential Statistics', 'RBRUL'이 있다. 'About' 메뉴는 LVS를 소개하는 기능(<그림 1> 참조)을 하며, 'RBRUL' 메뉴는 변이 사회언어학자인 Daniel Ezra Johnson(2009)가 바브럴 분석과 R의 특질을 절충해서 변이 연구를 위해서 개발한 Rbrul(http://www.danielezra johnson.com/rbrul.html 참조)을 소개하는 기능만을 수행해서 LVS 분석과는 직접 관련이 없다. 또한 'Visualization' 메뉴는 분석 결과의 일부를 그래프와 도표로 작성하기 위해서 주로 활용된다. 따라서 LVS를 활용한 통계분석에서는 'Data'와

'Inferential Statistics'의 두 메뉴와 이들 메뉴의 하위 메뉴를 주로 사용하게 된다.

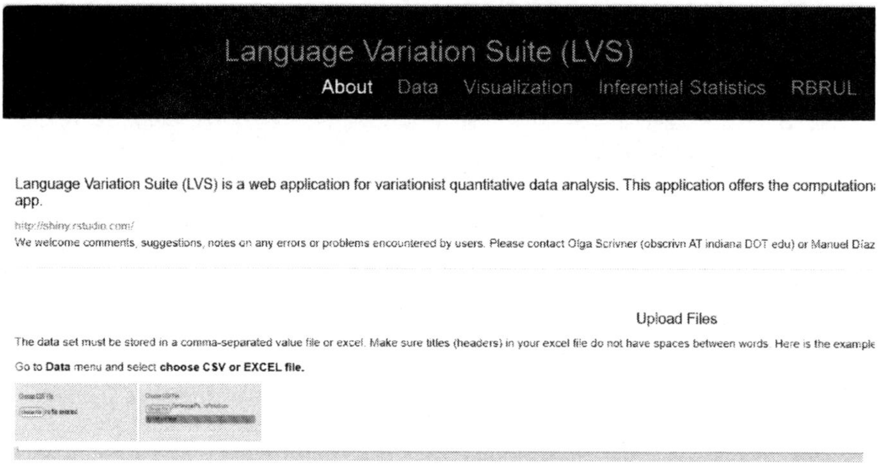

Language Variation Suite (LVS)
About Data Visualization Inferential Statistics RBRUL

Language Variation Suite (LVS) is a web application for variationist quantitative data analysis. This application offers the computation app.

http://shiny.rstudio.com/

We welcome comments, suggestions, notes on any errors or problems encountered by users. Please contact Olga Scrivner (obscrivn AT indiana DOT edu) or Manuel Díaz

Upload Files

The data set must be stored in a comma-separated value file or excel. Make sure titles (headers) in your excel file do not have spaces between words. Here is the example

Go to **Data** menu and select **choose CSV or EXCEL file.**

〈그림 1〉 LVS의 'About' 화면 일부

LVS 분석을 위한 데이터 파일로는 CSV(comma separated value) 파일과 엑셀 파일이 가능하다[3]. 두 파일 유형의 차이는 엑셀 파일보다는 CSV 파일이 LVS에서 데이터 처리의 속도가 다소 빠른 것이다. LVS 분석을 위해서 CSV 데이터 파일을 만드는 방법 하나는 데이터를 엑셀에서 작성하고 이 파일을 엑셀 파일(.xlsx)이 아닌 CSV 파일(.csv)로 저장하는 것이다. CSV 파일로 저장할 때는 두 가지 옵션이 있다. 'CSV(쉼표로 분리)' 형식이 아닌 'CSV UTF-8(쉼표로 분리)' 옵션을 선택해서 저장하는 것이 권장되는데, 이 형식의 데이터 파일로 저장하면 다양한 언어가 지원되기 때문에 한글이 포함된 자료를 LVS가 성공적으로 읽어낼 수 있기 때문이다(하지만 열 이름(column name)에 한글을 쓰는 것은 불가능함). 반면에 한글이 포함된 데이터 파일인 경우, 'CSV(쉼표로 분리)' 형식으로 저장하면 LVS는 데이터 파일의 내용 중 한글 부분은 읽어내지 못한다. 데이터 파일의 열 이름은 공백(space)을 포함하지 않아야 하며[4] 영어 문자와 숫자, 밑줄, 연자부호(連字符號,

hyphen), 온점 등을 포함할 수 있다. 데이터 파일에 작성된 여러 열 중 하나는 종속변수여야 하고 나머지 열들은 독립변수, 즉 잠재적 변인들이어야 한다(물론 자료에 주석을 붙이는 열도 포함할 수 있다). 만약 데이터 파일을 엑셀 파일(.xlsx)로 저장해서 그대로 업로드하는 경우는 엑셀 시트의 이름도 입력해 주어야 한다(〈그림 2〉의 하단 오른쪽 부분 'Sheet1' 참조).

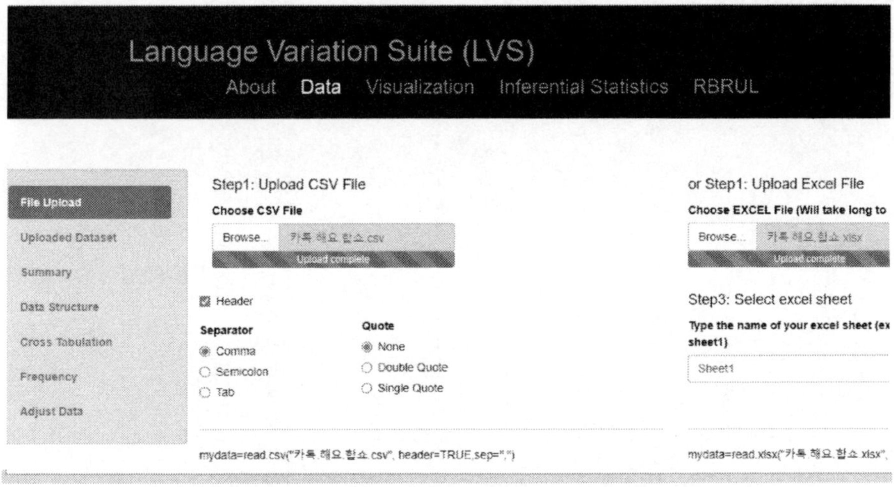

〈그림 2〉 엑셀에서 작성한 예시 데이터(카톡 대화에서의 해요체와 합쇼체 간 변이 자료)를 CSV(.csv) 파일과 엑셀 파일(.xlsx)로 업로드한 모습
(실제로는 둘 중 하나만 선택해서 올려야 함)

엑셀이나 구글 스프레드시트 등을 이용해서 처음부터 하나하나 관측치(토큰)를 입력하여 데이터 파일을 구축하는 방법 외에 또 다른 자료 파일 작성 방법은 기존에 구축된 골드바브의 토큰 파일을 이용하는 것이다. 구체적인 방법은 다음과 같다. 먼저 토큰 파일을 골드바브에서 열고 헤더(header) 부분을 제거한 후 새로운 토큰 파일(.tkn)로 저장(save as)한다. 그다음 엑셀에서 이 토큰 파일을 불러와서 열 이름들(Variants, SentType 등(〈그림 3〉 참조))을 삽입 후, 다시 CSV 파일이나 엑셀 파일로 저장한 다음 LVS에

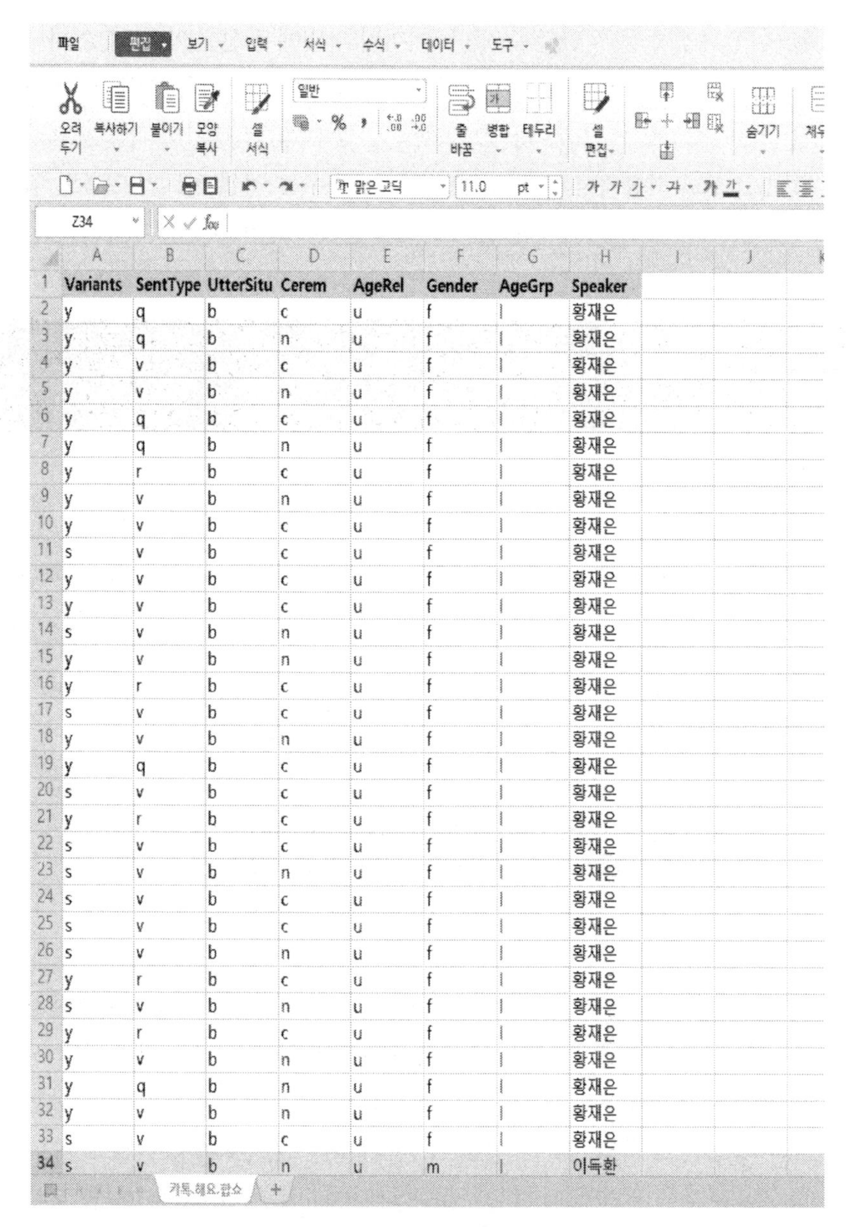

Variants	SentType	UtterSitu	Cerem	AgeRel	Gender	AgeGrp	Speaker
y	q	b	c	u	f	l	황재은
y	q	b	n	u	f	l	황재은
y	v	b	c	u	f	l	황재은
y	v	b	n	u	f	l	황재은
y	q	b	c	u	f	l	황재은
y	q	b	n	u	f	l	황재은
y	r	b	c	u	f	l	황재은
y	v	b	n	u	f	l	황재은
y	v	b	c	u	f	l	황재은
s	v	b	c	u	f	l	황재은
y	v	b	c	u	f	l	황재은
y	v	b	c	u	f	l	황재은
s	v	b	n	u	f	l	황재은
y	v	b	n	u	f	l	황재은
y	r	b	c	u	f	l	황재은
s	v	b	c	u	f	l	황재은
y	v	b	n	u	f	l	황재은
y	q	b	c	u	f	l	황재은
s	v	b	c	u	f	l	황재은
y	r	b	c	u	f	l	황재은
s	v	b	c	u	f	l	황재은
s	v	b	n	u	f	l	황재은
s	v	b	c	u	f	l	황재은
s	v	b	c	u	f	l	황재은
s	v	b	n	u	f	l	황재은
y	r	b	c	u	f	l	황재은
s	v	b	n	u	f	l	황재은
y	r	b	c	u	f	l	황재은
y	v	b	n	u	f	l	황재은
y	q	b	n	u	f	l	황재은
y	v	b	n	u	f	l	황재은
s	v	b	c	u	f	l	황재은
s	v	b	n	u	m	l	이득환

〈그림 3〉 예시 중인 카카오톡 대화에서 관찰되는 해요체와 합쇼체 간 변이의 LVS 분석을 위한 CSV 파일의 일부[5)]

업로드하는 방법이다. 즉 '토큰 파일 골드바브에서 열기 → 헤더 부분 삭제 → 새로운 토큰 파일로 저장 → 엑셀에서 토큰 파일 열기 → 열 이름 삽입 → CSV 파일이나 엑셀 파일로 저장'의 과정을 거쳐 LVS의 데이터 파일로 사용하는 방법이다. 예를 들어 설명하면 다음과 같다. 3장에서 예시를 위해 사용했던 카톡.해요.합쇼.tkn의 경우, 이 파일을 골드바브에서 연 후 헤더 부분을 없애고 카톡.해요.합쇼2.tkn으로 새로 저장한다. 그 후 엑셀 프로그램에서 이 토큰 파일을 열고 열 이름들을 삽입한 후, CSV 파일(카톡.해요.합쇼.csv)이나 엑셀 파일(카톡.해요.합쇼.xlsx)로 새로 저장해서 LVS의 데이터 파일로 사용할 수 있다.

〈그림 4〉는 3장에서 사용하였던 골드바브 파일(카톡.해요.합쇼.tkn(3장의 〈그림 1〉 참조))의 헤더를 없애고 새로 저장 후, 엑셀에서 불러온 다음에 영어로 된 열 이름(column name)을 삽입하고 CSV 파일(UTF-8 쉼표로 분리 형식)로 새로 저장한 후에, LVS에 업로드한 파일의 일부이다. 'Speaker'(화자)는 총 113명인데, LVS에 한글이 문제없이 업로드될 수 있다는 것을 예시하기 위해서 영어로 표기되었던 이름들을 한글 가명으로 바꾸어 표기하였다. LVS에서 'Data' 메뉴의 'Uploaded Dataset'을 클릭하면 이 파일에 입력된 사례(entries) 혹은 토큰들이 한 화면에 25개씩 제시된다. 그런데 'AgeRel'(연령 관계) 변인의 변숫값을 보면 '/'(슬래시)로 코딩된 것들이 화면에 4개나 된다. 〈그림 4〉의 데이터에 '/'가 포함된 이유는 LVS에 업로드된 자료가 원래 골드바브의 토큰 파일에서 가져온 자료이기 때문이다. 3장에서 소개했듯이, 바브럴 분석에서 '/'의 의미는 '적용되지 않음' 혹은 '분명하지 않음'을 의미한다. 카카오톡 대화에서의 해요체와 합쇼체 간 변이 분석을 위한 자료에는 화자/발신자의 발화에 대한 잠재적 청자/수신자가 둘 이상(단체 카카오톡 방의 경우)이고 이들의 연령대가 달라서, 화자와 청자의 연령 관계가 불확실한 경우가 상당수 있다. 3장에서 예로 제시한 파일(카톡.해요.합쇼.tkn)에서는 이 경우에 화자와 청자(혹은 발신자와 수신자) 간의 연령 관계를 '불분명'의 의미로 '/'로 코딩한 바 있다.

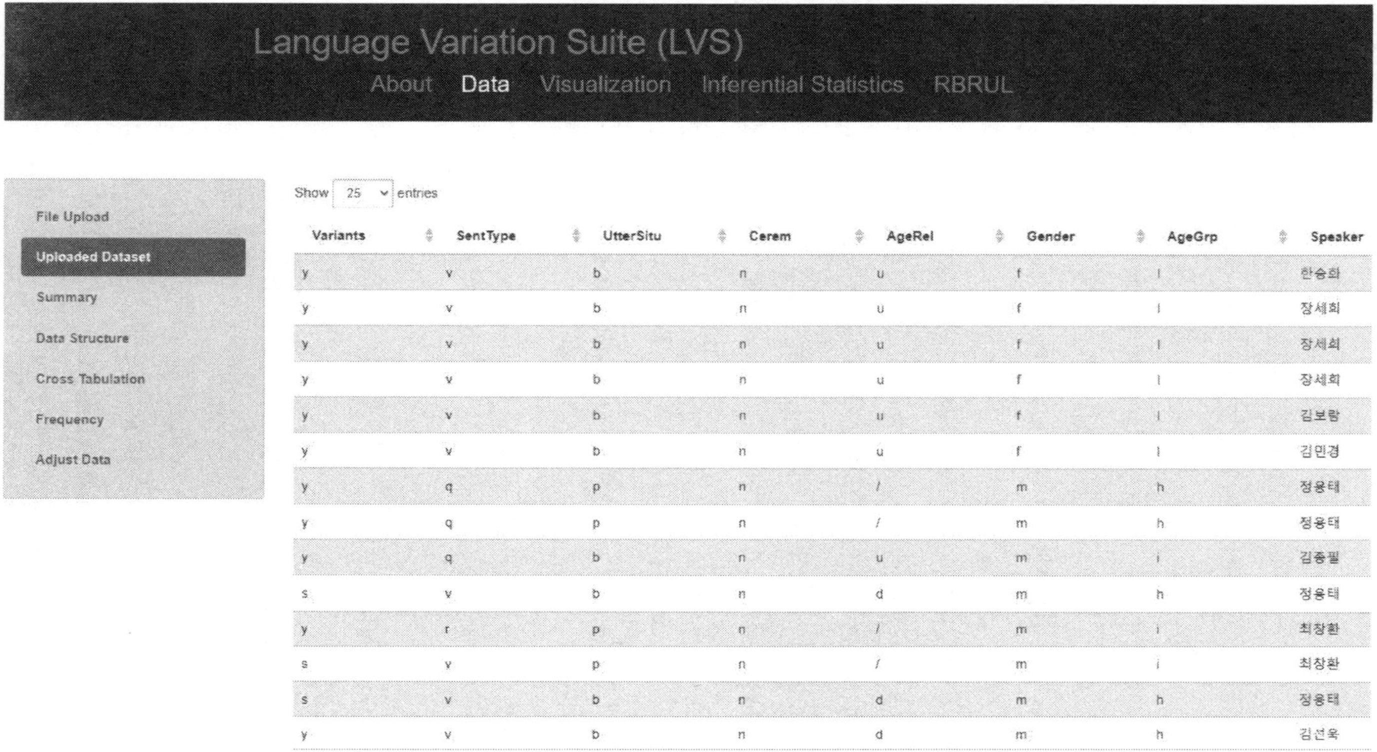

Language Variation Suite (LVS)

About Data Visualization Inferential Statistics RBRUL

File Upload

Uploaded Dataset

Summary

Data Structure

Cross Tabulation

Frequency

Adjust Data

Show 25 entries

Variants	SentType	UtterSitu	Cerem	AgeRel	Gender	AgeGrp	Speaker
y	v	b	n	u	f	l	한승희
y	v	b	n	u	f	l	장세희
y	v	b	n	u	f	l	장세희
y	v	b	n	u	f	l	장세희
y	v	b	n	u	f	l	김보람
y	v	b	n	u	f	l	김민경
y	q	p	n	/	m	h	정용태
y	q	p	n	/	m	h	정용태
y	q	b	n	u	m	i	김종필
s	v	b	n	d	m	h	정용태
y	r	p	n	/	m	i	최창환
s	v	p	n	/	m	i	최창환
s	v	b	n	d	m	h	정용태
y	v	b	n	d	m	h	김선욱

〈그림 4〉 기존에 구축된 골드바브의 토큰 파일을 이용해서 엑셀에서 작성한 CSV 파일 (카톡.해요.합쇼.csv)을 LVS에 업로드한 내용의 중간 부분 일부

골드바브 분석에서는 특정 변인의 변숫값으로 '/'가 입력된 토큰은 이 변인(카톡.해요.합쇼.tkn의 경우 'AgeRel' 변인)을 제외한 다른 변인이 종속변수에 미치는 영향을 통계적으로 분석하는 데 자료의 일부로 사용되며, 변이 연구의 자료에는 특정 변인의 변숫값이 위와 유사한 이유로 분명하지 않은 경우가 적지 않다. 따라서 '/'를 사용한 자료 코딩이 가능하고 결측값이 포함된 토큰들을 데이터 파일의 일부로 사용할 수 있는 점은 바브럴 분석의 뛰어난 강점이다. 하지만 바브럴 분석을 제외한 다른 통계분석(SPSS, SAS, R, LVS 등)에서는 특히 범주형 변수의 값이 결측값인 경우 자료의 일부로 사용될 수 없으며 데이터 파일에서 이들 사례를 제외하고 분석하는 것이 일반적이다.

따라서 골드바브의 토큰 파일에서 유래한 LVS의 데이터 파일에 '/'가 포함된 사례들은 'Data' 메뉴의 하위 메뉴인 'Adjust Data'의 한 하위 기능인 'Exclude'를 사용하여 분석 대상에서 제외해야 한다. 예시 파일(카톡.해요.합쇼.csv)이 업로드된 상태에서 'Exclude' 탭을 누르면 여러 변인(factor group) 중

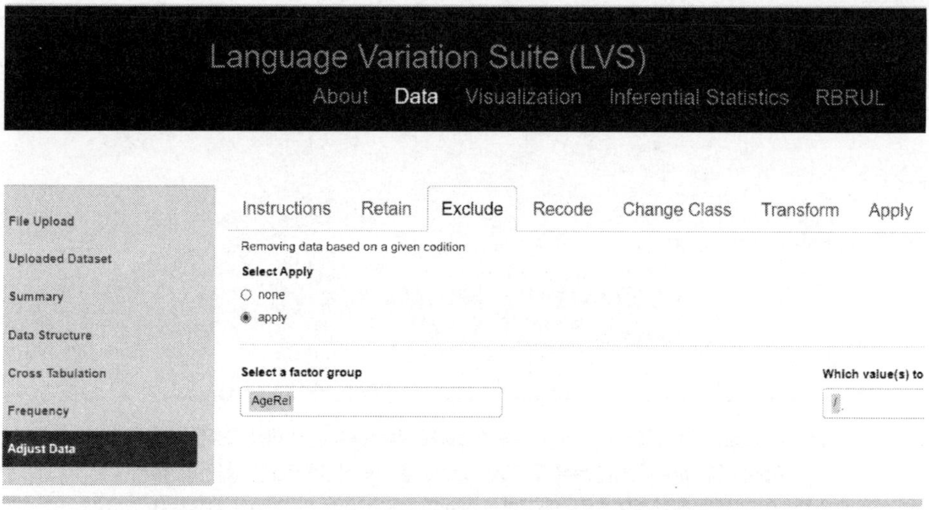

〈그림 5〉 'Data' 메뉴의 'Adjust Data' 하위 메뉴를 사용해서 'Exclude' 기능을 사용하는 방법(연령관계 변인의 변숫값의 하나로 코딩된 '/'가 포함된 사례들을 분석에서 제외하는 경우)

'AgeRel'을 선택할 수 있고 또한 이 변인의 여러 변숫값 중 '/'를 선택할 수 있다(〈그림 5〉 참조).

'Adjust Data'는 골드바브의 'Tokens' 메뉴의 하위 메뉴인 'Recode Setup'과 유사한 기능을 하는데, 'Adjust Data'의 여러 기능 중 하나(Retain, Exclude, Recode 등)를 사용해서 분석할 대상 자료를 조정한 뒤에는 'Adjust Data'의 마지막 하위 메뉴인 'Apply Changes'를 누른 후 다시 아래 'Select Apply'의 'apply'를 선택해야 원하는 자료의 조정이 이루어진다(〈그림 6〉 참조).

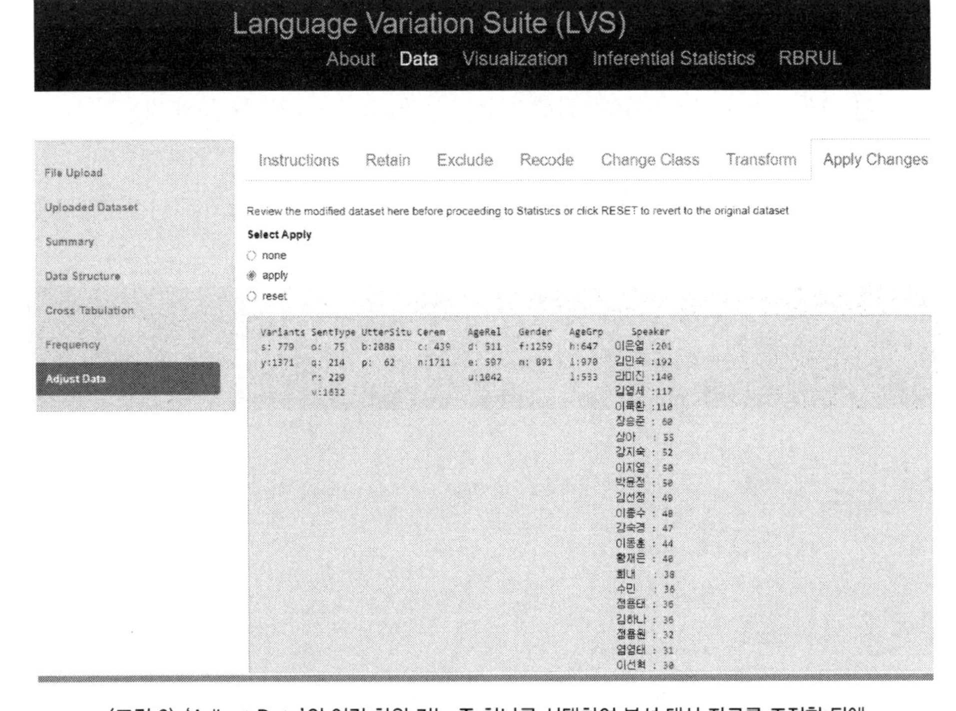

〈그림 6〉 'Adjust Data'의 여러 하위 기능 중 하나를 선택하여 분석 대상 자료를 조정한 뒤에 'Apply Changes' 탭을 누른 후 다시 'apply'를 선택하면 나타나는 화면의 일부 (여기서는 예시 중인 카톡.해요.합쇼.csv 파일에 'Exclude' 기능을 사용해서 '/'을 포함한 사례들을 제외함)

〈그림 6〉의 아랫부분에는 막 수행한 자료 조정을 반영한 자료의 요약(Summary)이 제시되고 있다. 그림이 보여주듯이, 'AgeRel'(연령 관계) 변인의 변숫값으로는 'd(상→하), e(동등→동등), u(하→상)'만 나타나며 '/'를 포함한 모든 사례는 분석 대상에서 제외되었음을 알 수 있다. ('Retain'은 자료 중 일부만(예를 들면 전체 자료 중 남자 화자의 자료만 혹은 중간 연령대 화자의 자료만)을 선택해서 분석할 때 쓰는 기능이고, 'Recode'는 기존 코딩을 수정해서 분석할 때(특히 두 다른 변숫값을 하나로 합칠 때) 사용하는 기능이다.)

참고로, 'Data' 메뉴의 하위 메뉴인 'Data Structure'(〈그림 5〉와 〈그림 6〉 참조)를 누르면 데이터에 포함된 사례 수, 총 변수의 수, 각 변수의 이름과 유형(범주, 숫자, 연속) 그리고 각 변수의 변숫값들을 알 수 있다. 또한 'Data' 메뉴의 'Cross Tabulation' 탭을 누르면 두 개의 변인 혹은 세 개의 변인 간의 교차분석표를 작성할 수 있다(골드바브에서는 두 개의 변인 간의 교차분석표만 가능함).

4. 로지스틱 회귀분석의 절차와 결과 해석 및 보고

앞 절에서 기술한 방법으로 데이터 파일이 준비되면 회귀분석을 진행할 수 있다. LVS에서 가능한 회귀분석은 로지스틱 회귀분석(logistic regression)과 선형 회귀분석(linear regression)인데, 둘의 주된 차이는 전자의 종속변수가 범주형 변수인 데 반하여 후자는 변숫값이 연속적 수치로 이루어진 연속형 변수라는 점이다. 변이 연구에서는 종속변수의 변이형이 범주형인 경우가 대부분이므로 바브럴 분석의 유형과 같은 로지스틱 회귀분석이 주로 활용된다. 회귀분석을 하려면 자료가 업로드된 상태에서 'Inferential Statistics'(추리 통계)를 클릭하고 아래에서 첫 번째 탭인 'Modeling'(통계 모델 설정)을 먼저 선택한다(〈그림 7〉 참조). 'Modeling'에서는 우선 'dependent variable'(종속변수)을 선택해야 하는데, 예시 중인 카카오톡에서의 해요체와 합쇼체 간 변이를 분석할 때는 'Variants'(변이형)가 종속변수이므로 이를 여러 변수 중에서 선택한다.

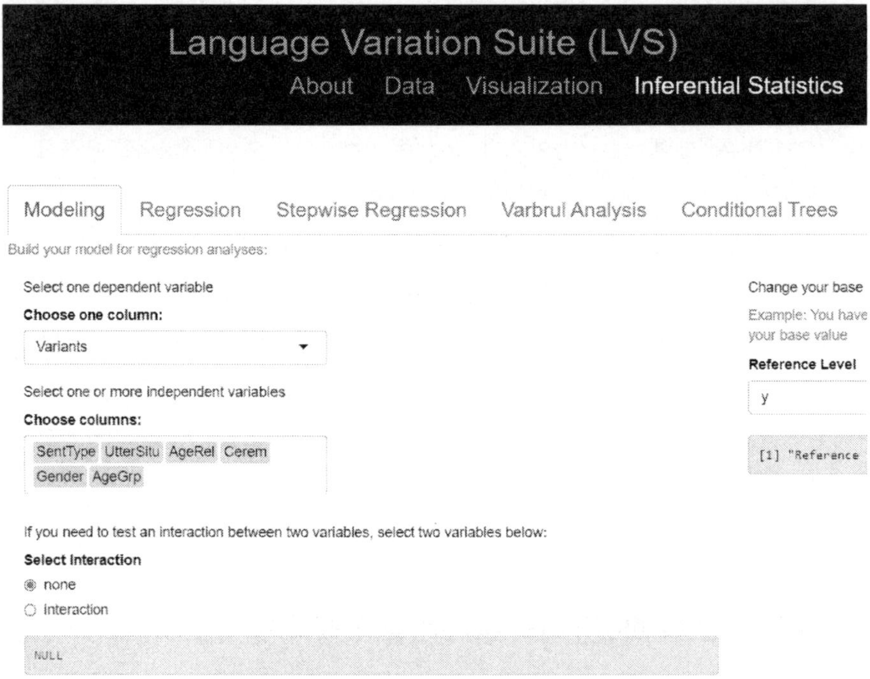

Language Variation Suite (LVS)
About Data Visualization Inferential Statistics

Modeling Regression Stepwise Regression Varbrul Analysis Conditional Trees

Build your model for regression analyses:

Select one dependent variable
Choose one column:
Variants

Select one or more independent variables
Choose columns:
SentType UtterSitu AgeRel Cerem Gender AgeGrp

If you need to test an interaction between two variables, select two variables below:
Select Interaction
none
interaction

NULL

Change your base
Example: You have your base value
Reference Level
y
[1] "Reference

〈그림 7〉 LVS에서 회귀분석의 모델 설정(Modeling)을 하는 방법
(카톡에서의 해요체 합쇼체 간 변이를 분석하는 경우)

이어서 분석하고자 하는 'independent variables'(독립변수 혹은 변인)를 하나하나 선택해 넣는다. 〈그림 7〉의 경우 'SentType'(문형), 'UtterSitu'(발화상황), 'AgeRel'(화·청자 간 연령관계), 'Cerem'(발화의 의례성), 'Gender'(성별), 'AgeGrp'(연령대)이 해당되는 잠재적 변인이다. 그다음 웹 페이지의 오른쪽(〈그림 7〉 참조)에서 종속변수의 변숫값 중 'Reference Level'(기준가, base value라고도 함)을 선택한다. 3장의 카카오톡에서의 해요체와 합쇼체 간 변이의 골드바브 분석에서는 적용가(application value)를 '합쇼체(s)'로 지정했는데, 이 의미는 연구자가 합쇼체

의 출현 양태에 주된 관심이 있어서 기준가를 '해요체(y)'로 설정했다는 뜻이기도 하다(기준가와 적용가는 대칭적 관계임). 따라서 〈그림 7〉에서도 같은 관점에서 'y'(해요체)가 기준가로 설정된다.

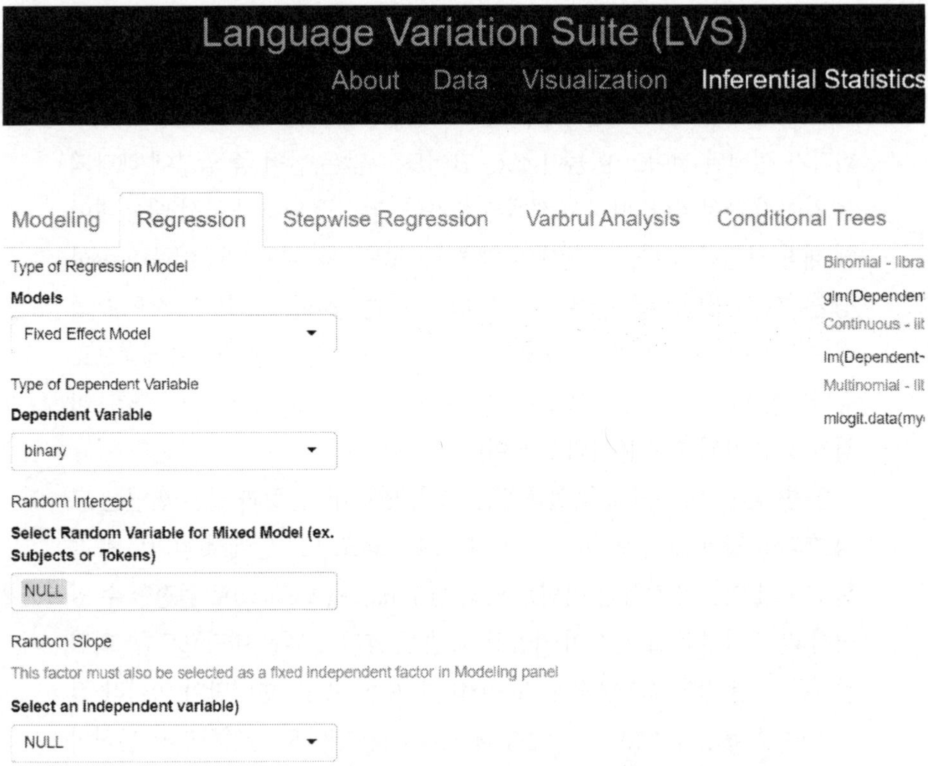

Language Variation Suite (LVS)
About Data Visualization Inferential Statistics

Modeling Regression Stepwise Regression Varbrul Analysis Conditional Trees

Type of Regression Model
Models
Fixed Effect Model
Type of Dependent Variable
Dependent Variable
binary
Random Intercept
Select Random Variable for Mixed Model (ex. Subjects or Tokens)
NULL
Random Slope
This factor must also be selected as a fixed independent factor in Modeling panel
Select an independent variable)
NULL

Binomial - libra
glm(Dependen
Continuous - lit
lm(Dependent-
Multinomial - lit
mlogit.data(my

〈그림 8〉 LVS에서 이항 고정 효과 회귀분석으로 회귀 유형을 설정하는 방법
(카톡의 해요체 합쇼체 간 변이의 경우)

'Modeling'(모델 설정)을 한 후에는 그 옆의 탭인 'Regression'(회귀분석)을 선택한다(〈그림 8〉 참조). 종속변수에 여러 독립변수가 영향을 줄 가능성이 있을 때 수행하는 회귀분석을 다중회귀분석(multiple regression)이라고 하는데, 이는 독립변수 중 어떤 것(들)이 종속변수의 변숫값에 통계적으로 유의미한 영향을 주는가를 밝히려는 시도이다.

LVS에서의 다중회귀분석은 고정 효과 모델(fixed effect model) 유형과 혼합 효과 모델(mixed effect model) 유형이 있다. 혼합 효과 모델은 비교적 최근에 변이 연구에 활용되기 시작한 것으로 골드바브 분석에서는 위 두 유형 중 고정 효과 모델을 바탕으로 한 분석만이 가능하다. 고정 효과 모델의 문제점은 변이 분석의 분석 대상 자료에 포함된 화자나 이들이 쓰는 단어는 성별(남녀)이나 문형(평서문, 의문문, 명령문, 청유문)같이 고정된 것이 아니라 모집단에서 임의로 선택된 표본이라는 것이다. 화자도 모집단의 일부 화자가 선택된 것이고 이들이 쓰는 단어도 수많은 단어 중 일부에 해당되는 것이기 때문이다. 따라서 선택된 화자나 단어 중 일부가 분석 대상 변이에 대해 모집단의 평균적 행태와 다른 특이성을 보이는 경우, 이들이 속한 성별이나 연령대 혹은 단어군이 실제와는 다른 양태를 보인다고 잘못 분석될 가능성이 있으며, 또한 실제로는 유의미하지 않은 변인이 통계적으로 유의미한 영향을 주는 것으로 분석될 수도 있다(Tagliamonte 2012: 137). 이 점이 고정 효과 회귀분석의 약점이다.

반면, 혼합 효과 모델을 선택하면 성별, 연령대, 문형과 같은 변인은 고정 효과를 갖는 고정 변수(fixed variable)로 그리고 모집단에서 임의로 표집된 화자나 이들이 사용한 어휘는 임의 변수(random variable)로 설정할 수 있어서 더 정확한 자료 분석이 가능하다. 혼합 효과 모델을 바탕으로 한 회귀분석은 집단 간(예를 들면 남녀 간, 연령대 간, 사회계층 간) 변이만이 아니라 집단 내(예를 들면 남성 집단 내, 노년층 내, 상류층 내) 변이도 산정하면서 분석이 이루어져서, 1종 오류(type I error), 즉 실제로는 특정 변인이 종속변수에 유의미한 영향을 주지 않는데 유의미한 영향을 준다는 결과를 산출하는 오류의 가능성을 줄인다(Johnson 2014).

이 절에서는 카카오톡에서의 해요체와 합쇼체 간 변이 자료를 바탕으로 두 유형의 분석을 각각 시행한 후 두 유형이 어떤 결과를 보이는지, 차이가 있다면 어떤 차이가 있는지를 살펴보겠다.

먼저 'Regression'(회귀분석) 화면에서 'Type of Regression Model'(회귀 모델 유형)의 두 유형 중 'Fixed Effect Model'(고정 효과 모델)을 선택

한다(〈그림 8〉 참조). 그리고 'Type of Variable'(변수 유형)에서 'binary(이항), continuous(연속), multinomial(다항)' 중 'binary'(이항 변수)를 선택한다(골드바브와는 달리 LVS에서는 종속변수가 이항 변수인 경우만이 아니라 다항 변수인 경우도, 연속 변수인 경우도 분석이 가능하다[6]). 나머지 부분은 분석 유형이 'Mixed Effect Model'(혼합 효과 모델)에만 해당되는 것이므로 'Null' 상태로 두면 된다.

예시 파일(카톡.해요.합쇼.csv)을 고정 효과 모델로 분석한 결과는 〈그림 9〉와 같다. 분석의 가장 중요한 결과는 그림 중간 부분의 'Coefficients'(회귀계수) 표에 주어진다. 회귀계수는 독립변수가 종속변수에 미치는 영향의 방향과 크기를 보여주며 표의 'Estimate'((회귀계수의) 추정치)과 같은 의미이다. 이항 로지스틱 회귀분석에서는 추정치가 양의 수이면 종속변수의 비기준가 혹은 적용가(여기서는 합쇼체)의 실현에 긍정적인 영향을, 음의 수이면 부정적인 영향을 보인다는 의미이고, 추정치가 클수록 음이든 양이든 영향의 정도가 크다는 것을 뜻한다.

'Intercept'(절편)는 바브럴 분석의 입력 확률(input probability)과 유사한 개념이다. 즉 독립변수(들)이 종속변수에 아무런 영향을 주지 않을 때 나타나리라고 예측되는 종속변수의 평균적 값을 의미한다. 〈그림 9〉의 분석에서는 종속변수의 적용가를 합쇼체로(혹은 기준가를 해요체로) 설정하였기에 'Intercept'(절편)가 통계적 유의미성을 보이는 크기의 음수(-1.3166)로 나타나는 것은 전체 자료에서 일반적인 변이형 혹은 우세 변이형이 해요체라는 것을 알려준다. LVS에서는 독립변수 혹은 변인의 개별 요인을 코딩한 값이 알파벳 순서로 가장 빠른 것을 기준가로 자동 설정한다(따라서 만약 기준가를 다르게 설정하고 싶은 경우에는 각 개별 요인의 코딩을 이에 맞게 수정해야 함). 예를 들어, 문형 변인의 경우 청유문은 'o', 의문문은 'q', 명령문은 'r', 평서문은 'v'로 코딩이 되었으므로, 알파벳 순으로 가장 빠른 'o'(청유문)가 기준가가 된다. 기준가(예: SentTypeo)는 다른 개별 요인에 대해 산정되는 회귀계수의 기준 기능만 하므로 회귀계수 표에는 나타나지 않는다(〈그림 9〉 참조). 다른 변인의 기준가는 발화상황(UtterSit)은 'b'(사적 상황)이고, 화·청자 연령 관계(AgeRel)는 'd'(상→하 관계), 발화의 의례성(Cerem)은 'c'(의례적 발화), 성별(Gender)은 'f'(여성), 마지막으로 연령대(AgeGr)는 'h'(고연령대)였다(〈그림 6〉 참조).

```
Coefficients:
              Estimate Std. Error z value Pr(>|z|)
(Intercept)    -1.3166     0.4363  -3.018 0.002547 **
SentTypeq      -2.2483     0.5925  -3.794 0.000148 ***
SentTyper      -2.1186     0.5050  -4.195 2.73e-05 ***
SentTypev       1.4964     0.3941   3.797 0.000146 ***
UtterSitup      2.5737     0.3828   6.724 1.77e-11 ***
AgeRele        -0.1377     0.1714  -0.803 0.421733
AgeRelu         0.3104     0.1703   1.823 0.068325 .
Ceremn         -1.4436     0.1529  -9.443  < 2e-16 ***
Genderm         2.0583     0.1290  15.955  < 2e-16 ***
AgeGrpi        -0.8896     0.1498  -5.940 2.86e-09 ***
AgeGrpl         0.1001     0.1774   0.564 0.572557
---
Signif. codes:  0 '***' 0.001 '**' 0.01 '*' 0.05 '.' 0.1 ' ' 1

(Dispersion parameter for binomial family taken to be 1)

    Null deviance: 2815.4  on 2149  degrees of freedom
Residual deviance: 1831.4  on 2139  degrees of freedom
AIC: 1853.4

Number of Fisher Scoring iterations: 6
```

〈그림 9〉 예시 중인 카톡.해요.합쇼.csv 파일을 고정 효과 모델로 회귀분석한 결과

문형(SentType)의 경우, 기준가인 'o'(청유문)와 대비해서 모든 다른 개별 문형은 유의미한 차이를 보였다(〈그림 9〉의 Coefficients(회귀계수) 표의 'Pr(obablity)'에서 '*, **, ***'는 각각 0.05, 0.01, 0.001 수준에서의 유의미성을 나타낸다). 'q'(의문문)와 'r'(명령문)은 음수의 추정값을 보여 청유문보다 해요체를 더 선호한다는 결과를 보였고 'v'(평서문)는 양수의 추정값을 보여 청유문보다 합쇼체를 더 선호한다고 분석되었는데, 두 경우 모두 기준가와는

통계적으로 유의미한 차이를 보였다. 독립변수인 발화상황(UtterSitu)과 발화의 의례성(Cerem) 그리고 성별(Gender)은 모두 변숫값이 두 개이며 모두 기준가와 유의미한 차이를 보였다. 변숫값 'p'(공적 발화)와 'm'(남성)의 경우 기준가에 비해 합쇼체를 유의미하게 선호하는 것으로 분석되었고, 반대로 'n'(비의례적 발화)의 경우 기준가 'c'(의례적 발화)보다 해요체를 선호하는 것으로 나타났다.

연령 관계는 기준가인 'd'(상→하)에 대비하여 'e'(동등→동등)는 유의미하게 다르지 않았고 'u'(하→상) 역시 일반적 유의성 기준($p<0.05$)에서 유의미한 차이를 보이지 않았다('.'은 기준 확률을 0.1로 할 때의 유의성을 나타냄). 연령대는 기준가인 'h'(고연령대)에 비해 'l'(저연령대)은 유의미한 차이가 나타나지 않았고, 'i'(중간 연령대)는 회귀계수(Estimate)가 -0.8896으로 나타나서 고연령대보다 유의미하게 해요체를 선호하는 것으로 분석되었다.

〈그림 9〉의 아랫부분에 주어진 내용 중에서 아래 (1)에 다시 제시된 분석 결과는 〈그림 7〉과 〈그림 8〉의 설정 과정을 거쳐 구축된 회귀 모델의 적합도를 보여준다. 'Null deviance'(귀무 편차)는 회귀 모델에 절편만 있고 아무런 변인도 포함되지 않은 영(零) 모델(null model)일 때 실제 자료와의 편차이고, 'Residual deviance'(잔차 편차)는 절편과 특정 변인(들)을 포함한 회귀 모델과 실제 자료와의 편차로 이해할 수 있다. 전자는 2815.4(df=2149)이고 후자는 1831.4(df=2139)이다. 따라서 잔차 편차는 귀무 편차보다 984(=2815.4-1831.4)가 작은 값, 즉 귀무 편차의 약 65%에 불과한 값이므로, 카이제곱 검정(χ^2(df=10, N=2150)=984, $p<0.0001$)[7])에 따르면 구축된 회귀 모델은 영 모델에 대비해서 자료 적합도에서 유의미하게 개선되었다고 할 수 있다.

(1) Null deviance: 2815.4 on 2149 degrees of freedom
Residual deviance: 1831.4 on 2139 degrees of freedom

정리하면, 예시 중인 카톡.해요.합쇼.csv 파일을 대상으로 고정 효과 모델로 로지스틱 회귀분석을 시행한 결과, 문형, 발화상황, 발화의 의례성, 성별은 해요체와 합쇼체의 변이에 유의미한 변인으로 분석되었고, 연령대는 일부 변숫값에 대해서 기준가와 유의미한 차이가 있는 것으로 나타났으며, 연령 관계는 유의미한 영향을 주지 않는 것으로 분석되었다.

로지스틱 회귀분석의 결과에는 〈그림 9〉의 내용만이 아니라 편차 분석표(Analysis of Deviance Table)도 제공된다(〈그림 10〉 참조). 여기에서의 편차(deviance)란 아무런 변인도 포함되지 않은 영(零) 모델과 특정 변인이 통합된 회귀 모델과의 잔차 편차에서의 차이를 뜻하며, 이 편차가 큰 변인일수록 분석 대상 자료에 대한 설명력이 큰 변인이다. 〈그림 10〉은 문형(SentType), 발화상황(UtterSitu), 발화의 의례성(Cerem), 성별(Gender)과 연령대(AgeGrp)가 회귀 모델에 추가될 때는 실제 자료와의 편차를 개선하는 데 통계적으로 유의미한 영향을 주지만 연령관계(AgeRel)는 그렇지 않다는 결과를 보여준다. 이 결과는 앞서 〈그림 9〉가 보여주는 결과와 아주 유사하다고 할 수 있다.

이번에는 같은 자료를 혼합 효과 모델을 바탕으로 로지스틱 회귀분석을 해 보자. 혼합 효과 모델은 일반화 선형 혼합 모델(generalized linear mixed model)이라고도 불리는데, 고정 효과 모델(혹은 일반화 선형 모델; generalized linear model)과는 달리 전체 사례 혹은 토큰 중에 하위 무리가 있어서 하위 무리 내 사례 간에 상관관계가 있을 때 채택하는 회귀 모델이다. 앞서 언급했듯이, 현재의 분석 대상 자료는 113명의 카카오톡 발화에서 수집한 것이고, 각 발화자의 토큰들은 같은 화자가 발화한 것이므로 서로 독립적이지 않고 상관관계를 갖는다.

```
Analysis of Deviance Table

Model: binomial, link: logit

Response: Variants

Terms added sequentially (first to last)


          Df Deviance Resid. Df Resid. Dev  Pr(>Chi)
NULL                       2149     2815.4
SentType   3   348.52      2146     2466.9 < 2.2e-16 ***
UtterSitu  1    41.55      2145     2425.3 1.150e-10 ***
Cerem      1   127.31      2144     2298.0 < 2.2e-16 ***
AgeRel     2     2.41      2142     2295.6    0.3002
Gender     1   407.31      2141     1888.3 < 2.2e-16 ***
AgeGrp     2    56.91      2139     1831.4 4.392e-13 ***
---
Signif. codes:  0 '***' 0.001 '**' 0.01 '*' 0.05 '.' 0.1 ' ' 1
```

〈그림 10〉 예시 중인 카톡.해요.합쇼.csv 파일을
고정 효과 회귀 모델로 분석한 결과의 일부로 주어진 편차 분석표

자료 파일을 업로드하고 'Inferential Statistics'(추리 통계)를 클릭 후 'Modeling'(모델 설정)에서는 고정 효과 회귀분석 때와 동일한 설정을 하면 된다(〈그림 7〉 참조). 이어서 'Regression'(회귀분석) 하위 메뉴로 가서 'Models'(모델)에서는 'Mixed Effect Model'(혼합 효과 모델)을 선택하고, 'Dependent Variable'(종속변수)에서는 고정 효과 모델에서와 동일하게 'binary'(이항 변수)를 선택한다(〈그림 11〉 참조). 혼합 효과 모델의 'Random Variable'(임의 변수)은 'Random Intercept'(임의 절편)와 'Random Slope'(임의 기울기)로 설정이 가능한데, 임의 절편은 자료의 하위 무리에 따라서 종속변수의 평균값이 다를 수 있다는 개념이고 임의 기울기는 변인들의 영향이 하위 무리에 따라 다를 수 있다는 드물게 적용될

수 있는 개념이어서, 일반적으로 임의 변수를 임의 절편으로 선택한다. 'Random Intercept'(임의 절편)는 변이 연구의 경우 일반적으로 화자나 어휘를 선택하게 되는데, 분석 중인 예에서는 각 화자의 자료 혹은 토큰이 전체 자료 중에서 상관관계가 있는 하위 더미(cluster) 혹은 무리를 이루므로 화자(Speaker)를 임의 변수(random variable)로 선택한다(〈그림 11〉 참조).

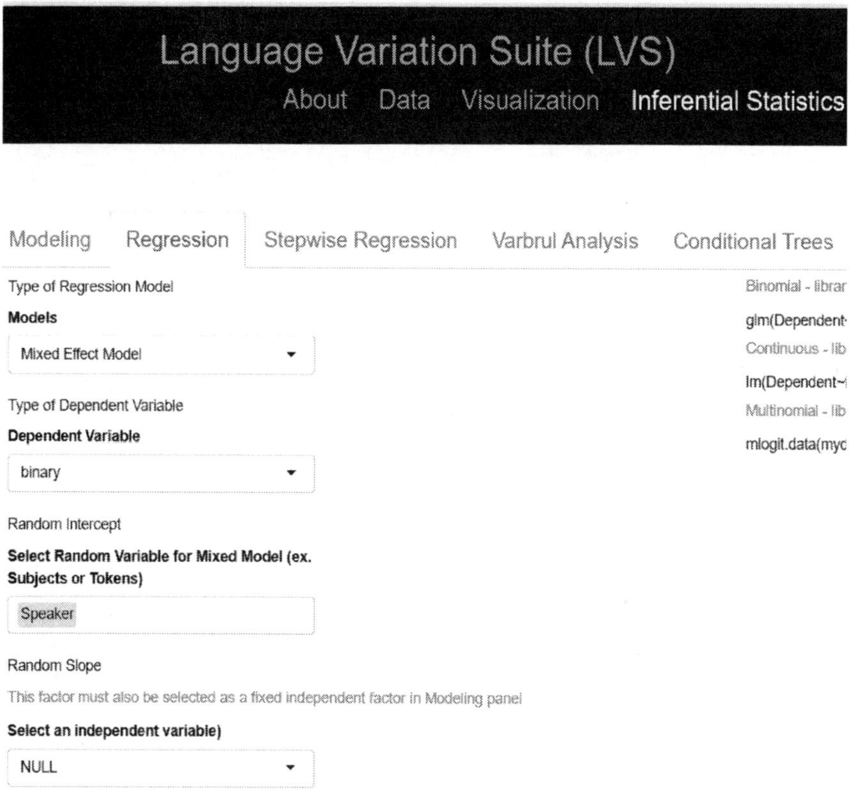

〈그림 11〉 'Regression'(회귀분석) 화면에서 예시 중인 파일(카톡.해요.합쇼.csv)을 화자를 임의 변수로 해서 혼합 효과 회귀 모델로 분석하기 위한 설정

〈그림 12〉는 화자(Speaker)를 임의 변수로 설정 후 혼합 효과 회귀 모델로 자료를 분석한 결과이다. 첫째 줄의 'Formula'(수식)를 보면, 이 분석에

서 종속변수로는 'Variants'(변이형)가 지정되어 있고, 독립변수로는 'SentType'(문형), 'UtterSitu'(발화상황), 'Cerem'(발화의 의례성), 'AgeRel'(연령관계), 'Gender'(성별), 'AgeGrp'(연령대)이 설정되어 있으며, 추가해서 'Speaker'(화자)가 임의 변수로 지정되어 있음을 알 수 있다((1 | Speaker)의 뜻은 화자가 절편(intercept)이 각기 다른 임의 변수로 지정되어 있다는 의미이다). 화자 집단 내에는 해요체와 합쇼체 사용에 있어서 개인 간에 많은 변이가 있으므로 화자마다 다른 절편을 갖는 임의 변수로 설정해주면, LVS는 화자 집단의 내부 변이를 파악해서 전체 자료를 더 잘 설명할 가능성이 커진다. 〈그림 9〉의 끝에서 세 번째 줄에 주어진 고정 효과 회귀분석의 잔차 편차((Residual) deviance)는 1831.4(df=2139)인 반면, 〈그림 12〉의 8번째 줄에 주어진 혼합 효과 회귀분석의 잔차 편차(deviance)는 크기가 감소한 1738.4(df=2138)여서, 혼합 효과 모델이 고정 효과 모델보다 모델 적합성에서, 즉 자료의 설명력에서 통계적으로 유의미하게 개선되었음을 알 수 있다($\chi 2$(df=1, N=2150)=93, p〈0.00001)[8]).

독립변수, 즉 변인들의 영향은 고정 효과 회귀분석에서와 마찬가지로 SentType(문형), UtterSitu(발화상황), Cerem(발화의 의례성), Gender(성별) 변인은 여전히 p〈0.001 수준에서 유의미하다고 분석되었고, AgeRel(연령관계) 변인 역시 고정 효과 분석에서처럼 종속변수의 값에 통계적으로 유의미한 영향을 주지 않는다는 결과를 보였다. 고정 효과 모델과 혼합 효과 모델의 차이는 연령대(AgeGrp) 변인에서 나타난다. 〈그림 10〉의 편차 분석표가 보여주듯이, 이 변인은 고정 효과 모델에서는 전반적으로 종속변수에 통계적으로 유의미한 영향을 주는 것으로 분석되었지만, 혼합 효과 모델에서는 일반적 유의 기준(p=0.05)으로 볼 때 연령대 그룹 간에 통계적으로 유의미한 차이가 나타나지 않았다. 이 결과는 혼합 효과 모델이 변인의 유의성을 산정하는 데 고정 효과 모델보다 보수적이며 더 정확할 수 있다는 것과 고정 효과 모델은 실제로는 유의하지 않은 변인을 유의미하다고 판별하는 I종 오류를 범할 가능성이 있다(Johnson 2014; Tagliamonte & Baayen 2012)는 것을 보여준다.

```
Formula: Variants ~ SentType + UtterSitu + Cerem + AgeRel + Gender + AgeGrp +
    (1 | Speaker)
   Data: plotDataMixedModel()

     AIC      BIC   logLik deviance df.resid
  1762.4   1830.5   -869.2   1738.4     2138

Scaled residuals:
    Min      1Q  Median      3Q     Max
-5.9811 -0.3585 -0.1328  0.5036 18.4437

Random effects:
 Groups  Name        Variance Std.Dev.
 Speaker (Intercept) 0.8047   0.8971
Number of obs: 2150, groups:  Speaker, 113

Fixed effects:
            Estimate Std. Error z value Pr(>|z|)
(Intercept)  -1.0530     0.5436  -1.937 0.052748 .
SentTypeq    -2.1782     0.6209  -3.508 0.000452 ***
SentTyper    -2.1394     0.5355  -3.995 6.47e-05 ***
SentTypev     1.5997     0.4251   3.763 0.000168 ***
UtterSitup    2.2949     0.4679   4.905 9.36e-07 ***
Ceremn       -1.6294     0.1720  -9.473  < 2e-16 ***
AgeRele      -0.1842     0.2166  -0.851 0.394922
AgeRelu       0.1859     0.2446   0.760 0.447255
Genderm       1.7794     0.2852   6.240 4.37e-10 ***
AgeGrpi      -0.5396     0.2931  -1.841 0.065610 .
AgeGrpl      -0.4086     0.3431  -1.191 0.233760
---
Signif. codes:  0 '***' 0.001 '**' 0.01 '*' 0.05 '.' 0.1 ' ' 1
```

〈그림 12〉 예시 중인 카톡.해요.합쇼.csv 파일을 화자를 임의 변수로 추가해서 혼합 효과 회귀 모델로 분석한 결과

〈그림 12〉에 나타난 결과는 〈그림 13〉에 주어진 분산분석표(Analysis of Variance Table)에서도 확인된다. LVS는 편차 분석표(〈그림 10〉 참조)에서와는 달리 분산 분석표에서는 각 변인의 확률 수치(p value)를 자동적으로 제공하지 않는다. 따라서, 여기서는 각 변인의 개별 요인(예를 들면, Gender(성별)

변인의 경우에는 남자와 여자) 간의 평균적인 종속변수의 변숫값 차이를 나타내는 F값(F value)과 분자 자유도(numerator df)와 분모 자유도(denominator df)를 바탕으로 유의 확률을 구한 후, 〈그림 13〉의 분산 분석표를 보강해서 아래 (2)로 다시 제시한다. 참고로 각 변인의 분자 자유도는 '개별 요인(변숫값 수)-1'이고 분모 자유도는 '토큰 수-개별 요인 수'이다. 예를 들면, SentType(문형) 변인의 개별 요인 수는 4이고 토큰 수는 2150이어서, 분자 자유도는 3(=4-1)이고 분모 자유도는 2146(=2150-4)이 된다.

```
Analysis of Variance Table
           Df  Sum Sq Mean Sq F value
SentType    3 119.289  39.763 39.7629
UtterSitu   1  13.297  13.297 13.2967
Cerem       1  64.996  64.996 64.9965
AgeRel      2   2.748   1.374  1.3738
Gender      1  57.965  57.965 57.9648
AgeGrp      2   3.609   1.804  1.8043
```

〈그림 13〉 예시 중인 카톡.해요.합쇼.csv 파일을 화자를 임의 변수로 추가해서 혼합 효과 회귀 모델로 분석한 결과의 일부로 주어진 분산 분석표

아래 (2)의 분산 분석표에 따르면, SentType(문형), Cerem(발화의 의례성), Gender(성별)와 UtterSitu(발화상황) 변인은 종속변수에 통계적으로 유의미한 영향을 미치지만 AgeRel(연령관계)과 AgeGrp(연령대)의 영향은 유의미하지 않다고 분석되었다. 이 역시 〈그림 12〉에 주어진 분석 결과와 기본적으로 동일하다고 할 수 있다.

(2) Analysis of Variance Table (분산분석표)

	Numer. df	Denom. df	F value	Pr
SentType	3	2146	39.77	〈0.00001 ***
UtterSitu	1	2148	13.29	0.00272 **
AgeRel	2	2147	0.491	0.612328
Cerem	1	2148	66.77	〈0.00001 ***
Gender	1	2148	57.96	〈0.00001 ***
AgeGrp	2	2147	1.802	0.165152

지금까지 우리는 예시 중인 카카오톡에서의 해요체와 합쇼체 간 변이의 자료 파일(카톡.해요.합쇼.csv)을 대상으로 먼저 고정 효과 모델로 회귀분석을 수행하였고 이어서 혼합 효과 모델로 회귀분석을 진행하였다. LVS를 사용하여 두 유형의 회귀분석을 수행하는 방법과 절차를 소개하였으며 분석 후 주어진 결과를 해석하는 방법도 설명하고 논의하였다. 두 회귀분석의 결과는 유사하였지만 다른 부분도 있었는데, 이는 분석 대상인 자료의 관측치(토큰)들이 서로 독립적이지 않고 복수의 더미를 이루어서—즉 각 화자의 토큰들이 각기 더미를 이루어서—관측치들은 서로 독립적이어야 한다(Johnson 2014, Levshina 2015: 271 참조)는 로지스틱 회귀분석의 기본 가정 중 하나를 위반하기 때문이었다. 따라서 화자를 임의 변수로 회귀 모델에 추가해서 관측치 간 상관관계란 문제의 해결을 가능하게 한 혼합효과 모델이 예시 중인 분석 대상 자료에 고정 효과 모델보다 더 나은 모델 적합도를 보였고 대상 자료를 더 잘 설명하는 것으로 나타났다.

LVS를 사용한 혼합효과 로지스틱 회귀분석의 결과는 〈표 1〉과 같이 보고할 수 있다. 표에서 임의 변수인 발화자 변인의 표준편차(Std.Dev.)는 〈그림 12〉의 열한 번째 줄 끝에 나타난 수치이다. 고정효과 회귀분석의 결과(〈그림 9〉 참조)를 보고할 때는 〈표 1〉의 제목을 '카카오톡 대화에서의 해요체와 합쇼체 간 변이를 고정효과 모델로 분석했을 때의 고정 변수의 회귀계수'로 바꾸고 〈표 1〉 속의 수치들을 〈그림 9〉에 나타난 수치로 바꾸어주면 된다.

〈표 1〉 카카오톡 대화에서의 해요체와 합쇼체 간 변이를 발화자를 임의 변수(표준편차: 0.8971)로 해서 혼합효과 모델로 분석했을 때의 고정 변수의 회귀계수

	회귀계수	표준오차	z값	유의도 (p값)[b]
(절편)	-1.0530	0.5436	-1.937	0.052748
문형(의문문)[a]	-2.1782	0.6209	-3.508	0.000452 ***
문형(명령문)	-2.1394	0.5355	-3.995	6.47e-05 ***
문형(평서문)	1.5997	0.4251	3.763	0.000168 ***
발화 상황(공적)	2.2949	0.4679	4.905	9.36e-07 ***
발화의 의례성(비의례적)	-1.6294	0.1720	-9.473	〈 2e-16 ***
연령 관계(하→상)	0.1859	0.2446	0.760	0.447255
연령 관계(동등)	-0.1842	0.2166	-0.851	0.394922
발화자 성별(남성)	1.7794	0.2852	6.240	4.37e-10 ***
발화자의 연령대(저)	-0.4086	0.3431	-1.191	0.233760
발화자의 연령대(중)	-0.5396	0.2931	-1.841	0.065610

[[a]각 변인의 기준가: 문형(청유문), 발화 상황(사적), 발화의 의례성(의례적),
연령 관계(상→하), 발화자 성별(여성), 발화자의 연령대(고)
[b]유의도 표시: *=〉 p〈0.05, **=〉 p〈0.01, ***=〉 p〈0.001]

5. 골드바브를 활용한 로지스틱 회귀분석과의 차이점

앞서 1절에서 소개했던 LVS와 골드바브를 활용한 회귀분석의 차이를 다시 정리해서 기술하면 다음과 같다.

첫째, 골드바브의 회귀분석은 종속변수와 독립변수가 모두 범주형인 경우에만 분석이 가능한 데 반하여, LVS의 회귀분석은 이 두 유형의 변수가 범주형일 때만이 아니라 숫자형 혹은 연속형일 때도 가능하다. 변이 연구에서, 특히 진행 중인 언어 변화에 대한 연구에서 화자의 연령은 변이형의 실현

에 유의미한 영향을 주는 경우가 많이 있는데, 이 경우 연령 변인에 대한 분석은 구분이 인위적일 수 있는 연령대라는 범주형 변수보다는 연속형 변수로 분석하는 것이 더 바람직할 수도 있으며, 이 경우 LVS를 사용할 수 있다.

둘째, 골드바브의 회귀분석은 종속변수가 범주형이더라도 변숫값이 둘인 이항형만 분석이 가능한데 비해, LVS에서는 종속변수의 변숫값이 셋 이상인 다항형도 분석이 가능하다. 이 말은 다르게 표현하면 골드바브에서는 이항 로지스틱 회귀분석만이 가능하고 다항 로지스틱 회귀분석은 불가능하다는 의미이다. 따라서 영어의 관계사 변이같이 변이형이 셋인 경우(강현석 2008 참조) 이들 변이형을 동시에 분석하는 것은 골드바브에서는 불가능하고 LVS에서는 가능하다(LVS를 활용한 다항(multinomial) 로지스틱 회귀분석은 7장의 4.2.2 소절을 참조하라).

셋째, 골드바브의 회귀분석은 고정 효과 모델을 바탕으로 한 분석만이 가능하지만, LVS의 회귀분석은 고정 효과 모델로만이 아니라 혼합 효과 모델로도 가능하다. 따라서 LVS의 회귀분석은 화자나 단어를 임의 변수로 회귀 모델에 추가해서 자료 내부의 더미들에 관찰되는 관측치 간 상관관계를 파악하고 전체 자료를 더 적합하게 설명할 수 있는 장점을 지닌다. 변이 연구에서 자료 수집원(收集源)인 화자 혹은 제보자는 연구 대상인 모집단의 성원—특정 언어공동체의 성원이든, 언어공동체 내의 특정 하위 집단의 성원이든—의 일부일 수밖에 없고, 또한 이들이 발화한 단어는 분석 대상인 언어 변종의 수많은 단어 중 일부에 불과하다. 즉 변이 연구의 자료 속 화자들이나 단어들은 모집단의 표본일 뿐이다. 따라서 화자 혹은 단어를 (모집단에서 임의로 선택되었다는 의미인) 임의 변수로 지정해서 회귀분석을 하면 분석 결과를 모집단 전체에 적용할 수 있지만, 고정 효과 모델로 분석하면 회귀분석의 결과는 이론적으로는 선택된 표본에만 유효하고 적용 가능하다(Tagliamonte & Baayen 2012: 157 참조). 이 점 역시 골드바브의 회귀분석과 대비되는 LVS를 활용한 회귀분석의 장점이다.

하지만 앞서 언급했듯이 골드바브에는 LVS에 없는 장점 하나가 있다. 변이 연구의 자료는 녹음 시의 소음이나 제보자의 설문지에 대한 불완전한 답변 혹은 변인 값의 불명확[9] 등의 이유로 토큰 혹은 관측치 중 하나나 그 이상의 독립변수에 결측값이 생기는 경우가 적지 않다. 이 경우에도 골드바브의 토큰 파일에서는 결측값을 '/'로 코딩하면 결측값을 포함한 토큰들도 모두 자료의 일부로 활용할 수 있지만, LVS에서는 결측값을 포함한 토큰 혹은 관측치는 자료로 사용할 수가 없는데, 이것은 변이 연구에서 골드바브를 활용한 회귀분석의 큰 장점이 된다.

6. 요약과 결어

이 장에서는 먼저 웹 응용 프로그램인 LVS의 성격과 기능을 개괄적으로 소개하고, 이어서 LVS의 메뉴와 하위 메뉴의 의미와 기능을 설명한 후, LVS 분석을 위한 자료 파일의 유형과 작성 방법을 소개하였다. LVS의 자료 파일로는 CSV 파일과 엑셀 파일이 가능하지만 CSV 파일을 사용하면 다소 빠른 분석이 가능하고, 두 파일 유형 모두 엑셀에서 작성 가능하다는 것을 설명하였다. 이어서 변이 연구에서 흔히 활용되는 로지스틱 회귀분석의 분석 절차와 결과 해석을 카카오톡 대화에서의 해요체와 합쇼체 간 변이를 LVS로 분석한 예와 함께 설명하였다. 회귀분석의 두 유형, 즉 고정 효과 회귀분석과 혼합 효과 회귀분석의 절차를 예를 들며 설명하였고, 두 분석의 결과를 비교한 후 전체 자료 내부에 더미 문제가 있는 경우에는 고정 효과 회귀 모델보다는 혼합 효과 회귀 모델이 자료를 더 잘 설명할 수 있다는 것을 보였다. 이 장의 마지막 부분에서는 LVS와 골드바브를 활용한 회귀분석의 차이와 장단점에 대해 살펴보았다.

과제

5장의 내용을 정독한 후 책 뒤 〈종합과제〉 과제 II의 1번과 2번을 수행하라.

더 읽을거리

1. Scrivener, O., & Diaz-Campos, M. (2016). Language Variation Suite: A theoretical and methodological contribution for linguistic data analysis. *Proceedings of Linguistic Society America,* Volume 1, Article 29, 1-15.

이 논문은 변이 연구의 새로운 통계분석 도구로서 LVS를 소개하고 골드바브와 Rbrul에 대비한 LVS의 강점을 설명한다. 특히 혼합효과 회귀분석이 가능한 점, 조건부 추론 나무와 랜덤 포리스트 분석이 포함된 점, 웹 기반 응용 프로그램인 점, 범주형 변수만이 아니라 연속형 변수도 종속변수로 분석이 가능한 점이 음운 변수 분석의 예와 함께 논의된다.

2. Tagliamonte, S. A., & Baayen, R. H. (2012). Models, forests and trees of York English: Was/were variation as a case study for statistical practice (4.3 Generalized linear mixed-effects modeling). *Language Variation and Change* 24(2), 135-178.

이 논문의 4.3 'Generalized linear mixed-effects modeling'에서 저자는 고정효과 회귀모델에 대비한 혼합효과 회귀모델의 개념과 장점을 실례를 들며 설명한다.

3. Gorman, K. & Johnson, D. E. (2013). Quantitative analysis (Methods for binary variables). In R. Bayley, R. Cameron, & C. Lucas (eds.), *The Oxford Handbook of Sociolinguistics*, 214-240. Oxford University Press.

저자들은 'Methods for binary variables' 절(219~225)에서 고정효과 회귀분석과 혼합효과 회귀분석의 개념을 예와 함께 소개하고, 화자나 단어가 회귀모델에 임의 변수로 추가될 때 혼합효과 모델은 잠재적 변인의 유의도 분석에서 고정효과 모델보다 정확하고 상당히 다른 결과를 산출할 수 있음을 보인다.

4. 나종화(2017), 《R 응용 회귀분석》, 20장 선형 혼합모형, 자유아카데미.

저자는 이 책의 20장에서 선형 혼합모형 혹은 일반화 선형 혼합모델(혼합효과 회귀분석)의 개념과 특징을 설명하고, R을 활용한 혼합효과 회귀분석의 절차와 결과 해석에 대해 논의한다(앞서 언급했듯이, LVS의 회귀분석을 포함한 모든 통계분석 기능은 R의 기능이 웹에서 구현되도록 설계된 것이다).

주석

1) 스크리브너는 'Language Variation Suite'(https://languagevariationsuite.wordpress.com)란 블로그를 운영하고 있는데, 이 블로그는 LVS에 대한 많은 유용한 정보와 자료가 포함되어 있다.
2) 샤이니 패키지(Shiny package)는 R 언어로 웹 애플리케이션을 만들 수 있게 해주는 틀(framework)이며, 데이터 처리 및 관리를 하는 서버와 사용자 인터페이스 등을 포함한다(Scrivener, Orozco, & Diaz-Campos 2018). 샤이니 앱은 샤이니 패키지를 토대로 만들어진 소프트웨어를 지칭한다.
3) CSV 파일은 원래는 쉼표로 자료가 분리된 파일을 지칭하지만, 실제로는 쉼표가 아닌 탭(tab)이나 쌍반점(semicolon)으로 자료가 분리된 파일도 총칭해서 CSV 파일로 불린다. 이들은 모두 텍스트 파일이며 자료가 쉼표로 분리된 경우가 아니면 〈그림 2〉의 'Separator'(분리기호)에서 'Tab'이나 'Semicolon'을 선택해야 한다.
4) 예를 들어, 〈그림 3〉 두 번째 열의 이름(문형)은 'SentType', 'Sent_Type', 'SentenceType'은 가능하지만, 공백이 있는 'Sent Type'이나 'Sentence Type'은 불가능하다.
5) 그림에서 열 이름은 1번 행에 주어지고 'Variants'(변이형) 열에는 종속변수의 값들이 들어가 있으며, 그 외의 열은 종속변수의 실현에 잠재적 영향을 줄 수 있다고 판단되는 독립변수의 이름과 변숫값이 기재되어 있다. 종속변수와 독립변수의 변숫값은 3장의 〈그림 1〉에 주어진 파일(카톡.해요.합쇼.tkn)과 동일한 방식으로, 즉 각각 문자 하나로 코딩되어 있지만, 예외적으로 독립변수인 'Speaker'(발화자명)의 변숫값은 가명(假名) 전체가 들어가 있다. 이 예가 보여주듯이, LVS는 자료 파일 작성 시 한 글자/숫자/기호로 생략해서 코딩하지 않고 변숫값의 원 표현 그대로 입력할 수 있어서 데이터 자료를 바로 이해할 수 있다는 장점이 있다.
6) 다항(multinomial) 로지스틱 회귀분석은 7장의 4.2.2 소절을 참조하라.
7) 유의 확률 산출의 과정은 다음과 같다. χ^2=2815.4-1831.4=984. df=2149-2139=10. 따라서 p〈0.0001.
8) 유의 확률 산출의 과정은 다음과 같다. χ^2=1831.4-1738.4=93. df=2139-2138=1. 따라서 p〈0.00001.
7) 앞서 이 장의 3절에서 논의한 카카오톡 단톡방에서의 화자와 청자의 연령 관계가 불명확한 사례들이 한 예이다.

제6장

LVS를 활용한 분석 II: 조건부 추론 나무와 랜덤 포리스트

1. 들어가기

앞 장에서는 LVS를 활용하여 수행할 수 있는 여러 통계 기법 중 일반화 선형 회귀모델(generalized linear regression model) 중 하나인 로지스틱 회귀분석에 대한 설명과 논의가 주로 이루어졌다. 앞서 언급했듯이, LVS에서는 로지스틱 회귀분석 외에도 조건부 추론 나무와 랜덤 포리스트를 통해 범주형 종속변수의 분석을 수행하는 것이 가능하다[1]. 이 장에서는 이 두 회귀분석 유형의 특성과 분석 과정 및 분석 결과의 해석 방법을 소개하고 논의한다.

2. 조건부 추론 나무 분석

2.1 조건부 추론 나무란?

조건부 추론 나무(conditional inference tree)는 오랫동안 통계 분야에서 사용되어 온 의사결정 나무(decision tree)의 약점을 보완한 분석 기법으로서 종속변수의 변숫값 실현에 영향을 주는 변인들을 밝히고, 이들 변인의 변숫값 분리를 토대로 분석 대상 자료 혹은 데이터를 반복적으로 분할하고 구분하는 통계 기법이다.

조건부 추론 나무의 기능은 크게 세 가지, 즉 자료 분류 기능, 유의미한 변인의 판별 기능, 변인 간 교호작용의 판별 기능으로 구분해 볼 수 있다.

첫째, 자료 분류의 기능은 데이터를 유사한 성질을 갖는 복수의 그룹으로 분할하는 기능이다. 〈그림 1〉은 카카오톡에서의 {예}와 {네}의 사용 변이[2]를 조건부 추론 나무로 분석한 결과인데, 데이터가 총 여섯 부분으로 분할되어 있다. 여섯 부분의 중요한 차이는 {예} 변이형과 {네} 변이형의 사용 비율이다. 4번 마디(Node 4)의 경우 검정색으로 표시된 {네}의 사용 비율이 100%인데 반하여, 10번 마디(Node 10)의 경우에는 {네}의 비율이 60%를 조금 넘는 것을 알 수 있다. 분할된 자료의 크기는 물론 부분마다 다르다. 〈그림 1〉의 경우, 여섯 부분 중 두 번째 부분(Node 5)의 크기(혹은 토큰 수)가 가장 크고(n=514), 네 번째 부분(Node 9)이 가장 크기가 작은 것(n=97)을 알 수 있다.

둘째, 유의미한 변인의 판별 기능은 데이터를 잘 설명할 수 있는 변인들을 여러 독립변수 중에서 분석해 내는 기능이다. 이 기능은 로지스틱 회귀분석의 주기능과 동일하다. 강현석·김민지(2017)에서는 조건부 추론 나무 분석에서 네 가지 변인, 즉 {예}와 {네}의 담화 의미, 홀로 발화 여부(발화가 {예}나 {네}만으로 구성되어 있는지 여부), 발화자의 성별, 발화자의 연령대가 잠재적 변인으로 분석에 포함되었는데, 〈그림 1〉이 보여주듯이 성별(Gender), 발화자의 연령대(Age), 그리고 홀로 발화 여부(Aloneness)가 분석 대상 변이에 유의미한 영향을 미치는 변인으로 분석되었다.

셋째, 조건부 추론 나무는 데이터에 영향을 주는 변인 간의 교호작용을 나무의 구조를 통해서 파악하게 하는데, 이를 변인 간 교호작용의 판별 기능이라고 할 수 있다. 예를 들어, 〈그림 1〉에서 홀로 발화 여부(Aloneness)는 일부 데이터, 즉 자료의 네 번째 부분(Node 9)과 다섯 번째 부분(Node 10)의 구분 혹은 설명에 관여하는데, 그 전제는 발화자의 성별(Gender)이 남성

(m)이고 연령대(Age)가 연소층(j)이든지 고연령층(s)인 경우로 한정되므로, 〈그림 1〉은 홀로 발화 여부, 발화자의 연령대, 발화자의 성별이란 세 변인 간에 교호작용이 있음을 보여준다.

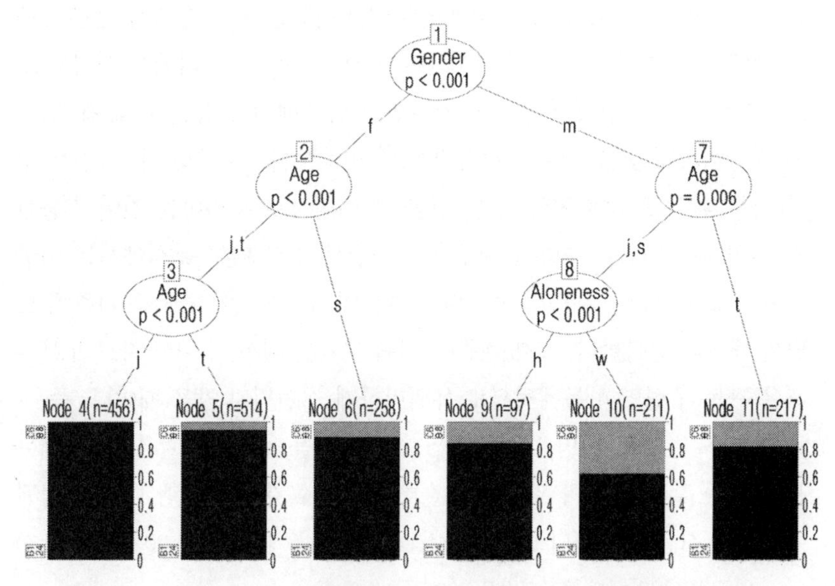

〈그림 1〉 카카오톡 대화에서의 {예}와 {네} 사용에 대한 조건부 추론 나무 분석 결과
(강현석·김민지 2017: 15 참조)

분석할 자료의 구조와 성격을 미리 탐색하기 위해서 조건부 추론 나무를 사용하기도 하는데, 자료 분류, 유의미한 변인 판별, 변인 간 교호작용 판별의 기능은 모두 자료 탐색(data exploration)과 밀접한 관계가 있기 때문이다(Strobl et al. 2009 참조). 조건부 추론 나무는 또한 LVS의 회귀분석과 마찬가지로 종속변수와 독립변수가 명목형이든 연속형이든 상관없이 모두 분석이 가능하다. 종속변수가 명목형이면 조건부 추론 나무를 분류나무(classification tree), 연속형이면 회귀나무(regression tree)로 부르기도 한다

(Levshina 2021).

조건부 추론 나무의 자료 분류는 재귀 분할(recursive partitioning)이란 방법을 통해서 이루어진다. 재귀 분할이란 이미 분할된 자료를 반복해서 나눈다는 의미이다. 재귀 분할은 다음과 같은 과정을 거친다(Levshina 2015: 291 참조). 첫째, 종속변수의 변숫값이 나뉘는 양태를 가장 잘 설명할 수 있는(혹은 분석 대상 자료를 가장 잘 설명할 수 있는) 변인을 여러 잠재적 변인 중에서 선택한다. 선택되는 변인은 처음에는 자료 전체를 고려해서 선정되고, 그다음부터는 각 단계에 특정된 자료만을 탐색해서 선정된다. 둘째, 선택된 변인의 변숫값을 둘로 분리하면서 데이터 분할도 수행한다. 조건부 추론 나무의 알고리즘 중에는 변숫값을 셋 이상으로 분리하는 것이 가능한 것도 있지만 LVS를 포함한 대부분의 조건부 추론 나무 분석에서는 이항 분할의 알고리즘을 채택하고 있다. 셋째, 이 두 과정을 아래 두 기준에 도달할 때까지 반복한다. 첫째 기준은 재귀 분할을 해서 더 이상 자료의 분류 혹은 자료의 설명이 통계적으로 유의미하게 개선되지 않을 때이다. 즉 자료 분류 혹은 자료 설명 개선도의 p값이 0.05를 웃도는 경우이다. 둘째는 분지(分枝) 후보 마디의 관측치(혹은 토큰)의 수효가 프로그램 내에 설정된 수치보다 작은 경우이다(R의 경우 디폴트 수치가 20개(Levshina 2021: 629 참조)이므로 LVS도 동일하게 설정되었을 것으로 추정된다).

조건부 추론 나무의 구조(〈그림 1〉 참조)를 보면, 가장 위의 마디(1번 마디)는 뿌리 마디(root node)라고 불리며 분석 대상 변이에 가장 큰 영향을 미치는 변인을 나타낸다. 2번, 3번, 7번, 8번 마디는 중간 마디(internal node)라고 불리며 역시 종속변수에 유의한 영향을 주는 변인들을 보여준다. 4번 마디에서 11번 마디는 잎사귀 마디(leaf node) 혹은 끝마디(terminal node)라고 불리는데, 데이터가 유의미한 변인들의 영향에 따라 여러 부분으로 분할되어 나타난다. 마디와 마디를 연결하는 선은 가지(branch)라고 부른다. 잎사귀 마디의 모양은 종속변수가 연속형이냐 명목형이냐에 따라 형태가 다르며, 종속변수가 명목형 변수인 경우에도 변숫값이 이항이냐 다항이냐에 따라 다르게 나타난다(Levshina 2021: 620 참조).

2.2. 로지스틱 회귀분석 대비 장단점 및 차이점

먼저 조건부 추론 나무가 일반화 선형 회귀모델 중 하나인 로지스틱 회귀분석과 대비해서 가진 장점은 다음과 같다.

첫째, 조건부 추론 나무는 로지스틱 회귀분석과는 달리 분석 대상 자료에 대한 기본 가정이 적다. 로지스틱 회귀분석의 기본 가정(Levshina 2015: 271 참조)은 1) 관측치들이 서로 독립적이고, 2) 로그 함수로 변형된 종속변수와 독립변수 간의 관계는 선형 관계이고[3], 3) 두 개 혹은 그 이상의 독립변수 간에 심한 교호작용이 없어야 한다는 것인데, 이 셋 중에서 조건부 추론 나무에 적용되는 것은 관측치들 혹은 토큰들이 서로 독립적이어야 한다는 첫 번째 가정뿐이다(Levshina 2021: 622 참조). 따라서 조건부 추론 나무는 독립변수 간에 심한 교호작용이 있는 경우에도 또 여러 변인 간 고차 교호작용(high-order interaction), 즉 셋 이상 변인 간 교호작용이 있는 경우에도 신뢰할 만한 결과를 산출하는데, 이는 조건부 추론 나무의 두드러진 장점 중 하나이다.

조건부 추론 나무의 두 번째 장점은 토큰 수가 많지 않고 종속변수에 영향을 줄 수 있는 변인 수가 많은 자료('small n large p' 자료[4])도 큰 무리 없이 분석할 수 있다는 것이다. 로지스틱 회귀분석은 조건부 추론 나무와는 달리 자료가 충분하지 않은 경우에는 일곱 개 이상의 변인을 포함한 분석은 어렵고 특히 각 변인이 여러 변숫값을 가진 경우에는 더욱 그렇다(Tagliamonte 2012: 136). 조건부 추론 나무의 세 번째 장점 역시 분석 대상 자료의 성격과 관계된 것이다. 변이 연구가 분석하는 발화 혹은 문어 자료의 경우 토큰이 없는 셀(cell; 여러 변인의 변숫값들의 고유한 조합)이나 열 개 미만의 토큰을 가진 셀이 자주 나타나는데, 이러한 성격의 자료를 조건부 추론 나무는 로지스틱 회귀분석보다 더 정확히 분석할 수 있다.

네 번째로 들 수 있는 조건부 추론 나무의 장점은 분석 결과를 시각적인 나무 구조와 가지 형태로 제공해서 분석 결과의 해석이 용이하다는 것이다. 〈그림 1〉이 보여주듯이 분석 대상 변이에 유의미한 영향을 주는 변인들과 변인의 강도 순위를 바로 파악할 수 있고, 또한 변인 간의 교호작용도 시각적으로 바로 인지하는 것이 가능하다(앞서 언급했듯이, 〈그림 1〉은 세 변인, 즉 홀로 발화 여부, 연령, 성별의 교호작용을 보여준다).

하지만 조건부 추론 나무에는 로지스틱 회귀분석에 없는 상대적 약점도 발견된다.

먼저 조건부 추론 나무는 로지스틱 회귀분석의 회귀계수 같은 변인이 보이는 영향도의 방향과 크기를 정확히 알려주는 수치를 제공하지 않는다. 따라서 조건부 추론 나무는 분석 결과에 있어서 로지스틱 회귀분석보다 덜 적확한 면이 있다. 둘째, 분석에 포함된 범주형 변수들의 변숫값이 많을 때는 마디의 분지 혹은 자료 분할이 어려울 수 있고 또한 분석 과정이 지나치게 복잡할 수 있다. 셋째, 기존 자료에 자료가 조금 추가되거나 일부가 수정되어도 나무 구조나 모양이 바뀔 수 있다. 다시 말해 조건부 추론 나무의 분석 결과에는 변동성이 있을 수 있다(Strobl et al. 2009 참조). 마지막으로, 동시적 로지스틱 회귀분석과는 달리 유의미한 변인의 선택 혹은 마디의 분지는 앞서 이루어진 변인 선택 혹은 마디 분지의 결과를 바탕으로 이루어지므로, 골드바브의 단계적 추가/제거 분석의 결과처럼 순서 효과(order effects)가 나타날 수 있다. 즉 조건부 추론 나무에서 뒷 단계에서 이루어지는 변인 선택은 앞서 선택된 변인(들)이라는 맥락 하에서 이루어지는데, 이는 순서 효과를 보이지 않는 동시적 로지스틱 회귀분석과는 다른 점이다.

2.3. 분석 과정 및 결과 해석

이 소절에서는 5장에서 사용했던 카카오톡 대화에서의 합쇼체와 해요체 간 변이 자료를 활용해서 조건부 추론 나무의 분석 과정과 결과 해석 방법을 논의한다. LVS에서 조건부 추론 나무 분석을 하려면 자료 파일을 업로드 후 일반 회귀분석을 할 때와 똑같은 두 과정을 거친다. 즉, 'Inferential Statistics'(추리통계)를 클릭하고 아래에서 첫 번째 탭인 'Modeling'(통계 모델 설정)을 선택한다(〈그림 2〉 참조).

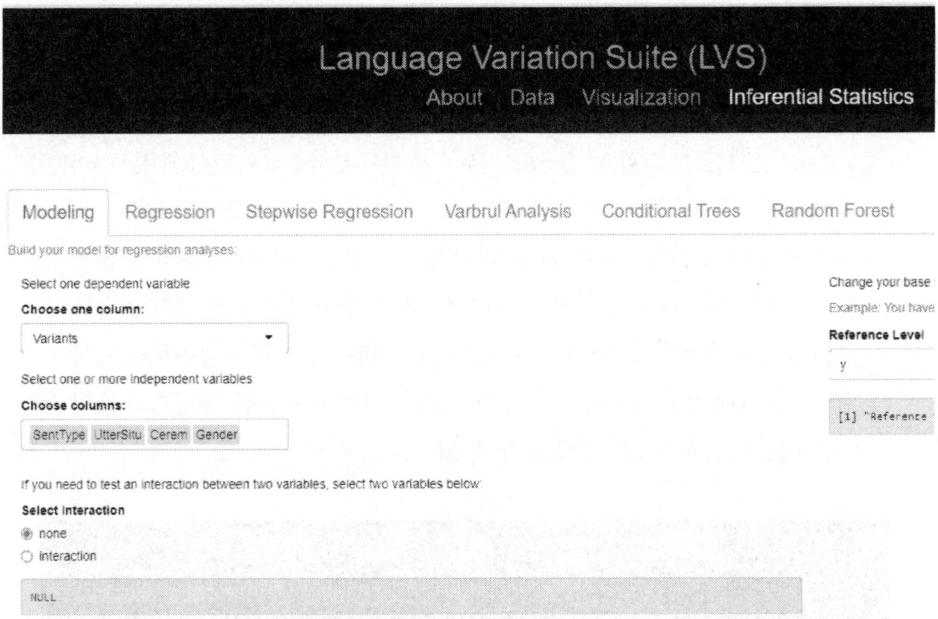

Language Variation Suite (LVS)

About Data Visualization **Inferential Statistics**

Modeling Regression Stepwise Regression Varbrul Analysis Conditional Trees Random Forest

Build your model for regression analyses:

Select one dependent variable

Choose one column:

Variants

Select one or more independent variables

Choose columns:

SentType UtterSitu Cerem Gender

If you need to test an interaction between two variables, select two variables below:

Select interaction

- none
- interaction

NULL

Change your base

Example: You have

Reference Level

y

[1] "Reference

〈그림 2〉 LVS의 조건부 추론 나무를 활용해서 카카오톡 대화에서의 합쇼체와 해요체 간 변이를 분석하기 위한 모델 설정(Modeling)

'Modeling'에서는 우선 'dependent variable'(종속변수)을 선택해야 하는데, 카카오톡의 합쇼체와 해요체 간 변이 분석에서는 'Variants'(변이형)가 종속변수이므로 여러 변수 중에서 이 변수를 선택한다. 이어서 분석하고자 하는 'independent variables'(독립변수 혹은 변인)를 선택한다. 예시 중인 자료에서는 변인 중 'AgeRel'(화·청자 간 연령관계)과 'AgeGrp'(연령대)이 고정효과 모델보다 더 나은 모형 적합도를 보인 혼합효과 로지스틱 회귀분석에서 통계적으로 유의미한 영향을 보이지 않는다고 분석되었으므로, 현재의 분석에서는 이들을 제외하고, 'SentType'(문형), 'UtterSitu'(발화상황), 'Cerem'(발화의 의례성), 'Gender'(성별)이 선택되었다. 이어서 종속변수 값의 'Reference Level'(기준값)을 설정하는데, 여기서는 합쇼체를 적용가로 해서 분석하므로 기준값을 5장의 로지스틱 회귀분석에서처럼 'y'(해요체)로 설정한다.

'Modeling'(모델 설정)을 한 후에는 그 옆의 탭인 'Regression'(회귀분석)을 선택한다(〈그림 3〉 참조). 먼저 'Regression'(회귀분석) 화면에서 'Type of Regression Model'(회귀모델 유형)로 'Fixed Effect Model'(고정효과 모델)을 선택한다(〈그림 3〉 참조)(조건부 추론 나무 분석에서는 고정효과 분석만이 가능하고 'Mixed Effect Model'로 분석하는 것은 가능하지 않다). 그리고 'Type of Dependent Variable'(종속변수 유형)에서는 변수 유형을 선택하면 되는데, 조건부 추론 나무는 앞서 기술하였듯이 범주형 변수도 연속형 변수도 모두 분석이 가능하다. 예시 자료에서는 종속변수가 범주형 중에서도 이항형이므로 'binary'(이항 변수)가 선택되었다. 나머지 부분은 혼합효과 모델에만 해당되므로 'Null' 상태로 두면 된다.

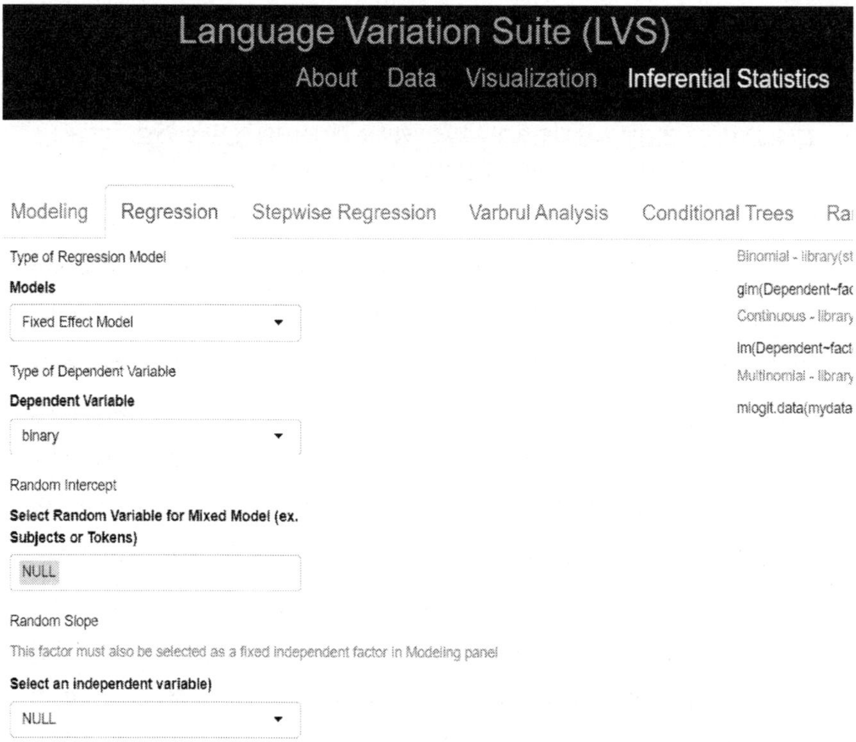

Language Variation Suite (LVS)
About Data Visualization Inferential Statistics

Modeling Regression Stepwise Regression Varbrul Analysis Conditional Trees Ra

Type of Regression Model
Models
Fixed Effect Model

Type of Dependent Variable
Dependent Variable
binary

Random Intercept
Select Random Variable for Mixed Model (ex. Subjects or Tokens)
NULL

Random Slope
This factor must also be selected as a fixed independent factor in Modeling panel
Select an independent variable)
NULL

Binomial - library(st
glm(Dependent~fac
Continuous - library
lm(Dependent~fact
Multinomial - library
mlogit.data(mydata

〈그림 3〉 LVS의 조건부 추론 나무를 활용해서 카카오톡 대화에서의 합쇼체와 해요체 간 변이를 이항 고정효과 회귀모델(Regression Model)로 분석하기 위한 설정

그다음 'Inferential Statistics'(추리통계)의 하위 메뉴인 'Conditional Trees'(Conditional Inference Trees, 조건부 추론 나무)를 클릭한 후 이어서 조건부 추론 나무 분석을 수행하라는 의미인 'apply'를 선택한다(〈그림 4〉 참조). 그러면 조건부 추론 나무 분석의 결과가 뿌리 마디, 중간 마디, 잎사귀 마디와 이들을 연결하는 가지를 가진 나무의 형태로 나타난다(〈그림 5〉 참조).

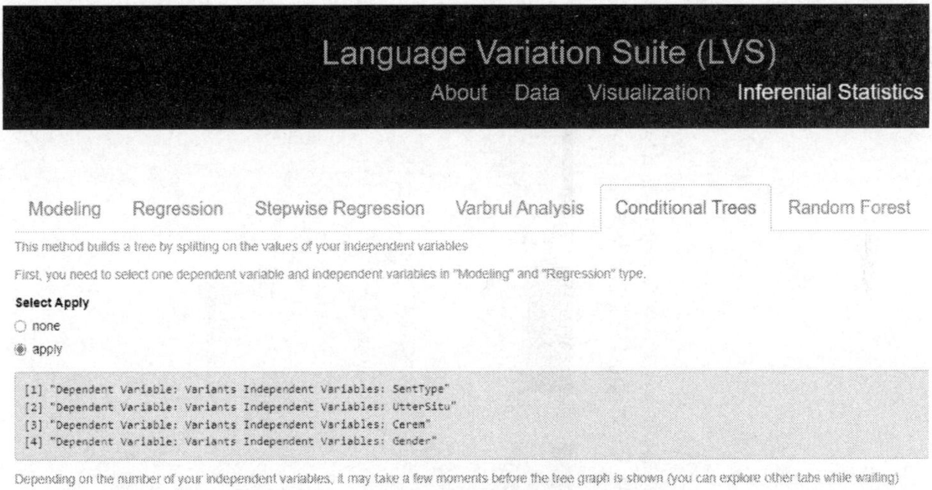

〈그림 4〉 LVS에서 조건부 추론 나무 분석을 위해 'Inferential Statistics'(추리통계)의 하위 메뉴인 'Conditional Trees'를 선택하고 'apply'를 클릭하는 과정

〈그림 5〉를 보면 'Gender'(성별)가 가장 높고 중심 위치인 1번 마디(Node 1), 즉 뿌리 마디에 자리하고 있어서 이 변인이 분석 대상 변이에 가장 강하고 폭넓은 영향을 미친다는 결과를 보인다. 조건부 추론 나무의 뿌리 마디와 중간 마디에 주어진 유의도, 즉 p값은 특정 마디에서 자료를 특정 변인의 변숫값을 기준으로 해서 이분했을 때 자료 설명이 개선되는 정도를 나타낸다. 예를 들면, 1번 마디(Node 1)의 경우, 전체 자료 중 남자(m; 오른쪽 가지)와 여자(f; 왼쪽 가지)의 자료가 종속변수 값에서 차이가 없다는 귀무가설이 옳을 확률이 0.001보다 작아서($p<0.001$), 이 두 부류의 자료를

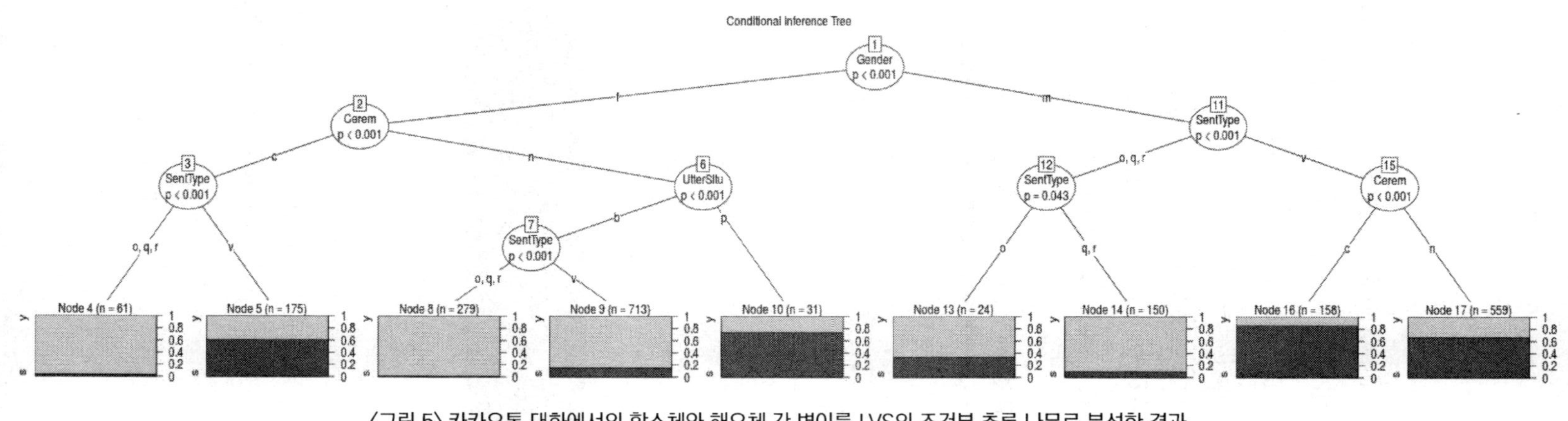

〈그림 5〉 카카오톡 대화에서의 합쇼체와 해요체 간 변이를 LVS의 조건부 추론 나무로 분석한 결과
(Gender: 성별; SentType: 발화문의 문형; Cerem: 발화의 의례성; UtterSitu: 발화상황의 공식성)

구분하는 것이 자료를 더 잘 설명할 수 있음을 보인다.

'Gender'(성별)에 이어서 여자(f)의 경우는 'Cerem'(발화의 의례성)이, 남자(m)의 경우는 'SentType'(문형)이 그다음으로 중요한 변인으로 분석되었다. 여자의 경우는 'Cerem'(발화의 의례성)은 의례적인 상황(c(eremonial); 왼쪽 가지)과 비의례적 상황(n(onceremonial); 오른쪽 가지)으로 이분되면서, 전자는 'SentType'(문형)과 교호작용을 보이고, 후자는 또 다른 유의미한 변인으로 분석된 'UtterSitu'(발화상황) 그리고 'SentType'(문형)과 교호작용을 보이는 것으로 분석되었다. 남자의 발화 자료에서도 앞서 언급한 'SentType'(문형)과 'Cerem'(발화의 의례성)이 합쇼체와 해요체 간 변이에 유의미한 변인으로 나타났다.

종합적으로 조건부 추론 나무의 결과는 분석에 포함된 네 가지 변인이 모두 종속변수의 변숫값에 유의미한 영향을 준다는 것을 보였으며, 변인의 강도는 조건부 추론 나무의 최상위에 있는 'Gender'(성별)가 가장 강하고, 이어서 두 번째 높은 위치에 있는 'SentType'(문형)과 'Cerem'(발화의 의례성)이 그다음이고, 가장 낮은 위치에 있는 'UtterSitu'(발화상황)의 강도가 가장 낮은 것으로 분석되었다.

변인의 영향도를 파악하는 또 다른 방식은 특정 변인이 전체 자료(즉 전체 토큰) 중 어느 정도 비율의 자료에 영향을 주는가를 산정하는 것이다. 예를 들면, 'Gender'(성별) 변인은 나무 꼭대기에 위치해서 전체 자료에 영향을 주고, 'UtterSitu'(발화상황) 변인이 영향을 주는 자료는 8번, 9번, 10번 잎사귀 마디(Nodes 8, 9, 10)의 자료로 한정된다. 〈표 1〉은 〈그림 5〉에 주어진 조건부 추론 나무 분석의 결과를 바탕으로 분석 대상인 2,150개의 토큰 중에서 각 변인이 영향을 주는 토큰 수와 이 토큰 수의 전체 자료 대비 비율을 산정해서 보여준다. 산정 결과에 따르면, 각 변인의 영향도는 'Gender(성별, 100%)〉 SentType(문형, 98.6%)〉 Cerem(의례성, 92%)〉 UtterSitu(발화상황, 47.6%)'의 순서이다. 물론 이러한 방식의 영향도 산정의 결과는 절대적인 것은 아니다.

〈표 1〉 전체 토큰 중 각 변인의 영향을 받는 토큰의 수와 비율

변인	영향을 주는 토큰 수	비율	영향도 순위
Gender(성별)	2150	100%	1
SentType(문형)	2119	98.6%	2
Cerem(의례성)	1976	92%	3
UtterSitu(발화상황)	1023	47.6%	4

조건부 추론 나무 분석은 전체 자료를 아홉 개의 부분, 즉 아홉 개의 잎사귀 마디(Node 4~Node 17)로 분류한다(〈그림 5〉 참조). 잎사귀 마디에서 검정 부분은 각 마디의 전체 토큰 중 합쇼체(s)의 비율을 나타내고 회색 부분은 해요체(y)의 비율을 의미한다. 잎사귀 마디 중에서 가장 합쇼체의 비율이 높은 것은 16번 마디(Node 16, 오른쪽에서 두 번째)인데, 이 마디는 성별이 남자(m)이고 문형이 평서문(v)이고 의례적 발화(c)인 경우이며, 이 맥락에서 합쇼체 어미가 가장 높은 비율로 사용된다는 것을 알 수 있다, 반면에, 합쇼체의 비율이 가장 낮은 잎사귀 마디는 8번 마디(Node 8, 왼쪽에서 세 번째)이며, 따라서 성별이 여자(f)이고 비의례적 발화(n)이고 발화상황이 사적(b)이고 문형이 비(非) 평서문(o, q, r)일 때, 해요체 어미가 가장 많이 사용되고 합쇼체의 사용이 최소화되는 것을 알 수 있다. 이처럼 조건부 추론 나무 분석은 어떤 변인들이 분석 대상 변이에 유의미한 영향을 주는지를 밝혀내고 변인 간에 어떤 교호작용이 나타나는지를 나무의 분지를 통해서 명시적으로 보여준다.

3. 랜덤 포리스트 분석

3.1. 랜덤 포리스트란?

랜덤 포리스트(Random Forest)는 앞 절에서 살펴본 조건부 추론 나무 같은 분류/회귀 나무(classification & regression trees)의 이론과 연구 성과를 바

탕으로 비교적 최근에 개발된 통계 기법이다(Tagliamonte & Baayen 2012 참조). 조건부 추론 나무처럼 랜덤 포리스트는 비선형 회귀모형을 바탕으로 한 비모수적 통계 기법이며 많은 분류/회귀 나무의 분석 결과를 종합하여 최종 결론에 도달하는 앙상블 기법(ensemble method, Levshina 2021: 612)을 사용한다.

랜덤 포리스트의 자료 분석은 대략 다음 다섯 단계(Smith 2018 참조)를 거쳐 이루어진다.

첫째, 랜덤 포리스트 분석의 토대가 되는 각 나무를 생성하기 위해서 전체 자료 중에서 임의로 자료를 표집(sampling)한다. 표집된 자료의 크기는 모든 나무에 있어서 동일하며, 일반적으로 변인 수가 많을수록 랜덤 포리스트 분석에 필요한 나무의 수효는 많아진다.

둘째, 나무 생성을 위한 자료가 임의 표집이 되면 프로그램에 미리 설정된 변인 수에 따라 변인을 선택한다. 일반적으로, 선택되는 변인의 수는 전체 변인 수의 제곱근(square root)이다(Schweinberger 2023). 즉, 변인 수가 네 개이면 두 개가, 아홉 개이면 세 개가 선택되는 것이 일반적이다. 변인의 선택은 임의 표집 방식으로 이루어진다.

셋째, 표집된 자료를 가장 잘 설명하는 변인이 뿌리 마디에서 선택되며, 이후의 중간 마디에서는 그 마디의 맥락에 주어진 자료를 가장 잘 설명하는 변인이 선택된다.

넷째, 분석이 잎사귀 마디에 도달해서 전체 나무가 완성될 때까지 변인의 선택과 분지와 자료의 분할이 계속된다. 분지가 멈추게 되는 이유는 일반적으로 1) 추가적으로 분지가 되더라도 자료 설명을 유의미하게 개선하지 못하는 경우, 2) 중간 마디의 토큰 수가 미리 설정된 중간 마디의 최소 토큰 수에 못 미치는 경우이다.

다섯째, 생성된 나무의 수효가 미리 설정된 값(R에서의 디폴트 값은 500개임)에 도달하면 이들 나무의 구조를 종합적으로 분석해서 변인의 중요도(variable importance)가 산정되며, 그 결과는 그림으로 산출된다(〈그림 6〉 참조).

〈그림 6〉은 카카오톡 대화 자료를 바탕으로 한국어에서의 {예}와 {네}의

사용 변이를 랜덤 포리스트로 분석한 결과이다. 그림의 수직축(y축)에는 분석 대상 변인들이 위치해 있고, 수평축(x축)은 변수 중요도(Variable Importance) 혹은 지니값 감소 수치(MeanDecreaseGini)로 이루어져 있다. 지니값 감소 수치는 지니 중요도 점수(Gini Importance Score)라고도 불리며, 지니값을 많이 줄여주는 변인일수록 분석 대상 변이를 잘 설명하는 중요한 변인이다.

그림에는 각 변인의 변수 중요도에 따른 점이 수평 점선 위에 표시되어 있고 또한 수직 점선도 그려져 있는데, 이 수직 점선의 오른쪽에 점이 위치한 변인만이 분석 대상 변이에 통계적으로 유의미한 영향을 미치는 변인이다. 따라서 〈그림 6〉은 'Gender'(발화자의 성별)와 'Age'(발화자의 연령대)가 유의미한 변인이고, 둘을 비교하면 성별 요인의 강도가 연령대 요인의 강도보다 훨씬 강하다는 것을 보여준다. 조건부 추론 나무 분석에서는 비록 강도가 센 변인은 아니지만 'Aloneness'(홀로 발화 여부)도 유의미한 변인이라는 결과(〈그림 1〉 참조)를 보였지만, 랜덤 포리스트 분석에서는 이 변인의 영향이 유의미하지 않다는 결과를 내어, 두 분석 간에 차이가 나타났다.

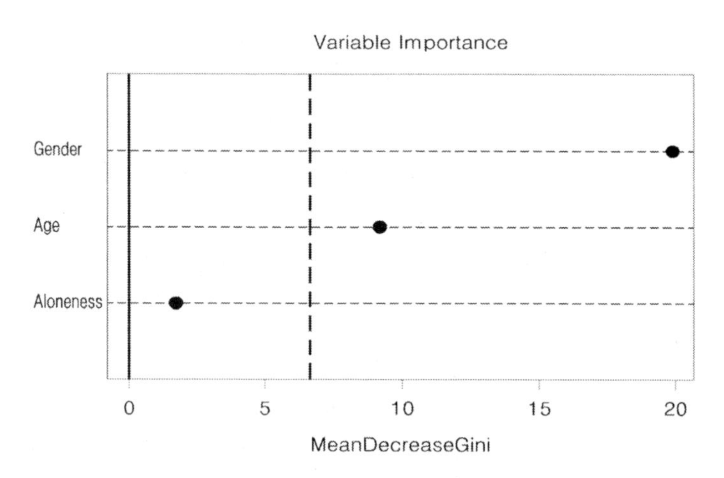

〈그림 6〉 카카오톡 대화에서의 {예}와 {네} 사용에 대한 랜덤 포리스트 분석 결과(강현석·김민지 2017: 14 참조)

3.2. 로지스틱 회귀분석 및 조건부 추론 나무와의 차이점

로지스틱 회귀분석과 랜덤 포리스트의 차이점은 로지스틱 회귀분석과 조건부 추론 나무의 차이점과 유사하다. 먼저 로지스틱 회귀분석에 대비한 랜덤 포리스트의 장점은, 첫째, 관측치의 독립성을 제외하고는 로지스틱 회귀분석이 전제하는 분석 대상 자료에 대한 여러 기본 가정을 요구하지 않는다는 것이고, 둘째, 토큰 수가 많지 않고 변인 수가 많은 자료('small n large p' 자료)도 무리 없이 분석할 수 있다는 것이며, 셋째, 토큰 수가 적거나 토큰이 아예 없는 셀을 가진 자료도 별 무리 없이 분석할 수 있고, 넷째, 교호작용이 심한 변인들의 영향도 비교적 정확히 분석할 수 있으며, 마지막으로 분석 결과를 〈그림 6〉과 같은 시각적 자료로 제공하여 결과를 바로 이해할 수 있게 하는 점이다.

로지스틱 회귀분석에 대비한 랜덤 포리스트의 단점으로는, 첫째, 회귀분석의 회귀계수 같은 변인의 종속변수에 대한 영향의 방향과 크기를 엄밀히 계량적으로 알리는 수치를 제공하지 않는 것이며, 둘째, 자료가 방대하거나 변인의 수가 많을 경우 분석 시간이 다소 오래 걸릴 수 있다는 점이다.

랜덤 포리스트가 조건부 추론 나무와 비교하여 갖는 강점은 다음과 같다. 첫째, 랜덤 포리스트는 조건부 추론 나무보다 일반적으로 더 정확한 분석 결과를 제공한다. 그 이유는 조건부 추론 나무는 나무 하나만을 바탕으로 분석 결과를 도출하는 데 반해, 랜덤 포리스트는 조건부 추론 나무와 유사한 많은 수효의 나무를 바탕으로 자료를 종합적으로 분석하기 때문이다. 둘째, 앞에서 기술하였듯이 조건부 추론 나무는 자료에 조금의 변화만 있어도 분석 결과가 달라질 수 있어서 불안정한 면이 있지만, 랜덤 포리스트의 결과는 앙상블 기법을 사용하기 때문에 상당히 안정적이고 이상치(outlier)가 있는 경우에도 신뢰할 만한 결과를 도출한다.

반면에 조건부 추론 나무에 대비한 랜덤 포리스트의 약점으로는, 첫째, 변인 간의 교호작용을 시각적으로 명확히 제시하는 조건부 추론 나무와는 달리 랜덤 포리스트는 변인 간의 상호작용을 보여주지 못한다는 점이 있고, 둘째, 조건부 추론 나무보다 자료 분석에 상대적으로 더 오랜 시간이 소요된다는 점을 들 수 있다.

3.3. 분석 과정 및 결과 해석

랜덤 포리스트 분석도 역시 자료를 CSV 파일이나 엑셀 파일로 업로드한 후 조건부 추론 나무 분석에서와 동일한 방식으로 'Modeling'(모형 설정)과 'Regression'(회귀 유형) 작업을 수행한다(〈그림 2〉와 〈그림 3〉 참조). 조건부 추론 나무에서와 마찬가지로 랜덤 포리스트에서도 'Fixed Effect Model'을 바탕으로 한 분석만이 가능하다. 두 작업을 마친 후 'Inferential Statistics'(추리통계)의 하위 메뉴인 'Random Forest'를 선택하고 'apply'를 클릭한다(〈그림 7〉 참조).

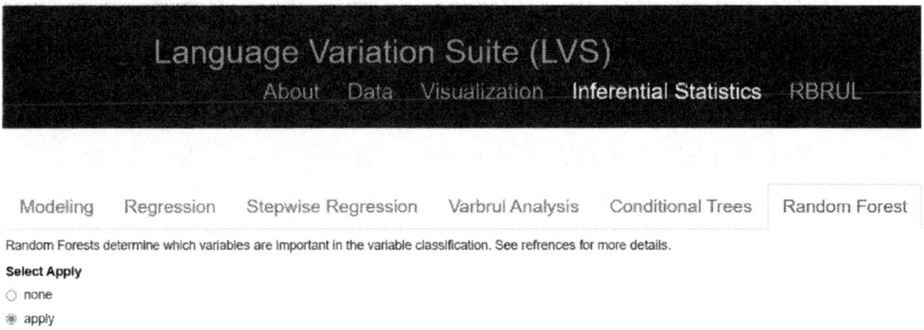

Language Variation Suite (LVS)
About Data Visualization Inferential Statistics RBRUL

Modeling Regression Stepwise Regression Varbrul Analysis Conditional Trees Random Forest

Random Forests determine which variables are important in the variable classification. See refrences for more details.

Select Apply
○ none
◉ apply

〈그림 7〉 LVS에서 랜덤 포리스트 분석을 위해 'Inferential Statistics'(추리통계)의 하위 메뉴인 'Random Forest'를 선택하고 'apply'를 클릭하는 과정

그러면 조금 후에 랜덤 포리스트 분석의 결과가 그림으로 주어진다. 〈그림 8〉은 카카오톡 대화에서의 합쇼체와 해요체 간 변이를 랜덤 포리스트로 분석한 결과이다. 앞서 언급한 대로 변인의 변수 중요성 값이 세로 점선의 오른쪽에 위치한 경우에만 이 변인의 종속변수에 대한 영향이 통계적으

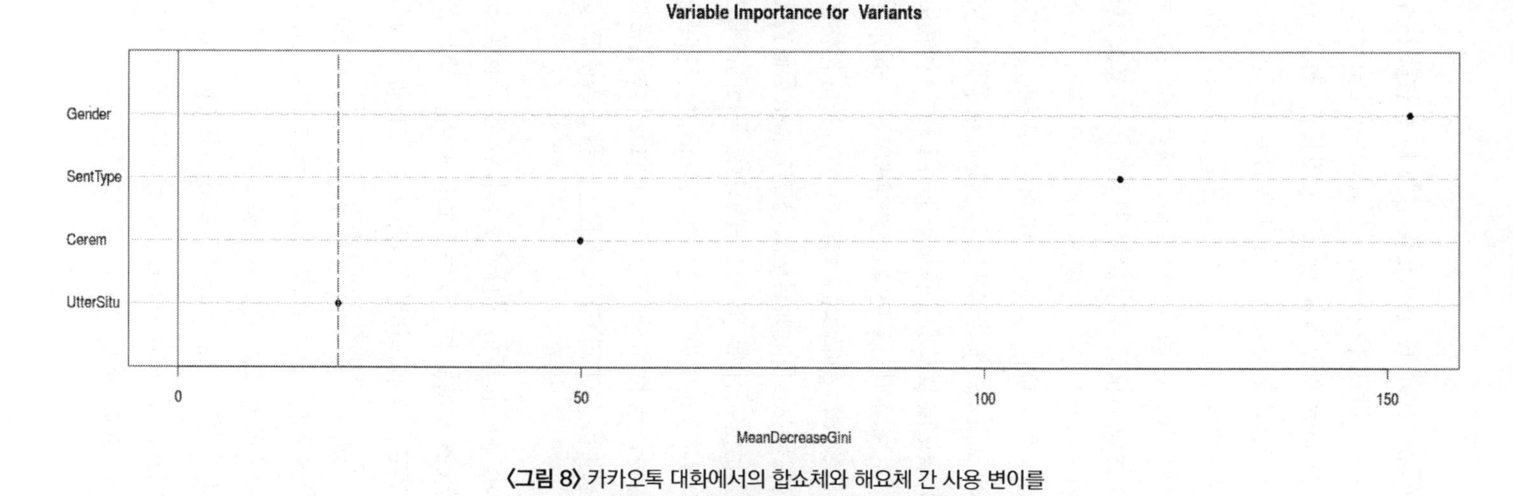

〈그림 8〉 카카오톡 대화에서의 합쇼체와 해요체 간 사용 변이를
랜덤 포리스트로 분석한 결과(강현석·김민지 2018: 15 참조)

로 유의미하다는 의미이므로, Gender(발화자의 성별), SentType(발화문의 문형), Cerem(발화의 의례성)은 카카오톡에서의 합쇼체와 해요체 간 사용 변이에 유의미한 영향을 주는 변인이지만, 점선 위에 바로 위치한 UtterSitu(발화상황)는 유의미하지 않다는 결과를 보인다. 이 결과는 앞서 이루어진 조건부 추론 나무의 분석 결과(〈그림 5〉 참조)와는 다소 다른데, 조건부 추론 나무에서는 UtterSitu(발화상황)가 분석 대상인 네 변인 중 가장 강도가 약하기는 하지만 통계적으로 유의미한 변인으로 분석되었기 때문이다. 조건부 추론 나무와 랜덤 포리스트의 결과가 보이는 차이는 물론 앞에서 기술한 것처럼 두 분석이 작동하는 알고리즘에 차이가 있는 데서 비롯된다.

자 그러면, 조건부 추론 나무와 랜덤 포리스트의 결과를 앞 장에서 산출된 로지스틱 회귀분석의 결과와 비교해 보자. 앞의 두 분석은 Gender(성별)가 가장 강력한 변인이고 이어서 SentType(문형)과 Cerem(의례성)의 순으로 변인의 강도를 보인다는 결과를 보였다. 이 결과는 5장의 〈그림 10〉이 보여주는 고정효과 모델을 바탕으로 한 회귀분석의 결과와 동일하다. 즉, 이 그림에 따르면, 자료와의 편차(Deviance; 표의 3번째 열)를 많이 줄여서 자료를 잘 설명하는 변인의 순서는 Gender(407.31), SentType(348.52), Cerem(127.31)이다. 하지만 5장의 〈그림 13〉에 주어진 혼합효과 회귀분석의 결과와는 다르다. 혼합효과 모델을 바탕으로 한 회귀분석에서는 변인 강도 혹은 개별 변인 간의 차이를 보여주는 'Mean Square'(평균제곱) 값/F값의 크기순이 'Cerem(64.99), Gender(57.96), SentType(39.76)'으로 나타나기 때문이다.

이 두 다른 결과는 고정효과 회귀분석, 조건부 추론 나무, 그리고 랜덤 포리스트는 모두 고정효과 모델을 바탕으로 분석이 이루어진 반면, 혼합효과 회귀분석은 고정효과 모델에 발화자를 임의 변수로 추가한 혼합효과 모델을 바탕으로 자료를 분석해서, 관측치의 독립성이란 문제에 대처했기 때문이다. 다시 말해, 고정효과 모델은 전체 자료 내에 내부 구조 혹은 더미들이 있는 경우 변인들의 영향을 정확히 산정하지 못하기 때문에, 혼합효과 회귀분석의 결과가 더 높은 정확도와 신빙성을 갖는다. LVS의 로지스틱 회귀분석은 모델 적합도를 보여주는 AIC(Akaike Information Criterion) 값을 제공하는데, AIC 값이 작을수록 모델 적합도가 높은 것을 의미한다(Johnson 2008: 90). 두 분석에서 산출된 AIC 값은 혼합효과 회귀분석은 1762.4(5장 <그림 12>의 5줄)인 반면 고정효과 회귀분석은 1853.4(5장 <그림 9>의 끝에서 2줄)여서 분석된 자료의 경우 혼합효과 모델이 고정효과 모델보다 자료 적합도에서 우월한 것을 보여준다.

따라서 종합적으로 5장과 6장에서 수행한 네 가지 유형의 통계분석이 제시하는 결과는 우리에게 다음과 같은 결론에 이르게 한다. 즉, 카카오톡에서의 합쇼체와 해요체 간 변이에는 발화의 의례성(Cerem), 화자의 성별(Gender), 그리고 발화의 문형(SentType)이 중요한 변인으로 작용하며, 이들의 영향도 순서는 의례성, 성별, 문형 순이지만 세 변인의 강도는 비교적 고르며, 발화 상황(UtterSitu) 변인의 분석 대상 변이에 대한 영향은 유의미하지만 위 세 변인에 비해서는 상대적으로 약하다고 결론지을 수 있다.

4. 감탄사 {응}과 {어} 사용에 나타난 변이의 분석 사례

이 절에서는 앞서 4장에서 논의했던 한국어 감탄사 {응}과 {어}의 사용 변이를 고정효과 회귀분석, 혼합효과 회귀분석, 조건부 추론 나무, 그리고 랜덤 포리스트로 분석한 후, 각각의 결과에 어떤 차이가 있는지를 알아보고, 이 결과들을 어떻게 종합해서 해석하는 것이 합리적인지를 논의한다. 4장에서 수행한 골드바브 분석은 총 2,040개의 토큰을 바탕으로 하였지만, 이 절에서 이루어지는 통계분석은 변인 값 중 결측치가 있는 315개 사례는 제외한 1,725개의 토큰을 대상으로 한다.

4장에서 기술하였듯이, {응}은 주(主) 변이형인 '응'과 '으응'을 포함한 총 네 개의 하위 변이형을 포괄하며, {어}의 하위 변이형으로는 주 변이형인 '어', '어어' 등 총 다섯이 포함된다. 분석의 대상이 된 {응}과 {어}의 토큰은 각각 558개와 1,137개였으며 전체 토큰 대비 비율은 {응}과 {어}가 각각 32.3%와 67.7%였다. {응}과 {어}의 사용 변이에 대한 분석에는 총 4개의 변인이 잠재적 제약으로 포함되었다. 이들은 {응}과 {어}의 화용적 기능, 화자의 연령대, 화자의 성별, 청자의 성별이었다. 4장에서 수행된 골드바브의 단계적 추가/제거 분석에서는 {응}과 {어}의 화용적 기능과 화자의 연령대와 성별이 분석 대상 변이에 통계적으로 유의미한 영향을 주는 변인으로 분석되었다.

```
Coefficients:
              Estimate Std. Error z value Pr(>|z|)    
(Intercept) -0.2776337  0.1641256  -1.692 0.090724 .  
Functionb   -0.5378145  0.1628069  -3.303 0.000955 ***
Functionc   -0.8151640  0.2556405  -3.189 0.001429 ** 
Functione   -0.4875613  0.2340309  -2.083 0.037222 *  
Functionf   -1.5255019  0.4032901  -3.783 0.000155 ***
Functionr    0.3102973  0.1851302   1.676 0.093718 .  
Functions    0.2893432  0.2093057   1.382 0.166850    
Functiont   -2.0470556  0.2146179  -9.538  < 2e-16 ***
Functionx   -0.3518521  0.2222751  -1.583 0.113431    
SpeakerGm   -0.3896932  0.1182692  -3.295 0.000984 ***
SpeakerA2   -0.0006573  0.1734713  -0.004 0.996977    
SpeakerA3    0.1754209  0.1598123   1.098 0.272349    
SpeakerA4    0.1543320  0.1783836   0.865 0.386946    
SpeakerA5    0.7344554  0.2062131   3.562 0.000369 ***
HearerGm     0.1549413  0.1110716   1.395 0.163026    
---
Signif. codes:  0 ‘***’ 0.001 ‘**’ 0.01 ‘*’ 0.05 ‘.’ 0.1

(Dispersion parameter for binomial family taken to be 1)

    Null deviance: 2213.6  on 1724  degrees of freedom
Residual deviance: 2000.6  on 1710  degrees of freedom
AIC: 2030.6
```

〈그림 9〉 LVS를 활용한 {응}과 {어} 간 사용 변이의 고정효과 로지스틱 회귀분석의 결과

(Function: b(상대방의 말에 대한 인지), c(타인의 부름에 대한 응답), e(상대방의 말에 대한 반문), f(시간 벌기), r(청자에 대한 요구 후 재촉), s(자기가 한 말 강조), t(어떤 상황에 반응하기), x(별 뜻 없는 감탄의 말); SpeakerG와 HearerG의 m(남성); SpeakerA의 2(20대), 3(30대), 4(40대), 5(50대 이상))

먼저 LVS를 활용하여 고정효과 모델로 로지스틱 회귀분석을 수행하였다. 〈그림 9〉와 〈그림 10〉의 결과가 보여주듯이 골드바브의 분석 결과와 동일하게 {응}과 {어}의 화용적 기능(Function), 화자의 연령대(SpeakerA), 화자의 성별(SpeakerG)이 분석 대상 변이에 유의미한 영향을 미치는 변인으로 분석되었다. 이들 중 특히 첫 번째 변인인 {응}과 {어}의 화용적 기능(Function)이 가장 중요한 변인으로 나타났는데, 변인의 자료 설명력을 나타내는 편차(Deviance)가 186.803으로 산정되어 다른 변인들의 편차와는 커다란 차이가 있었다. 골드바브 분석에서도 이 변인의 범위(range)는 516이어서 화자의 연령대와 성별 변인의 범위인 238과 94와는 큰 차를 보였었다(4장의 〈표 1〉 참조). 로지스틱 회귀분석에서 화용적 기능의 기준가는 '질문/요청/제안에 대한 긍정적 응답' 기능(a)이었고, 화자와 청자 성별의 기준가는 여성(f), 화자 연령대의 기준가는 10대 이하(1)였다.

```
Analysis of Deviance Table

Model: binomial, link: logit

Response: Variant

Terms added sequentially (first to last)


          Df Deviance Resid. Df Resid. Dev  Pr(>Chi)
NULL                       1724     2213.6
Function   8  186.803      1716     2026.8 < 2.2e-16 ***
SpeakerG   1    7.453      1715     2019.3  0.006334 **
SpeakerA   4   16.799      1711     2002.5  0.002115 **
HearerG    1    1.947      1710     2000.6  0.162961
---
Signif. codes:  0 '***' 0.001 '**' 0.01 '*' 0.05 '.' 0.1
```

〈그림 10〉 LVS를 활용한 {응}과 {어} 간 사용 변이의
고정효과 로지스틱 회귀분석의 결과로 주어진 편차 분석표

{응}과 {어} 간 변이에 의미 있는 영향을 미친다고 분석된 세 변인은 유의

도에서도 화용적 기능(Function)이 가장 높은 유의성($p<0.001$[5])을 보였고, 이어서 화자의 연령대($p=0.0021$)와 화자의 성별($p=0.0063$) 순이었다. 이 순서는 앞서 골드바브 분석의 단계적 추가/제거 분석에서 이들이 유의미한 변인으로 추가된 순서이기도 하다(4장 3절 참조).

앞서 기술하였듯이, {응}과 {어} 간 사용 변이에 대한 연구는 2010년대에 방영되었던 텔레비전 드라마 자료를 토대로 이루어졌다. 자료로 사용된 드라마는 총 다섯 개였는데 각 대본은 모두 다른 작가가 집필하였다. 따라서 드라마 작가에 따라 {응}과 {어}의 사용 양태가 다를 수 있어서, 고정효과 모델에 드라마를 임의 변수(random variable)로 추가한 혼합효과 모델로 회귀분석을 다시 수행하였다. 드라마 외에 또 다른 잠재적 임의 변수가 될 수 있는 후보는 {응}과 {어}를 발화한 개인 화자(individual speaker)이다. 하지만 이 연구의 자료에서는 {응}과 {어}의 변이형을 발화한 화자의 수가 211명이나 되고 화자별 토큰 수의 분포 역시 비교적 고른 편이어서 개인 화자를 임의 변수로 하는 혼합효과 모델은 적절치 않은 것으로 판단되었다.

드라마를 임의 변수로 하는 혼합효과 로지스틱 회귀분석의 결과는 〈그림 11〉과 〈표 2〉에 주어진다(〈표 2〉는 LVS의 혼합효과 로지스틱 회귀분석의 결과 일부로 주어지는 분산분석표에 저자가 유의도 값(p(r) value)을 보충한 것이다). 하지만 분석 결과는 이 연구의 경우 혼합효과 모델을 채택할 필요가 없다는 것을 보여준다. 이는 고정효과 회귀분석과 혼합효과 회귀분석의 AIC 수치를 비교할 때 드러난다.

AIC란 앞서 소개했듯이 각 회귀모델이 얼마나 분석 대상 자료에 적합한지, 분석 대상 자료의 변이를 어느 정도로 잘 설명하는지를 보여주는 수치이며, 수치가 작을수록 모형 적합도가 높다는 것을 의미한다. 고정효과 모델의 경우 AIC는 2030.6(〈그림 9〉의 마지막 줄 참조)이고 혼합효과 모델의 경우는 2032.6(〈그림 11〉의 둘째 줄 참조)이어서 후자의 AIC 수치가 오히려 더 크다는 것을 알 수 있다. 이 결과는 앞서 5장의 합쇼체와 해요체 간 변이를 고정효과 모델과 혼합효과 모델로 분석했을 때 후자와 전자의 AIC 수치(5

장의 〈그림 9〉와 〈그림 12〉 참조)가 각각 1853.4와 1762.4여서 혼합효과 모델이 상당히 개선된 모델 적합도를 보였던 것과 대비된다. 또한 두 모델은 또 다른 모형 적합도 수치인 '(Residual) deviance'(잔차 편차)'에서도 동일한 2000.6을 나타내서(〈그림 9〉의 끝에서 둘째 줄과 〈그림 11〉의 둘째 줄 참조), 혼합효과 모델이 자료 적합도에서 고정효과 모델보다 개선되지 않았음을 확인해 준다.

```
     AIC      BIC   logLik deviance df.resid
  2032.6   2119.8  -1000.3   2000.6     1709

Scaled residuals:
    Min      1Q  Median      3Q     Max
-1.3578 -0.7740 -0.3689  0.9843  3.8853

Random effects:
 Groups Name        Variance Std.Dev.
 Drama  (Intercept) 2.08e-13 4.56e-07
Number of obs: 1725, groups:  Drama, 5

Fixed effects:
              Estimate Std. Error z value Pr(>|z|)
(Intercept) -0.2776337  0.1641245  -1.692 0.090721 .
Functionb   -0.5378145  0.1628055  -3.303 0.000955 ***
Functionc   -0.8151640  0.2556410  -3.189 0.001429 **
Functione   -0.4875613  0.2340303  -2.083 0.037222 *
Functionf   -1.5255019  0.4032905  -3.783 0.000155 ***
Functionr    0.3102973  0.1851300   1.676 0.093718 .
Functions    0.2893432  0.2093045   1.382 0.166848
Functiont   -2.0470557  0.2146407  -9.537  < 2e-16 ***
Functionx   -0.3518521  0.2222752  -1.583 0.113431
SpeakerGm   -0.3896932  0.1182700  -3.295 0.000984 ***
SpeakerA2   -0.0006573  0.1734715  -0.004 0.996977
SpeakerA3    0.1754209  0.1598140   1.098 0.272355
SpeakerA4    0.1543320  0.1783853   0.865 0.386951
SpeakerA5    0.7344554  0.2062162   3.562 0.000369 ***
HearerGm     0.1549413  0.1110728   1.395 0.163030
---
Signif. codes:  0 '***' 0.001 '**' 0.01 '*' 0.05 '.' 0.1
```

〈그림 11〉 LVS를 활용한 {응}과 {어} 사용 변이의 혼합효과 로지스틱 회귀분석의 결과

또한 'Drama'가 보이는 임의 효과(Random effects)의 표준편차(Std.Dev.)은 '4.56e-07'인데, 이 값은 '4.56×10^{-7}'을 의미하며 거의 0에 가깝다(〈그림 11〉의 8번째 줄 참조). 이 수치의 의미는 'Drama'라는 임의 변수의 개별 변인 간에는 종속변수에 대한 영향에 있어 거의 차이가 없다는 것, 즉 드라마 (혹은 드라마 작가) 간에는 {응}과 {어}의 사용에서 차이가 거의 나타나지 않는다는 것을 뜻한다. 임의 변수의 영향이 유의미하지 않기 때문에, 각 변숫값의 'Estimate'(회귀계수)도 고정효과 모델과 거의 같고(그림 9〉 참조), 각 변인의 유의도 분석 결과도 양 모델이 거의 같게 나타난다(〈그림 10〉과 〈표 2〉 참조). 이 모든 결과는 혼합효과 모델이 고정효과 모델보다 자료 설명력에서 낮지 않다는 것을 보여준다.

〈표 2〉 LVS를 활용한 {응}과 {어} 사용 변이의 혼합효과 로지스틱 회귀분석의 결과로 주어진 분산분석표(Analysis of Variance Table)

	DF	Sum Sq	Mean Sq	F value	Pr[a]
Function	8	138.503	17.3128	17.3128	〈0.00001 ***
SpeakerG	1	6.937	6.9372	6.9372	0.008552 **
SpeakerA	4	16.815	4.2037	4.2037	0.002183 **
HearerG	1	1.946	1.9459	1.9459	0.163848

[a] P(r)값은 저자가 계상 후 보완함

위의 {응}과 {어} 사용 변이의 분석 예가 보여주는 것은 혼합효과 회귀분석이 고정효과 회귀분석과 유의미한 변인의 판별에서 항상 다른 결과를 보이지는 않는다는 것이다. 양자가 차이를 보이지 않는 경우도 혼합효과 회귀분석은 임의 변수의 유의미성 여부를 연구자에게 알려주는 기능을 한다는 점에서 시행이 필요하다. 두 유형의 회귀분석 결과가 유의미한 차이를 보이지 않을 때는 임의 변수의 효과가 뚜렷하지 않은 경우이며, 이 경우에는 고정효과 회귀분석이 I종 오류(type I error), 즉 유의하지 않은 변인을 유의하다고 분석하는 오류를 범하지 않을 가능성이 크다. 아마도 임의 변수의 효과가 뚜렷하지 않은 경우가 상대적으로 다수여서 고정효과 모델을 토대로 이루어진 전통적 바브럴 분석이 여러 변이사회언어학 연구에서 가치 있고 의미 있는 결과를 도출했다고 추정해 볼 수도 있을 것이다.

두 유형의 로지스틱 회귀분석에 이어서, 같은 자료를 대상으로 고정효과 모델로 네 개의 변인, 즉 {응}과 {어}의 화용적 기능, 화자의 성별, 화자의 연령대, 청자의 성별을 독립변수로 해서 LVS에서 조건부 추론 나무 분석을 수행하였다. 분석 결과는 로지스틱 회귀분석과는 상당히 다른 결과가 도출되었다. 네 변인 중 단지 {응}과 {어}의 화용적 기능만이 분석 대상 자료에 통계적으로 유의미한 영향을 주는 것으로 분석되었다. 이 결과는 앞서 기술한 대로 이 변인과 다른 변인들 간의 편차(Deviance), 즉 자료 설명력에서의 큰 차이(〈그림 10〉 참조)에 기인한 것으로 생각된다.

〈그림 12〉의 잎사귀 마디에서 검정색 부분이 {응}을 나타내는데, 상대적으로 가장 {응}을 높은 비율로 사용하는 화용적 기능(맨 왼쪽 가지)은 a(질문/요청/제안에 대한 긍정적 응답), r(청자에 대한 요구 후 재촉), s(자기가 한 말 강조)이고 가장 {어}를 많이 사용하는 기능(맨 오른쪽 가지)은 f(시간 벌기)와 t(어떤 상황에 반응하기)인 것을 알 수 있다. 두 부류의 기능은 각각 셋째 마디(Node 3; 첫 번째 잎사귀)와 일곱째 마디(Node 7; 마지막 잎사귀)로 분류되어 있다.

조건부 추론 나무 분석에 이어서 이번에는 LVS를 활용하여 랜덤 포리스트 분석을 시행하였다. 이 분석의 결과(〈그림 13〉)는 앞선 로지스틱 회귀분석의 결과와 아주 유사하였다. 앞서 기술했듯이 'MeanDecreseGini'(지니값 감소 수치)란 'Variable Importance'(변수 중요도)와 같은 의미이며, 이 수치는 분석 대상 변인들의 중요도를 보여주는 동시에 자료 분할의 정확도를 개선하는 정도도 보여준다. 랜덤 포리스트는 많은 분류/회귀 나무를 바탕으로 작성되고, 지니값이란 자료 분할 시 나타나는 불순도(impurity)/분류 부정확도를 표시하는 값이기 때문에, 각 분류/회귀 나무에서 자료 분할 시 불순도가 줄어들면 자료 분할의 정확도 역시 높아진다.

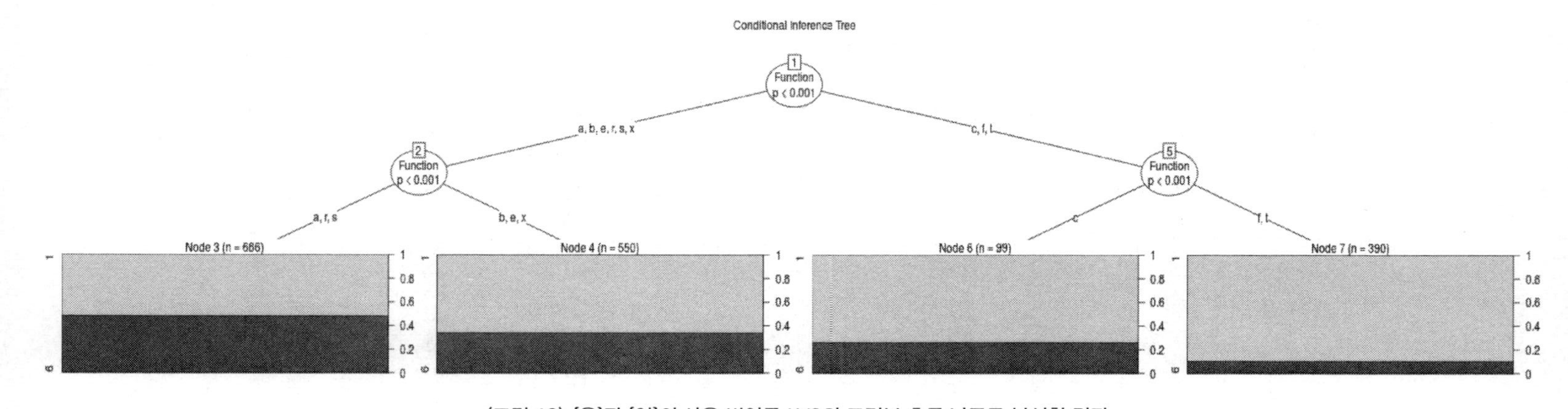

〈그림 12〉 {응}과 {어}의 사용 변이를 LVS의 조건부 추론 나무로 분석한 결과
(강현석·김민지 2022: 18 참조)
(Function('응'과 '어'의 화용적 기능): a(질문/요청/제안에 대한 긍정적 응답), b(상대방의 말에 대한 인지),
c(타인의 부름에 대한 응답), e(상대방의 말에 대한 반문), f(시간 벌기), r(청자에 대한 요구 후 재촉),
s(자기가 한 말 강조), t(어떤 상황에 반응하기), x(별 뜻 없는 감탄의 말))

〈그림 13〉이 보여주듯이 청자의 성별(HearG)은 세로 점선의 왼쪽에 위치하기 때문에 {응}과 {어}의 사용 변이에 유의미한 영향을 미치지 않는 것으로 분석되었다. 로지스틱 회귀분석의 결과처럼 화용적 기능(Function)과 화자의 연령대(SpeakerA)와 화자의 성별(SpeakerG)이 {응}과 {어} 사용 변이에 유의미한 변인으로 분석되었는데, 화용적 기능(Function)의 영향이 화자의 연령대(SpeakerA)나 화자의 성별(SpeakerG)보다 훨씬 강하다는 결과를 보였다. 즉, 화용적 기능(Function)의 지니값 감소 수치(MeanDecreaseGini) 혹은 변수 중요성(Variable Importance)은 뒤 두 변인의 수치 합보다도 훨씬 크다는 것을 알 수 있다.

이 절에서 우리는 텔레비전 드라마에 나타난 {응}과 {어}의 사용 변이를 동일한 자료를 토대로 고정효과 로지스틱 회귀분석, 혼합효과 로지스틱 회귀분석, 조건부 추론 나무, 그리고 랜덤 포리스트를 각각 시행하고 분석 결과를 얻었다. 로지스틱 회귀분석, 조건부 추론 나무, 랜덤 포리스트 모두 {응}과 {어}의 화용적 기능이 분석 대상 변이에 가장 중요하고 강력한 변인이라는 결과를 보였지만, 다른 두 분석과는 다르게 조건부 추론 나무는 화자의 연령대와 화자의 성별이 분석 대상 변이에 유의미한 영향을 주지 않는다는 결과를 나타냈다. 여기서 우리가 기억해야 하는 것은 로지스틱 회귀분석이 좀 더 엄밀하고 정확한 수치를 제공하는 주된 통계분석이고, 조건부 추론 나무와 랜덤 포리스트는 앞서 기술한 독자적인 장점이 있음에도 불구하고 일반적으로는 보조적 역할을 하는 분석이라는 것이다. 또한 조건부 추론 나무는 많은 분류/회귀 나무를 바탕으로 자료 분석이 이루어지는 랜덤 포리스트보다 분석 결과의 정확성에서 다소 뒤지는 면이 있음도 고려해야 한다(Tagliamonte & Baayen 2012 참조). 따라서 이 절에서 행한 모든 통계분석의 결과를 종합해서 연구자는 {응}과 {어}의 화용적 기능이 분석 대상 변이에 가장 강력한 변인이고 화자의 연령대와 성별은 강도는 약하지만 통계적으로는 유의미한 영향을 보인다는 결론을 도출해 낼 수 있다.

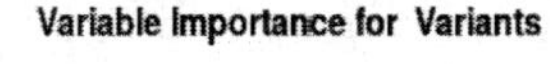

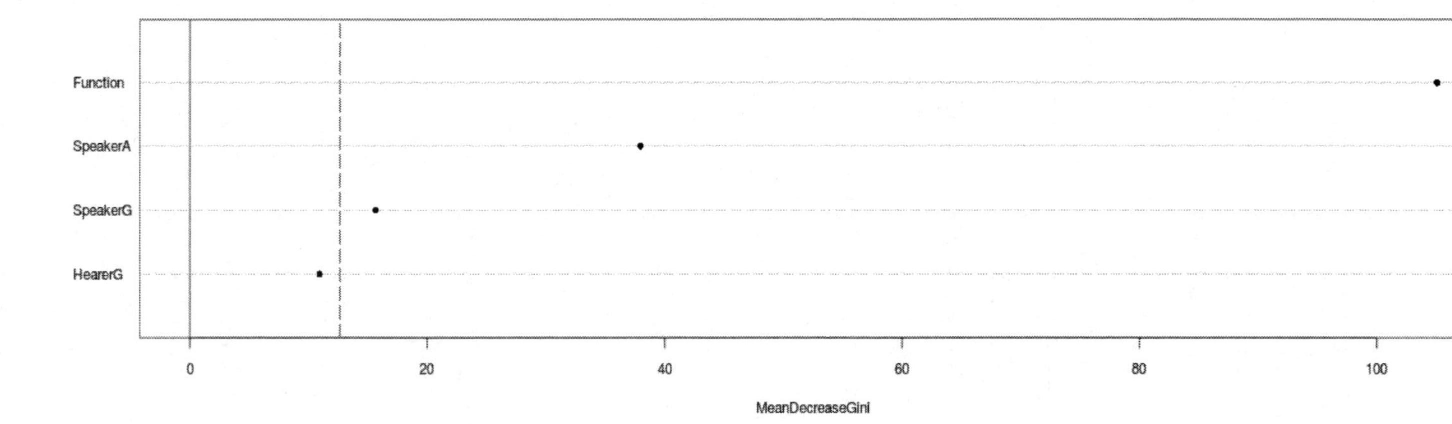

〈그림 13〉 {응}과 {어}의 사용 변이를 LVS의 랜덤 포리스트로 분석한 결과
(강현석·김민지 2022: 19 참조)
(Function: 화용적 기능; SpeakerA: 화자의 연령대;
SpeakerG: 화자의 성별; HearerG: 청자의 성별)

5. 요약과 결어

이 장에서는 먼저 조건부 추론 나무의 특성을 소개하고 이 분석 기법의 장단점을 로지스틱 회귀분석과 비교하면서 논의하였다. 조건부 추론 나무의 주요 기능으로는 자료 분류 기능, 유의미한 변인의 분석 기능, 변인 간 교호 작용의 판별 기능이 있음을 설명하였다. 이 분석 기법의 장점으로는 첫째, 조건부 추론 나무가 비모수 검정이기 때문에 모수 검정이 요구하는 자료에 대한 기본 가정을 다 충족하지 않아도 된다는 것, 둘째, 변인 수가 많고 토큰 수가 적은 자료도 비교적 효과적으로 분석할 수 있다는 것, 셋째, 토큰이 없거나 토큰 수가 적은 셀을 가진 불완전한 자료도 큰 무리 없이 분석할 수 있다는 것, 넷째, 분석 결과를 나무 구조의 그림으로 제시하여 이해하기 쉽다는 것, 다섯째, 변인 간의 교호 작용을 시각적으로 명확히 보인다는 것이었다. 또한 조건부 추론 나무의 단점으로는 첫째, 변인들의 종속변수에 대한 영향도를 구체적 수치로 보이지 않아 덜 적확하다는 것, 둘째, 변인들이 많든지 변인들의 변숫값이 다수일 때는 마디의 분지나 자료 분할이 지나치게 복잡할 수 있다는 것, 셋째, 자료가 조금만 수정되어도 나무 구조가 많이 바뀔 수 있는 불안정성이 나타날 수 있다는 것, 넷째, 골드바브의 단계적 추가/제거 분석처럼 순서 효과가 나타날 수 있다는 것이었다.

이어서 또 다른 비모수 검정인 랜덤 포리스트의 특성, 분석 과정, 그리고 장단점이 논의되었다. 먼저 랜덤 포리스트는 많은 수의 분류/회귀 나무의 분석 결과를 종합하여 최종 결과를 산출하는 앙상블 기법이라는 것을 설명하였고, 그다음 랜덤 포리스트의 자료 분석 과정을 다섯 단계로 나누어 각 단계를 소개하였다. 랜덤 포리스트는 조건부 추론 나무의 장점을 대부분 공유하고, 로지스틱 회귀분석과 대비되는 단점으로는 자료의 크기가 방대하거나 변인 수가 많을 경우 분석 시간이 다소 오래 걸릴 수 있다는 점을 지적하였다. 랜덤 포리스트가 조건부 추론 나무와 대비할 때 갖는 장점으로는, 첫째, 많은 나무의 구조를 바탕으로 자료를 종합적으로 분석하기 때문에 자료 분석의 정확도가 낫다는 것, 둘째, 조건부 추론 나무가 보일 수 있는 분석 결과의 불안정성을 나타내지 않는다는 것이고, 단점으로는 조건부 추론 나무와 달리 변인 간의 교호작용을 명시적으로 보여주지 않는다는 것이었다.

이 장에서는 또한 한국어에서의 합쇼체와 해요체 간 변이와 {응}과 {어}의 사용 변이에 대한 통계분석을 실례로 해서 LVS에서 어떻게 조건부 추론 나무와 랜덤 포리스트 분석을 수행하는지를 설명하였다. 두 분석의 결과를 로지스틱 회귀분석의 결과와 비교하고 세 유형의 통계분석 결과를 종합적으로 어떻게 해석해야 하는지에 대한 설명도 이루어졌다. 조건부 추론 나무와 랜덤 포리스트는 데이터의 주된 분석 도구로 사용할 수도 있지만 로지스틱 회귀분석을 보완하는 기능으로 사용할 수도 있다는 점 역시 지적되었다.

과제

6장의 내용을 정독한 후 책 뒤 〈종합과제〉 과제 II의 3번과 4번을 수행하라.

더 읽을거리

1. Levshina, R. (2015). *How to Do Linguistics with R: Data Exploration and Statistical Analysis* [Chapter 14. Conditional inference trees and random forests], 291-300. John Benjamins.

이 책의 14장 'Conditional inference trees and random forests'은 로지스틱 회귀분석의 비모수적 대안으로 활용될 수 있는 조건부 추론 나무와 랜덤 포리스트의 성격과 특성, R을 활용한 분석 과정, 그리고 결과 해석 방법을 설명한다. 변인 간의 교호작용이 심한 경우와 변인 수가 많고 사례수는 적은 자료에 이 두 분석의 활용이 특히 제안된다.

2. Levshina, R. (2021). Conditional inference trees and random forests. In M. Paquot & S. T. Gries (eds.), *A Practical Handbook of Corpus Linguistics*, 611-641. Springer.

저자는 이 글에서 Levshina(2015)의 내용을 더 심도 있게 기술하고 새로운 내용을 보완한다. 특히 조건부 추론 나무와 랜덤 포리스트의 알고리즘이 자세히 소개되고, 두 분석의 기본 가정이 설명되며, 이 두 분석 기법의 사용이 적절하지 않은 경우에 대한 논의도 이루어진다.

3. Smith, C. (2018). *Decision Trees and Random Forests: A Visual Introduction for Beginners*. Blue Windmill Media.

이 책은 (조건부 추론 나무를 포괄하는) 의사결정 나무와 랜덤 포리스트의 개념, 특성, 알고리즘, 그리고 두 분석 기법의 장단점을 수식을 최대한 배제하고 쉬운 글과 표현과 그림으로 소개한다.

4. Tagliamonte, S. A., & Baayen, R. H. (2012). Models, forests and trees of York English: Was/were variation as a case study for statistical practice. *Language Variation and Change* 24(2), 135-178.

이 논문에서 저자는 변이 연구의 전통적 분석 기법인 바브럴 분석에 덧붙여 혼합효과 로지스틱 회귀분석, 랜덤 포리스트, 그리고 조건부 추론 나무 분석이 함께 이루어지면, 변이 연구 자료의 통계분석이 상호보완적으로 그리고 효율적으로 이루어질 수 있음을 실례와 함께 보인다.

주석

1) 뒤에서 다시 언급하겠지만, 조건부 추론 나무와 랜덤 포리스트는 종속변수가 연속형인 경우도 분석이 가능하다.

2) 강현석·김민지(2017)의 연구에서는 '예', '네'에 관련해서 총 17개의 변이형이 발견되었는데, '예'의 하위 변이형으로는 '예'와 '옙' 두 개, '네'의 하위 변이형으로는 '네', '넵', '넹'을 포함해서 모두 15개의 변이형이 발견되었다. 이 장과 후속 장에서는 '예'와 '옙'을 총칭할 때 {예}를 사용하고 '네', '넵', '넹'과 나머지 12개의 변이형을 함께 지칭할 때는 {넵}을 사용한다.

3) 3장에서 논의했던 로지스틱 모형, 즉 '$\log(p/1-p) = \log(p_0/1-p_0) + \log(p_i/1-p_i) + \log(p_j/1-p_j) + \log(p_k/1-p_k) \cdots$'은 선형 회귀모형을 로그 함수로 변형한 형태지만, 로지스틱 모형도 종속변수는 독립변수들의 선형결합으로 모형화되어 있다.

4) 'small n large p' 자료라는 표현은 통계학에서 자주 사용된다. 여기서 'n'은 'number' 즉 토큰 수를 의미하고, p는 'predictor' 즉 변인을 의미한다.

5) 화용적 기능(Function)의 p(r) 값인 '2.2e-16'는 '2.2×10^{-16}'의 뜻이며 단순 소수로 바꾸면 '0.00000000000000022'이다(〈그림 10〉의 일곱째 줄 참조).

제7장

Rbrul을 활용한 통계 분석

1. 들어가기

앞의 두 장에서는 변이 연구 자료를 비교적 최근에 개발된 LVS를 활용해서 고정효과 및 혼합효과 로지스틱 회귀분석을 수행하는 방법과 독자적으로도 또 모수적 회귀분석을 보완하는 기능으로도 사용할 수 있는 비모수적 분석 기법인 조건부 추론 나무와 랜덤 포리스트의 분석 절차 및 결과 해석 방법에 대하여 논의하였다. 이 장에서는 LVS처럼 비교적 근래에 개발된 변이 연구를 위한 또 다른 통계분석 프로그램인 Rbrul에 대한 논의가 이루어진다, 이 프로그램의 소개, 골드바브와 LVS와의 비교, 분석 절차에 대한 기술, 그리고 분석 결과의 해석 및 보고 방법에 대한 설명이 실례를 바탕으로 해서 이 장에서 이루어진다.

2. Rbrul의 소개 및 골드바브와의 비교

Rbrul은 다니엘 에즈라 존슨(Daniel E. Johnson 2009)이 R 언어를 기반으

로 해서 작성하고 개발한 변이 연구용 통계 프로그램이다. 이름에서 알 수 있듯이, 이 프로그램은 바브럴 분석의 전통을 이으면서도 기존 바브럴 프로그램의 약점을 보완하려는 목적을 갖는다. Rbrul은 두 종류가 있는데, 첫째 유형은 텍스트를 바탕으로 한 프로그램이고, 둘째는 LVS처럼 웹을 기반으로 하고 그래픽을 상당 부분 포함해서 좀 더 사용자 친화적으로 만든 샤이니 앱(Shiny App) 유형이다. 전자는 2000년대 말에, 후자는 2010년대 중후반에 개발되었다. Rbrul도 골드바브와 마찬가지로 공개 소프트웨어이며 전통적 바브럴 프로그램과 R을 활용한 통계분석의 교량 역할을 자임하고 있다. 이 장에서는 좀 더 최근 버전이고 사용자가 더 쉽게 사용할 수 있는 샤이니 앱 유형의 Rbrul 활용에 초점을 맞추어 설명한다.

골드바브에 대비한 Rbrul의 장점은 다음과 같다. 첫째, Rbrul은 골드바브와 달리 혼합효과 회귀분석이 가능하다. 앞서 기술하였듯이, 변이 연구의 자료는 여러 화자로부터 수집되어 동일한 성별, 계층, 연령대의 하위 집단 내에서도 유의미한 개인 간 변이가 나타날 수 있어서, 개인 화자 효과를 포함한 혼합효과 모델을 토대로 회귀분석이 가능하다는 것은 큰 장점이 된다[1]. 둘째, Rbrul은 골드바브와는 달리 세 개 이상의 변이형을 갖는 범주형 종속변수와 연속형 종속변수도 분석이 가능하며 연속형 독립변수도 분석이 가능하다. 따라서 Rbrul은 분석 가능한 변수의 유형과 폭에서 상당한 개선을 이뤄냈다고 할 수 있다. 셋째, 독립변수 혹은 변인 간의 교호작용을 바로 검정하는 것이 골드바브에서는 가능하지 않지만 Rbrul에서는 두 변인 간의 교호작용이라는 제한점은 있지만 분석이 가능하다. 넷째, 골드바브의 토큰 파일을 작성할 때는 항상 한 철자나 기호 혹은 부호로 된 약어(abbreviation)를 사용해서 자료 코딩을 해야 하지만, Rbrul에서는 약어가 아닌 전체 단어 혹은 표현을 사용할 수 있어서 자료, 즉 데이터 파일을 이해하는 것이 용이하다는 것이 또 다른 장점이다. 마지막으로 Rbrul 분석은 혼합효과 회귀분석을 할 때는 시간이 다소 소요되지만 고정효과 회귀분석을 할 때는 골드바브보다 걸리는 시간이 짧다는 장점도 지닌다.

골드바브에 대비되는 Rbrul의 단점은 LVS와 마찬가지로 토큰에 결측값이 있을 때 그 토큰을 자료로 사용할 수 없다는 점이다. 앞서 기술하였듯이, 변이 연구의 자료에는 소음, 불명확한 발음, 제보자의 비협조 등 여러 가지 이유로 관측치에 결측값이 흔히 나타나므로 이는 골드바브의 주목할 만한 장점이라고 할 수 있다.

3. LVS와 Rbrul의 회귀분석 비교

Rbrul과 LVS를 활용한 회귀분석은 같은 회귀분석이지만 다음과 같은 점에서 차이가 있다. 먼저, LVS의 회귀분석은 독립변수의 변숫값이 종속변수에 주는 영향을 회귀계수(coefficients/estimates)로만 산정하지만, Rbrul은 회귀계수(로지스틱 회귀분석의 경우 로그오즈(log odds)라고도 불림)와 함께 요인 확률(factor weight)도 함께 제공한다. 따라서 바브럴 프로그램으로 분석된 많은 전통적 변이 연구의 통계 분석 결과와 Rbrul의 분석 결과를 직접 비교하는 것이 가능하다. Rbrul의 분석 결과는 두 가지 유형, 즉 Rbrul 유형과 R 유형으로 화면 출력이 가능한데, 요인 확률은 둘 중 디폴트 옵션인 Rbrul 유형에서 제공된다(〈그림 1〉 참조). 〈그림 1〉은 카카오톡 대화에서의 해요체(y)와 합쇼체(s)의 사용 변이를 Rbrul로 분석한 결과인데, Cerem(발화의 의례성), Gender(발화자의 성별), SentType(발화문의 문형) 그리고 UtterSitu(발화상황)이 회귀분석 모델에 포함되어 있고, 결과에는 회귀계수(logodds)와 더불어 요인 확률(factor.weight)도 제시되어 있다.

```
model.basics
 total.n df intercept input.prob grand.proportion
    2150  7    -0.548      0.366            0.362

model.fit
 deviance      AIC      AICc Somers.Dxy    R2
 1899.876 1913.876 1913.928       0.699 0.57

Cerem
  logodds    n proportion factor.weight
c   0.842  439      0.576         0.699
n  -0.842 1711      0.307         0.301

Gender
  logodds    n proportion factor.weight
m   1.093  891      0.598         0.749
f  -1.093 1259      0.195         0.251

SentType
  logodds    n proportion factor.weight
v   2.245 1632     0.4600         0.904
o   0.631   75     0.1200         0.653
r  -1.326  229     0.0611          0.21
q  -1.550  214     0.0280         0.175

UtterSitu
  logodds    n proportion factor.weight
p   1.327   62      0.742          0.79
b  -1.327 2088      0.351          0.21
```

〈그림 1〉 카카오톡 대화에서의 해요체와 합쇼체 사용에 대한 Rbrul 분석 결과(s: 합쇼체; y: 해요체)[적용가는 합쇼체]

둘째, LVS에서는 연구자가 관심 있는 두 변인 간의 교호작용을 지정해서 분석하는 것이 불가능하지만, Rbrul은 두 변인 간만의 교호작용을 분석하여 결과를 제공하기 때문에 상대적으로 이해하기 쉽다는 장점을 갖는다. 이 기능은 특히 CIT의 분석 결과처럼 자료의 특성과 변인 간의 관계를 탐색하는 데 도움이 된다.

Rbrul과 LVS는 또한 입력 자료로 허용하는 데이터 파일의 유형에서 다르다. LVS가 엑셀 파일과 CSV 파일 모두를 업로드해서 분석할 수 있는데 반해서, Rbrul은 둘 중 CSV 파일의 업로드와 분석만이 가능하다(참고로, 앞서 언급했듯이 CSV 파일의 작성은 엑셀로 데이터 파일을 작성한 후 CSV 파일로 저장하는 것이 일반적이다). 반면에 Rbrul은 작성된 바브럴 토큰 파일이 있다면 헤더 부분을 제거 후 이 토큰 파일을 자료 파일로 바로 사용할 수 있다.

두 통계 프로그램의 또 다른 차이는 LVS에서는 회귀분석을 할 때 변인이 명목형 변수인 경우 기준가(reference level/baseline) 선택이 알파벳 순서로 가장 빠른 철자로 시작하는 변숫값이 자동적으로 선택되는 반면, Rbrul에서는 사용자가 기준가를 임의로 선택하는 것이 가능하다는 것이다. 따라서 Rbrul에서는 종속변수에 대한 영향에 관해 독립변수의 개별 요인 혹은 변숫값들을 비교하는 것이 LVS에서보다 좀 더 효과적으로 이루어질 수 있다(Rbrul에서 기준가의 임의 선택이 이루어지지 않는 경우, 알파벳 순서로 가장 늦은 철자로 시작하는 변숫값이 디폴트로 기준가로 선택된다).

```
Call:
glm(formula = as.formula(form$form), family = binomial,
    ii)), envir = globalenv()))

Coefficients:
            Estimate Std. Error z value Pr(>|z|)
(Intercept)  0.70403    0.10934   6.439  1.2e-10 ***
AgeGrp.h    -0.69768    0.07245  -9.630  < 2e-16 ***
AgeGrp.i     0.96972    0.06740  14.387  < 2e-16 ***
AgeRele     -0.18545    0.13802  -1.344   0.1791
AgeRelu     -0.33661    0.13564  -2.482   0.0131 *
---
Signif. codes:  0 '***' 0.001 '**' 0.01 '*' 0.05 '.' 0.1

(Dispersion parameter for binomial family taken to be 1)

    Null deviance: 2815.4  on 2149  degrees of freedom
Residual deviance: 2563.3  on 2145  degrees of freedom
AIC: 2573.3
```

〈그림 2〉 Rbrul을 활용한 카카오톡 대화에서의 해요체(y)와 합쇼체(s)의 변이 분석에서 회귀모델에 AgeGrp(연령대)과 AgeRel(연령 관계) 변인만을 시험적으로 포함해서 분석한 예

예를 들어 특정 변인의 변숫값이 a, b, c, d 넷인 경우(혹은 a, b c, d로 시작하는 경우), LVS에서는 자동적으로 기준가가 a가 되고, 회귀분석에서 이루어지는 비교 쌍은 a-b와 a-c와 a-d로 고정되는 반면, Rbrul에서는 a, b, c, d 중 어느 것도 기준가로 지정할 수 있으므로 원하는 변숫값 쌍들의 비교 분석을 선택적으로 할 수 있다. 〈그림 2〉는 Rbrul의 시험적 분석의 결과를 R 유형으로 화면 출력한 내용의 일부이다. AgeGrp(연령대)은 l(저), i(중), h(고)라는 세 변숫값을 갖고, AgeRel(연령관계)은 d(상→하), e(동등), u(하→상)의 세 변숫값을 갖는다. AgeGrp(연령대)의 경우 l(저)을, AgeRel(연령관계)는 d(상→하)를 각각 기준가로 임의로 선택 후 분석했기 때문에, 연령대의 경우 l(저)에 대한 i(중)과 h(고)의 영향도(즉 회귀계수)가, 연령 관계의 경우 d(상→하)에 대한 e(동등)와 u(하→상)의 상대적 영향도가 산정되어 있는 것을 그림에서 볼 수 있다.

4. Rbrul 사용법과 분석의 실례

이 절에서는 Rbrul을 활용하는 데 필요한 절차를 먼저 소개하고, 이어서 구체적으로 분석실례를 들면서 Rbrul의 이항 로지스틱 회귀분석과 삼항 로지스틱 회귀분석의 수행 방법과 분석된 결과를 해석하는 방법을 논의한다. 앞 장에서 논의했던 혼합효과 회귀분석의 절차 및 결과 해석에 대한 논의도 다시 이루어진다. 그리고 마지막으로 Rbrul의 분석 결과를 연구 논문에 적절히 보고하는 방법을 소개한다.

4.1. Rbrul 활용을 위한 절차

Rbrul을 사용하려면 먼저 R 프로그램이 컴퓨터에 설치되어 있어야 한다. 잘 알려져 있듯이 R은 공개 소프트웨어이고 윈도즈용, 매킨토시용, 리눅스용 세 종류가 있다. 윈도즈 용 소프트웨어는 https://cran.r-project.

org 사이트에서 윈도즈 용을 선택해서 설치하면 된다. 집필 현재 최신 버전은 R-4.4.1이다.

Rbrul 프로그램은 플레인 텍스트 파일(plain text file)로 구성되어 있다. 이 텍스트 파일은 아래 'source'라는 명령어 뒤에 명기된 웹사이트에 존재한다. R이 설치된 컴퓨터에서 R을 연 후, 프롬프트에서 아래 명령어를 주면 R 환경에 Rbrul 프로그램 사용에 필요한 여러 가지 패키지(package)를 가져올 수 있다(집필 현재 Rbrul의 현재 버전은 3.1.7이고 패키지의 수는 15개이다).

```
〉 source("http://www.danielezrajohnson.com/Rbrul.R")
```

패키지들을 R 환경에 성공적으로 불러오면 R 콘솔(입출력 장치) 창에 다음과 같은 안내문이 나타난다.

```
To run classic Rbrul, type oldbrul().
To run Shiny Rbrul, type rbrul().
```

샤이니 앱 유형의 Rbrul을 사용하기 위해서는 위의 안내문처럼 프롬프트에서 아래 명령어를 주면 된다.

```
〉 rbrul()
```

그러면 컴퓨터에 디폴트로 설정된 웹브라우저에서 샤이니 앱 Rbrul의 시작 창이 열린다. 화면을 보면 크게 3가지 창이 있는데, 〈그림 3〉은 가독성을 위해서 오른쪽 창은 제외하고 왼쪽 창과 가운데 창을 보여준다. 왼쪽 창은 분석 대상인 자료 파일에 관한 창인데, 자료 파일의 유형을 선택하고 파일을 업로드할 수 있다. 자료 파일은 5장의 〈그림 3〉 같은 CSV 파일을 작성하면 되고[2], 왼쪽 창에 있는 'Select data'(파일 선택하기)에서 작성한 파일을 불러오면 된다. 데이터 파일이 5장의 〈그림 3〉같이 열 이름(column heading)이 있고 쉼표로 분리된 CSV 형식이면 왼쪽 창의 나머지 옵션들은 디폴트 상태로 두면 된다. 만약 자료 분리 기호(Separator character)가 쉼표가 아닌 경우에는 해당 기호를 선택해야 하며, 자료 파일에 열 이름이 없는 경우에는 'file has column headings'의 체크 표시를 없애면 되는데, 이런 경우 Rbrul은 V1, V2, V3... 방식으로 열 이름(변수1, 변수2, 변수3...)을 부여한다. 만일 자료 파일이 CSV 파일이 아닌 골드바브의 토큰 파일이면 'token file from Goldvarb days'에 체크 표시를 하면 된다.

가운데 창은 세 하위 창으로 구성되는데, 'response'는 종속변수를 지칭하고, 'current predictors'는 회귀모델에 변인(predictors)으로 포함된 독립변수들을 의미하며, 'potential'은 현(現) 회귀모델에 추가할 수 있는 잠재적(potential) 변인을 지칭한다. 참고로 왼쪽 창의 상단 오른쪽에 있는 'Help' 탭을 클릭하면 Rbrul 회귀분석을 수행하는 데 그리고 종속변수와 변인의 변숫값을 재코딩하는 데 도움이 되는 설명과 참조 사항을 볼 수 있다.

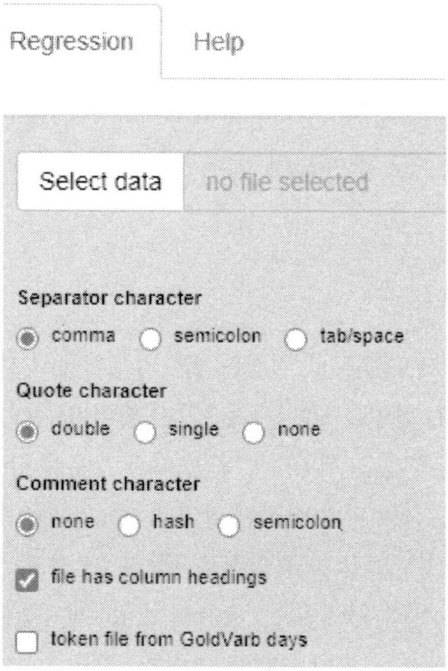

〈그림 3〉 샤이니 앱 유형인 Rbrul의 시작 화면 중 왼쪽 창(위)과 가운데 창(아래) 모습

4.2 {응}과 {어}의 사용 변이 분석

4.2.1. 이항 로지스틱 회귀분석

자 그러면 예시를 통해서 Rbrul의 사용 방법을 구체적으로 살펴보자. 이 소절에서는 앞서 4장과 6장에서 살펴보았던 감탄사 {응}과 {어}의 사용 변이를 Rbrul을 사용해서 다시 분석해 본다. 앞서 언급했듯이 {응}과 [어]의 사용 변이 연구는 텔레비전 드라마의 영상 발화를 주 자료로 분석이 이루어졌으며, Rbrul에서도 LVS처럼 결측값이 있는 토큰은 분석이 불가능해서, 이들을 제외한 1,725개의 토큰을 바탕으로 분석이 이루어진다.

먼저 예시 중인 {응}과 {어}의 자료 파일을 업로드하면 나타나는 Rbrul 화면의 세 창 중 왼쪽 창의 윗부분 모습은 〈그림 4〉와 같다. 그림 상단에 업로드된 자료 파일(EungEo-speech(Rbrul).csv)이 보이고, 그 아래에는 종속변수인 'Variant'(변이형)와 독립변수 혹은 변인인 'Function'(화용적 기능)이 보인다(실제 화면에서는 다른 변인들인 SpeakerG(화자의 성별), SpeakerA(화자의 연령대), HearerG(청자의 성별), Drama(드라마 명)도 각각 나타난다.).

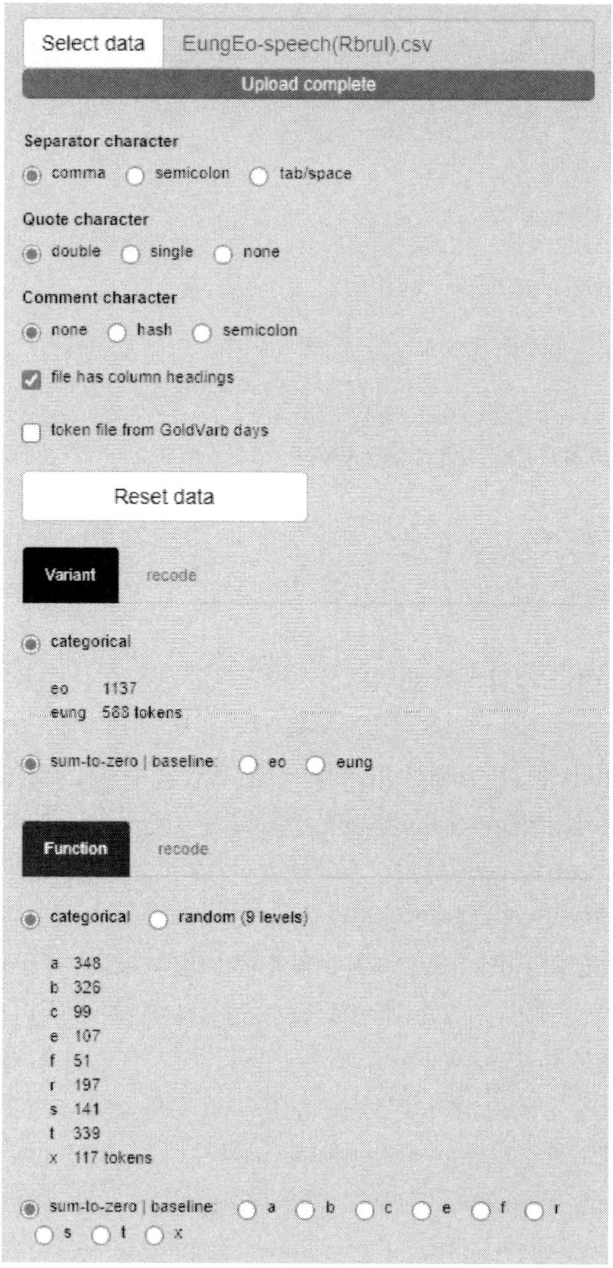

Select data EungEo-speech(Rbrul).csv

Upload complete

Separator character

comma semicolon tab/space

Quote character

double single none

Comment character

none hash semicolon

file has column headings

token file from GoldVarb days

Reset data

Variant recode

categorical

eo 1137
eung 588 tokens

sum-to-zero | baseline: eo eung

Function recode

categorical random (9 levels)

a 348
b 326
c 99
e 107
f 51
r 197
s 141
t 339
x 117 tokens

sum-to-zero | baseline: a b c e f r s t x

〈그림 4〉 자료 파일 업로드 후 나타나는 Rbrul 화면의 왼쪽 창 일부

변수 이름 밑에는 변수의 유형과 자료 파일에서 분석된 각 변숫값과 각 변숫값의 빈도 혹은 토큰 수가 또한 주어진다. 예를 들어, 종속변수의 경우 'eo'{어}가 1,137개, 'eung'{응}이 588개임을 보여준다. 변인이 명목형(categorical)인 경우에는, 이 창에서 기준가를 평균가(sum-to-zero)로 할지 아니면 특정 변숫값(baseline)으로 할지도 선택할 수 있다. 바브럴 분석이 제공하는 요인 비중을 얻기 위해서는 기준가를 'sum-to-zero'(평균가)로 선택해야 한다. 이 창에서는 또한 변인이 명목형이면서 변숫값(levels)이 5개 이상인 경우에는 이 변인을 고정 변수로 분석할지 아니면 임의(random) 변수로 분석할지를 선택할 수 있다(〈그림 4〉의 'Function'(기능) 변인 참조). 후자를 선택하는 경우는 'categorical' 대신 'random'을 선택하면 된다. Rbrul 화면의 왼쪽 창에서는 재코딩도 할 수 있는데, 재코딩(recode) 탭은 변수 이름의 오른쪽에 위치한다. 재코딩 탭에서는 코딩 변경, 코딩 합병, 토큰 제외 등의 기능을 수행할 수 있다(앞서 언급한 왼쪽 창 상단의 'Help' 탭을 누르면 나타나는 내용 중 'Recoding' 부분 참조). 재코딩한 내용을 되돌리려면 〈그림 4〉의 중간에 위치한 'Reset data'(데이터 복원) 탭을 누르면 된다.

〈그림 5〉 {응}과 {어}의 자료 파일 업로드 후 나타난 Rbrul 화면의 가운데 창 모습

자료 파일이 업로드되면 중간 창에도 변화가 생겨서 자료 파일에 포함되어 있는 변수들이 중간 창의 오른쪽 하위 창에 나타나게 된다(〈그림 5〉 참조). 명목형 변수는 속이 찬 사각형(filled square), 연속형 변수는 속이 찬 원(filled circle), 임의 변수는 빈 원(unfilled circle)으로 나타난다. 비었다는 뜻은 화면의 바탕색 이외의 색으로 채색이 안 되었다는 의미며, 속이 찼다는 의미는 바탕색 외의 색으로 채워져 있다는 뜻이다. 〈그림 5〉에서는 종속변수인 V(변이형)와 독립변수인 F(화용적 기능), SG(화자의 성별), SA(화자의 연령대), H(청자의 성별)가 명목형 변수이고, D(드라마명)가 임의 변수로 설정되어 있음을 알 수 있다. 참고로 Rbrul의 가운데 창에서는 변수 이름의 첫 글자로 변수를 표시하는 것이 디폴트이며, 변수의 첫 글자가 같은 경우 프로그램은 자동적으로 글자 하나를 추가해서 변수들을 구별한다.

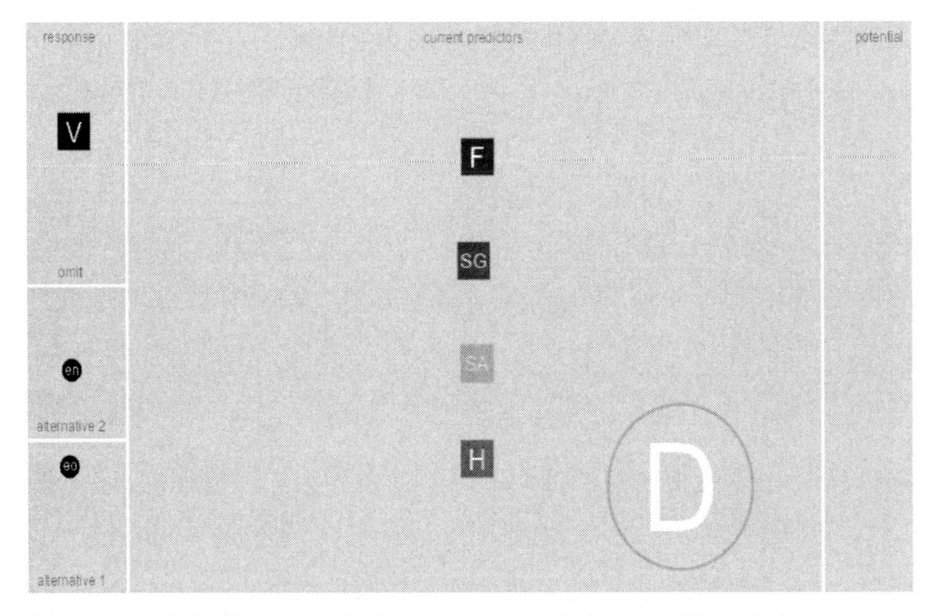

〈그림 6〉 {응}과 {어} 변이의 종속변수는 'response' 영역으로, 고정 변수와 임의 변수는 'current predictors' 영역으로 끌어 배치한 후 나타나는 Rbrul의 가운데 창 모습

자료 파일 업로드 후 회귀분석을 시행하려면 종속변수는 'response' 하

위 창으로, 독립변수와 임의 변수는 'current predictors' 하위 창으로 마우스를 사용해서 끌어와야(drag) 한다. 변수들을 해당 하위 창으로 끌어오면 가운데 창은 〈그림 6〉과 같은 모습으로 바뀐다. 다른 변수들의 크기는 변화가 없지만, 임의 변수의 원은 'current predictors' 영역으로 들어가면 크기가 훨씬 커진다(〈그림 6〉 참조). 종속변수가 명목형이면 변이형(alternatives)이 종속변수 아래 나타난다. 여기서는 'alternative 1'(eo, 어)과 'alternative 2'(en, 응)가 변이형이다[3].

Rbrul의 사용 방법을 설명하기 위해서 여기서는 'Drama'(드라마명)을 임의 변수로 넣었지만, 앞서 6장 4절에서 보인 바처럼 {응}과 {어}의 변이 분석에서 임의 변수를 회귀모델에 포함한 혼합효과 회귀모델을 꼭 채택할 필요는 없다. 그 이유는 6장에서 설명한 대로 회귀모델의 분석 대상 자료에 대한 적합도를 보여주는 AIC 수치가 혼합 모델을 채택해도 개선 효과가 없었기 때문이다(고정효과 모델 2030.6, 혼합효과 모델 2032.6)). Rbrul의 혼합효과 회귀분석의 결과는 〈그림 7〉에 주어진다.

```
      AIC       BIC    logLik deviance df.resid
   2032.6    2119.8   -1000.3   2000.6     1709

Scaled residuals:
    Min      1Q  Median      3Q     Max
-1.3578 -0.7740 -0.3689  0.9843  3.8853

Random effects:
 Groups Name        Variance Std.Dev.
 Drama  (Intercept) 0        0
Number of obs: 1725, groups:  Drama, 5

Fixed effects:
              Estimate Std. Error z value Pr(>|z|)
(Intercept) -0.2776337  0.1641279  -1.692 0.090728 .
Functionb   -0.5378145  0.1628061  -3.303 0.000955 ***
Functionc   -0.8151640  0.2556413  -3.189 0.001429 **
Functione   -0.4875613  0.2340314  -2.083 0.037222 *
Functionf   -1.5255019  0.4032880  -3.783 0.000155 ***
Functionr    0.3102973  0.1851297   1.676 0.093717 .
Functions    0.2893432  0.2093057   1.382 0.166850
Functiont   -2.0470557  0.2146465  -9.537  < 2e-16 ***
Functionx   -0.3518521  0.2222743  -1.583 0.113430
HearerGm     0.1549413  0.1110729   1.395 0.163031
SpeakerA2   -0.0006573  0.1734750  -0.004 0.996977
SpeakerA3    0.1754209  0.1598152   1.098 0.272358
SpeakerA4    0.1543320  0.1783861   0.865 0.386953
SpeakerA5    0.7344554  0.2062155   3.562 0.000369 ***
SpeakerGm   -0.3896932  0.1182705  -3.295 0.000984 ***
---
Signif. codes:  0 '***' 0.001 '**' 0.01 '*' 0.05 '.' 0.1
```

〈그림 7〉 Rbrul을 사용해서 {응}과 {어}의 변이를 혼합효과 모델로 분석한 결과

앞서 언급한 대로 Rbrul의 분석 결과는 Rbrul 형식과 R 형식의 두 유형으로 화면에 불러올 수 있다(두 유형 중 선택은 Rbrul 화면의 오른쪽 창(〈그림 8〉 참조)에서 할 수 있다). 〈그림 7〉에 주어진 결과는 앞선 3절의 〈그림 1〉과 달리 Rbrul 형식이 아닌 R 형식으로 되어 있다. 그림에 주어진 결과는 6장의 〈그림 11〉과 거의 동일한 것을 알 수 있는데[4], 이는 LVS와 Rbrul은 모두 R의 기능을 활용해서 회귀분석을 하기 때문이다(LVS와 Rbrul의 결과 비교가 쉽도록 Rbrul 분석에서도 기준가를 알파벳 상에서 가장 빠른 철자나 가장 작은 숫자로 시작하는 변숫값으로 지정하였다). 두 결과에서 모두 'HearG(청자의 성별)를 제외한 {응}과 {어}의 화용적 기능(Function), 화자의 성별(SpeakerG), 화자의

연령대(SpeakerA)가 분석 대상 변이에 유의미한 영향을 주는 변인으로 분석되었다. 같은 결과가 Rbrul 혼합효과 회귀분석의 결과 중 일부인 변인 유의도(p.value) 표(〈그림 8〉의 아래 상자)에도 나타난다.

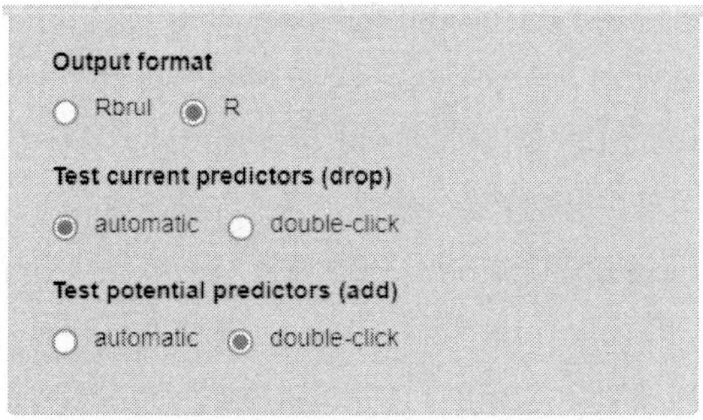

Output format

○ Rbrul ◉ R

Test current predictors (drop)

◉ automatic ○ double-click

Test potential predictors (add)

○ automatic ◉ double-click

```
$current.predictors
           df AIC.if.dropped  p.value
1 Function  8        +165.29 5.51e-35
4 SpeakerG  1          +7.72 1.82e-03
3 SpeakerA  4          +7.15 4.40e-03
2  HearerG  1          -0.05    0.163
```

〈그림 8〉 (Rbrul 화면의 오른쪽 창에 나타나는) {응}과 {어} 변이의 잠재적 변인들의 유의도(아래 상자의 p.value)와 회귀분석 결과의 화면 출력 방식을 선택하는 부분(윗 상자 맨 위)

예시 중인 {응}과 {어} 간 변이의 분석을 드라마명(Drama)을 임의 변수로 하는 혼합효과 모델이 아니라 고정효과 모델로 분석하려면 드라마명 변인(D)을 〈그림 6〉의 'current predictors'(현 회귀모델에 포함된 변인들)에서 제외하면 된다.

4.2.2. 다항 로지스틱 회귀분석

변이 연구에서 변이형의 수가 둘(a, b)이든지 아니면 앞 소절에서 논의했던 {응}과 {어}의 예처럼 두 부류(A(a, b, c), B(d, e, f))로 나누어 분석하는 것이 항상 가능한 것은 아니다. 앞서 언급했던 영어 관계사의 경우처럼 'wh어, *that*, 생략(ø)'의 세 유형의 변이형이 나타나는 경우도 있고, 넷 이상의 변이형 부류를 가진 종속변수도 있을 것이다. 이러한 유형의 범주형 종속변수에 대한 변인들의 영향을 점검하는 통계 기법을 다항 로지스틱 회귀분석(multinomial logistic regression)이라고 한다.

다항 로지스틱 회귀분석은 종속변수의 변숫값 중 하나를 기준가로 해서 이항 로지스틱 회귀분석이 동시에 여러 차례 시행되는 검정으로 볼 수 있다. 다항 회귀분석의 이항 회귀분석에 대한 단점은 결과 해석이 다소 더 어렵고 모호할 수 있다는 점이다. 따라서 결과 해석 시 이항 회귀분석보다 더 주의가 필요하다. Rbrul과 LVS에서는 골드바브와 달리 다항 로지스틱 회귀분석이 가능한데, LVS와 Rbrul의 다항 회귀분석은 알고리즘이 다소 다르며, Rbrul을 이용한 다항 회귀분석의 결과가 상대적으로 이해하기 용이하다.

이 소절에서는 삼항 로지스틱 회귀분석(trinomial logistic regression)을 예로 해서 Rbrul의 다항 로지스틱 회귀분석의 절차를 살펴보도록 한다. 분석의 대상은 다시 국어 감탄사 '응'과 '어'의 사용에 나타나는 변이이다. 이 책의 4장 2절에서 보았듯이, {어}는 총 5개의 하위 변이형 그리고 {응}은 총 4개의 하위 변이형으로 구성되어 있으며, 결측값이 포함된 토큰을 제외하면 전체 토큰의 수는 1,725개였다. 그런데 '어'의 토큰이 752개(43.5%), '응'의 토큰이 443개(25.7%), 그리고 '어어'의 토큰이 307개(17.8%)로 나타나서 전체 사례의 87%를 차지하였고, 나머지 6개 변이형의 토큰은 전체의 13%에 불과하였다. 따라서 세 주요 변이형인 '어, 응, 어어'를 종속변수의 변숫값으로 해서 이 세 변이형 간 변이에 어떤 변인들이 유의미한 영향을 주는지를 분석하고 이들의 변이 양상을 비교해 보는 것도 의미가 있다고 할 수 있다.

Rbrul을 사용해서 삼항 로지스틱 회귀분석을 하려면, 먼저 자료 파일을 업로드(〈그림 9〉의 첫 줄 참조)하고 9개 변이형의 재코딩 작업을 수행해야 한다. 'recode'(재코딩) 버튼(〈그림 9〉의 밑에서 6줄 참조)을 누른 후 총 9개의 하위 변이형 중 3개의 변이형('어, 응, 어어')을 제외한 나머지 변이형은 기존 변숫값을 지우고 빈칸으로 남기면 이 변이형들의 토큰은 분석 대상에서 제외된다. 'recode' 작업 후에는 다시 해당 변수의 버튼(여기서는 'Variant')을 눌러주어야 한다. 그러면 재코딩 후 남아있는 변이형들('eo, eoeo, eung')과 토큰 수가 〈그림 9〉(밑에서 4줄~2줄)처럼 나타난다.

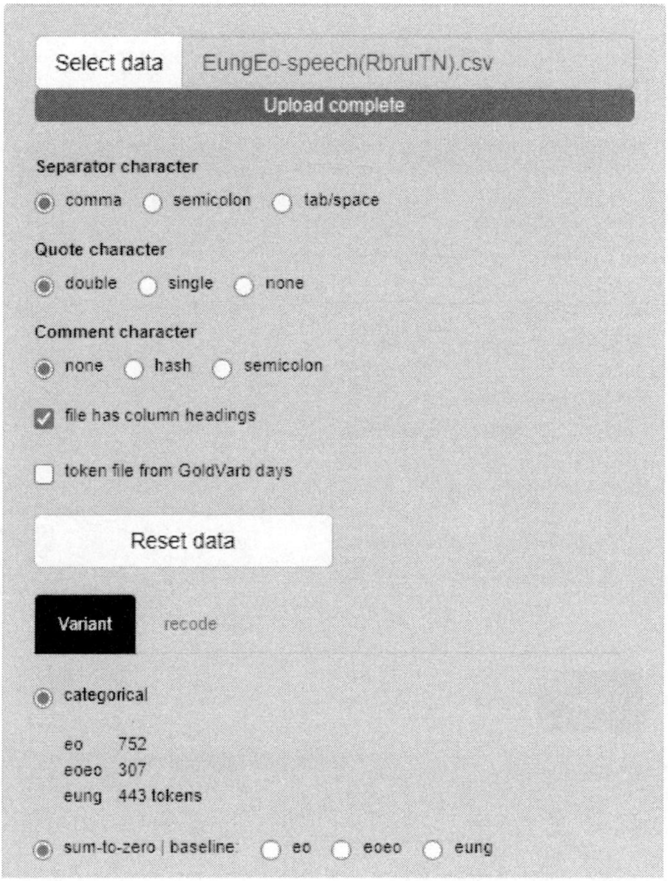

〈그림 9〉 자료 파일 업로드 후 종속변수인 'Variant'의 재코딩(recode) 작업 수행 후에 나타난 화면

이어서 종속변수(여기서는 V(ariant))를 가운데 창의 오른쪽 하위창(potential)에서 왼쪽 창(response)으로 끌어오면(〈그림 5〉와 〈그림 6〉 참조),

Rbrul은 종속변수가 V(ariant)인 것을 인식하고 〈그림 9〉의 맨 아랫줄이 〈그림 10〉 윗 그림의 맨 끝줄처럼 바뀐다. 여기서 프로그램에 디폴트로 '2(binary)'로 설정되어 있는 것을 현 분석의 변이형 수인 '3'으로 바꾼다(〈그림 10〉 윗 그림의 끝 두 줄 참조). 그러면 Rbrul의 가운데 창도 〈그림 10〉의 아래 그림처럼 변하게 된다.

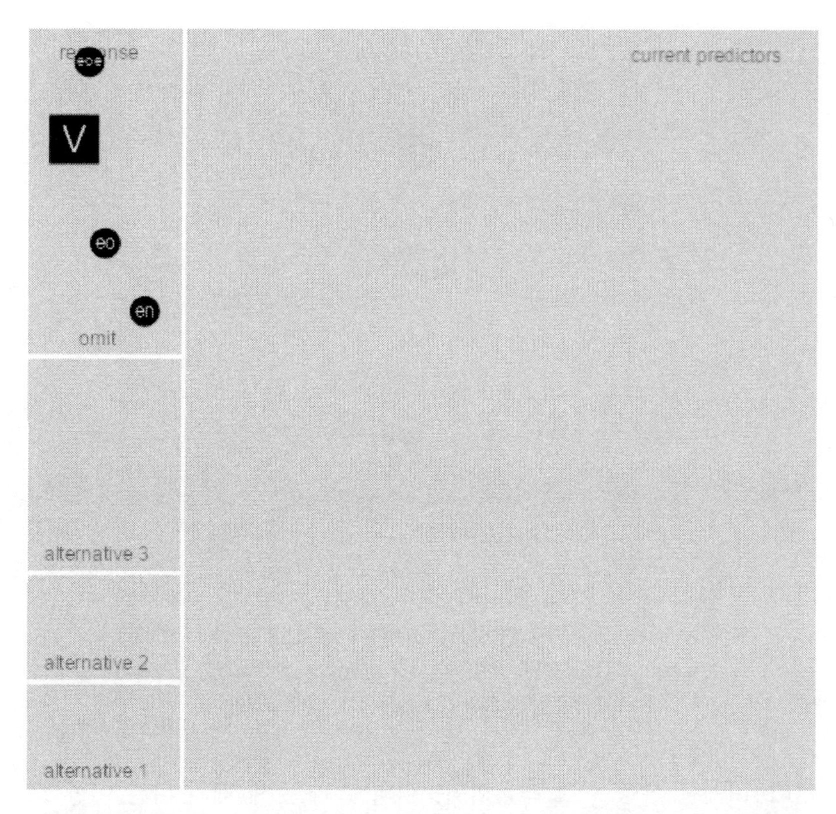

〈그림 10〉 종속변수(Variant)를 가운데 창의 'response' 하위 창으로 옮기고 왼쪽 창 종속변수(Variant)의 'Number of alternatives'(변이형 수)를 '3'으로 설정하면 나타나는 화면

그다음에는 가운데 창의 'response'(종속변수) 하위 창에 있는 세 변이형(여기서는 'eo, eoeo(그림에서는 'eoe'), eung(그림에서는 'en')을 'alternative 1', 'alternative 2', 'alternative 3' 상자 중 하나에 각각 끌어(drag) 옮긴다(〈그림 11 참조〉). 그리고 독립변수들(여기서는 F(화용적 기능), SG(화자의 성별), SA(화자의 연령대), H(청자의 성별)을 'current predictors' 하위 창으로 끌어서 옮긴다. 이항 로지스틱 회귀분석에서 임의 변수로서 유의미하지 않다고 분석된 D(드라마명)는 회귀모델이 과도하게 복잡해질 수 있으므로 여기서는 분석에 포함하지 않았다.

〈그림 11〉 종속변수(V)의 변이형들을 'alternative' 칸에 끌어넣고 변인들을 'potential'(잠재 변인) 하위 창에서 'current predictors'(현 모형에 포함된 변인) 하위 창에 넣은 후에 나타난 화면

Rbrul에서 삼항 로지스틱 회귀분석의 결과는 세 개의 다른 이항 로지스틱 회귀분석 결과의 형태로 주어진다(〈그림 12, 13, 14〉 참조). 첫 번째 분석은 'eo'(어)를 적용가로 하고 나머지 두 변이형은 합쳐서 분석한 것이고, 둘째와 셋째는 'eoeo'(어어)와 'eung'(응)을 각각 적용가로 하고 나머지 두 변이형을 통합해서 분석한 것이다. 앞서 살펴본 이항 로지스틱 회귀분석의 결과와 비교하기 위해서 결과 양식(Output format)은 R 양식이 선택되었다.

〈그림 12〉, 〈그림 13〉, 〈그림 14〉의 아래 상자를 보면, 세 분석 모두에서 'Function'(화용적 기능)과 'SpeakerG'(화자의 성별)는 종속변수에 유의미한 영향을 미치는 변인으로 분석되었고, 'SpeakerA'(화자의 연령대)는 두 분석에서 유의미한 변인으로 나타났으며, HearerG(청자의 성별)의 종속변수에 대한 영향은 어느 분석에서도 유의미하지 않다고 분석되었다. 특히

'Function'(화용적 기능)의 영향은 다른 변인보다 월등히 강하다고 분석되었는데, 이는 이 변인이 회귀모델에서 제외될 경우의 AIC 값(AIC.if.dropped)이 각각 130.59(〈그림 12〉 참조), 212.19(〈그림 13〉 참조), 178.11(〈그림 14〉 참조)이나 커질 것이라고, 즉 자료에 대한 모델 적합도 혹은 자료 설명도(說明度)가 나빠질 것이라고 분석되었기 때문이다. 세 분석에서 모두 유의미한 변인으로 분석된 'SpeakerG'(화자의 성별)의 경우에는 이 수치가 각각 12.4, 3.0, 3.78에 불과했으며, 'SpeakerA'(화자의 연령대)의 경우에는 이 변인이 종속변수에 유의미한 결과를 나타낸 두 분석에서 18.47(〈그림 12〉 참조)과 14.42(〈그림 13〉 참조)의 미약한 수치를 보였기 때문이다.

```
Call:
glm(formula = as.formula(form$form), family = binomial,
    ii)), envir = globalenv()))

Coefficients:
            Estimate Std. Error z value Pr(>|z|)
(Intercept)  -0.5589     0.1712  -3.265 0.001093 **
Functionb     0.2248     0.1829   1.229 0.219097
Functionc     0.8986     0.2480   3.623 0.000291 ***
Functione     1.3693     0.2462   5.561 2.68e-08 ***
Functionf    -0.9026     0.5114  -1.765 0.077590 .
Functionr     0.5483     0.1983   2.765 0.005699 **
Functions     0.5577     0.2243   2.486 0.012906 *
Functiont     1.7603     0.1824   9.651  < 2e-16 ***
Functionx     0.7189     0.2439   2.948 0.003198 **
HearerGm     -0.1145     0.1128  -1.015 0.310191
SpeakerA2    -0.2167     0.1681  -1.289 0.197431
SpeakerA3    -0.2460     0.1593  -1.544 0.122557
SpeakerA4    -0.1878     0.1774  -1.059 0.289658
SpeakerA5    -1.1187     0.2255  -4.961 7.02e-07 ***
SpeakerGm     0.4518     0.1197   3.773 0.000161 ***
---
Signif. codes:  0 '***' 0.001 '**' 0.01 '*' 0.05 '.' 0.1
```

```
$current.predictors
            df AIC.if.dropped  p.value
1 Function  8          +130.59 1.01e-27
3 SpeakerA  4           +18.47 2.54e-05
4 SpeakerG  1            +12.4 1.48e-04
2  HearerG  1            -0.97     0.31
```

〈그림 12〉 '응, 어, 어어'를 종속 변숫값으로 한 삼항 로지스틱 회귀분석의 결과 ('eo'(어)를 적용가로 해서 분석됨)

앞선 이항 로지스틱 회귀분석(〈그림 7〉 참조)처럼 삼항 로지스틱 회귀분석도 각 변인의 첫 변숫값을 기준가로 설정하였다. 〈그림 12, 13, 14〉에 나타난 세 분석의 세부 결과는 적용가가 다르기 때문에 상이하지만, 각 변인의 종속변수에 대한 영향의 유의성에서는 거의 동일하게 나타났다. 세 그림의 위쪽 상자를 보면 'Function'(화용적 기능), 'SpeakerG'(화자의 성별), 'SpeakerA'(화자의 연령대) 변인의 하나 이상 변숫값에 유의성 표시가 나타나는 반면, HearG(청자의 성별)는 어느 분석의 결과에도 유의성 표시가 보이지 않음을 알 수 있다. 세 분석의 유일한 차이는 'eung'(응)을 적용가로 한 분석(〈그림 14〉 참조)에서 'SpeakerA'(화자의 연령대) 변인의 유의성이 'SpeakerA5(50대 이상의 연령층)에서만 나타나고 그것도 p(r) 값의 유의도 기준을 0.1로 낮출 때만 나타났다는 것이다(50대 이상의 연령층의 p(r) 값은 0.09954임). 따라서 이 결과는 〈그림 14〉의 아래 상자가 보여주는 변인들의 전반적 유의성 분석에서 'SpeakerA'(화자의 연령대)가 종속변수에 유의미한 영향을 미치지 않는다고 분석된 것(p. value=0.207)과 맥을 같이한다.

```
Call:
glm(formula = as.formula(form$form), family = binomial,
    ii)), envir = globalenv()))

Coefficients:
             Estimate Std. Error z value Pr(>|z|)
(Intercept) -1.34143    0.21273  -6.306 2.87e-10 ***
Functionb    0.36704    0.18985   1.933  0.05320 .
Functionc   -0.23751    0.28614  -0.830  0.40650
Functione   -2.57934    0.60315  -4.276 1.90e-05 ***
Functionf    2.63138    0.51682   5.092 3.55e-07 ***
Functionr   -3.27051    0.60124  -5.440 5.34e-08 ***
Functions   -2.60777    0.53120  -4.909 9.14e-07 ***
Functiont   -0.53559    0.20115  -2.663  0.00775 **
Functionx   -0.43266    0.28572  -1.514  0.12996
HearerGm     0.04635    0.14479   0.320  0.74885
SpeakerA2    0.52860    0.21511   2.457  0.01400 *
SpeakerA3    0.53222    0.21739   2.448  0.01436 *
SpeakerA4    0.60353    0.24028   2.512  0.01201 *
SpeakerA5    1.29378    0.27806   4.653 3.27e-06 ***
SpeakerGm   -0.34837    0.15724  -2.215  0.02673 *
---
Signif. codes:  0 '***' 0.001 '**' 0.01 '*' 0.05 '.' 0.1
```

```
$current.predictors
            df AIC.if.dropped  p.value
1 Function   8       +212.19 7.15e-45
3 SpeakerA   4        +14.42 1.65e-04
4 SpeakerG   1            +3   0.0253
2  HearerG   1          -1.9    0.749
```

〈그림 13〉 '응, 어, 어어'를 종속 변숫값으로 한 삼항 로지스틱 회귀분석의 결과
('eoeo'(어어)를 적용가로 해서 분석됨)

결과적으로, 삼항 로지스틱 회귀분석의 결과는 〈그림 7〉과 〈그림 8〉에 나타난 이항 회귀분석의 결과와 상당 부분 유사성을 보였으며, 전체 자료에 영향을 준다고 분석된 변인들, 즉 변이형의 화용적 기능, 화자의 성별, 화자의 연령대가 주요 변이형인 '어', '어어', '응'의 출현에도 동일한 영향을 미치고 있음을 보여준다. 또한 변이형의 화용적 기능이 다른 변인보다 훨씬 강력한 영향을 미친다는 결과도 앞서 이루어진 이항 회귀분석의 결과 그리고 랜덤 포리스트의 결과(6장의 〈그림 13〉 참조)와 동일하게 나타난다. 이러한 결과는 위 세 변이형의 토큰이 전체의 87%라는 압도적 비중을 차

지하므로 예상되었던 결과이기도 하다.

```
Call:
glm(formula = as.formula(form$form), family = binomial,
    ii)), envir = globalenv()))

Coefficients:
             Estimate Std. Error z value Pr(>|z|)
(Intercept)  -0.35889    0.17750  -2.022  0.04319 *
Functionb    -0.65719    0.19201  -3.423  0.00062 ***
Functionc    -0.84971    0.28636  -2.967  0.00300 **
Functione    -0.35273    0.24643  -1.431  0.15232
Functionf   -16.15034  443.34324  -0.036  0.97094
Functionr     0.55763    0.19598   2.845  0.00444 **
Functions     0.51082    0.22240   2.297  0.02162 *
Functiont    -2.05399    0.24581  -8.356  < 2e-16 ***
Functionx    -0.44449    0.25819  -1.722  0.08514 .
HearerGm      0.09651    0.12390   0.779  0.43603
SpeakerA2    -0.10263    0.18911  -0.543  0.58734
SpeakerA3    -0.06772    0.17587  -0.385  0.70018
SpeakerA4    -0.17137    0.19840  -0.864  0.38774
SpeakerA5     0.38744    0.23523   1.647  0.09954 .
SpeakerGm    -0.31640    0.13239  -2.390  0.01686 *
---
Signif. codes:  0 '***' 0.001 '**' 0.01 '*' 0.05 '.' 0.1
```

```
$current.predictors
            df AIC.if.dropped  p.value
1 Function   8        +178.11 1.11e-37
4 SpeakerG   1          +3.78   0.0162
3 SpeakerA   4          -2.11    0.207
2  HearerG   1          -1.39    0.436
```

〈그림 14〉 '응, 어, 어어'를 종속 변숫값으로 한 삼항 로지스틱 회귀분석의 결과 ('eung'(응)을 적용가로 해서 분석됨)

LVS를 활용한 다항 로지스틱 회귀분석의 결과는 Rbrul의 분석 결과보다 상대적으로 이해하기 어렵지만 양자의 비교를 위해 간략히 소개한다. LVS의 다항 로지스틱 회귀분석의 절차는 이항 로지스틱 회귀분석과 큰 차이가 없다. 다른 절차에서는 차이가 없고 'Inferential Statistics'(추리 통계) 메뉴의 하위 메뉴인 'Regression'(회귀분석)에서 'Models'(모델)에는 'Fixed Effect Model'을 그리고 'Dependent Variable'(종속변수)에서는 'binary'(이항)

대신에 'multinomial'(다항)을 선택하면 된다(5장의 〈그림 8〉 참조).

LVS를 사용한 다항 로지스틱 회귀분석의 예시를 위해서, 앞서 Rbrul에서 삼항 로지스틱 회귀분석을 할 때와 동일한 변인들이 LVS 분석에 포함되었고 기준가로는 'eung'(응)이 선택되었다. 〈그림 15〉에 나타난 분석 결과를 보면 LVS의 삼항 로지스틱 회귀분석은 Rbrul의 분석과는 많은 차이가 있음을 알 수 있다. Rbrul의 삼항 로지스틱 회귀분석은 특정 변이형과 나머지 두 변이형을 대조('One vs rest' approach)하는 분석 알고리즘을 토대로 하는 반면, LVS의 분석은 특정 변이형과 나머지 두 변이형을 각각 대조분석하는 알고리즘을 갖는다(Levshina 2015의 13장 참조).

〈그림 15〉의 둘째 줄과 셋째 줄은 각 변이형의 비율을 보여주며('eung' 29.5%, 'eo' 50%, 'eoeo' 20.4%), 그 아래에는 회귀계수(Coefficients) 표가 주어진다. 개별 요인의 회귀계수(Estimate)는 기준 변이형인 'eung'(응)에 대비한 상대적 영향으로 산정된다. 회귀계수가 양수이면 'eung'(응)에 대비해서 해당 변이형의 출현 확률을 높인다는 의미이고, 음수이면 'eung'(응)에 대비해서 출현확률을 낮춘다는 의미가 된다. 예를 들어, 화용적 기능(Function)이 't'(어떤 상황에 대해 반응하기)일 때, 즉 'Functiont'는 회귀계수가 'eo'(어)의 경우에는 2.43이고 'eoeo'(어어)는 1.2인데(회귀계수 표의 16, 17줄 참조), 이 두 수치는 모두 양수여서, 이 화용적 기능을 할 때는 'eo'(어)와 'eoeo'(어어)가 'eung'(응)에 대비해서 높은 빈도로 사용된다는 것을 보여준다. 'eo'(어)와 'eoeo'(어어)의 구체적 사용 빈도는 'eung'(응)보다 각각 11.36배와 3.32배 더 높을 것으로 분석된다. 이 수치는 로그 오즈비(log odds ratio)인 회귀계수를 오즈비(odds ratio)로 변환해서 구하며, 각각 $e^{2.43}$과 $e^{1.2}$의 값이다(e는 자연상수로서 약 2.71의 값을 갖는다).[5] 또 다른 예로, 화자의 성별(SpeakerG)이 남자(SpeakerGm)일 때, 'eo'(어)의 경우 회귀계수는 0.43인데(회귀계수 표의 20줄 참조), 이 의미는 화자의 성별이 남자이면 기준 변이형인 'eung'(응)일 때보다 'eo'(어)가 나타날 확률을 유의미하게 높인다(약 1.54배)는 의미이며, 'eoeo'(어어)의 경우에는 기준 변이형과의 차이가 유의미하지 않다는 결과를 보인다(회귀계수 표의 21줄 참조).

```
Frequencies of alternatives:
   eung      eo    eoeo
0.29494 0.50067 0.20439

nr method
17 iterations, 0h:0m:0s
g'(-H)^-1g = 5.76E-07
gradient close to zero

Coefficients :
                      Estimate  Std. Error t-value  Pr(>|t|)
eo:(intercept)       -0.162298    0.192016 -0.8452 0.3979816
eoeo:(intercept)     -0.717021    0.238806 -3.0025 0.0026774 **
eo:Functionb          0.575225    0.216331  2.6590 0.0078372 **
eoeo:Functionb        0.676153    0.223306  3.0279 0.0024625 **
eo:Functionc          1.094219    0.304181  3.5973 0.0003216 ***
eoeo:Functionc        0.414341    0.352009  1.1771 0.2391659
eo:Functione          0.921914    0.258130  3.5715 0.0003549 ***
eoeo:Functione       -2.047571    0.623065 -3.2863 0.0010152 **
eo:Functionf         17.113563 2172.359947  0.0079 0.9937144
eoeo:Functionf       18.971697 2172.359911  0.0087 0.9930320
eo:Functionr          0.025793    0.209692  0.1230 0.9021024
eoeo:Functionr       -3.243090    0.609241 -5.3232 1.020e-07 ***
eo:Functions          0.045807    0.236678  0.1935 0.8465358
eoeo:Functions       -2.572292    0.542594 -4.7407 2.129e-06 ***
eo:Functiont          2.434503    0.257136  9.4678 < 2.2e-16 ***
eoeo:Functiont        1.200905    0.286985  4.1846 2.857e-05 ***
eo:Functionx          0.702533    0.280068  2.5084 0.0121266 *
eoeo:Functionx       -0.045028    0.328551 -0.1371 0.8909911
eo:SpeakerGm          0.430316    0.138487  3.1073 0.0018883 **
eoeo:SpeakerGm       -0.066397    0.182070 -0.3647 0.7153529
eo:SpeakerA2         -0.017767    0.198413 -0.0895 0.9286497
eoeo:SpeakerA2        0.507822    0.251883  2.0161 0.0437894 *
eo:SpeakerA3         -0.061533    0.182756 -0.3367 0.7363465
eoeo:SpeakerA3        0.481968    0.248635  1.9385 0.0525670 .
eo:SpeakerA4          0.049151    0.205745  0.2389 0.8111895
eoeo:SpeakerA4        0.628220    0.278007  2.2597 0.0238380 *
eo:SpeakerA5         -0.815595    0.257032 -3.1731 0.0015081 **
eoeo:SpeakerA5        0.783945    0.317130  2.4720 0.0134360 *
eo:HearerGm          -0.126575    0.130383 -0.9708 0.3316516
eoeo:HearerGm        -0.032299    0.167218 -0.1932 0.8468357
---
Signif. codes:  0 '***' 0.001 '**' 0.01 '*' 0.05 '.' 0.1 ' ' 1
```

〈그림 15〉 '응, 어, 어어'를 종속 변숫값으로 한 삼항 로지스틱 회귀분석의 결과
(LVS를 사용하고 'eung'(응)을 적용가로 해서 분석됨)

LVS의 다항 로지스틱 회귀분석의 상대적 약점은 Rbrul 분석이 제공하는 각 변인의 자료 설명도(AIC.if.dropped)와 유의도를 제공하지 않는 점이

다(〈그림 14〉의 아래 상자 참조). 따라서 변인들의 상대적 유의도와 자료 설명력을 바로 파악하기 어려우며, '응' '어' '어어'의 변이값이 변인들의 개별 요인이 많은 경우에는 특히 분석 결과를 해석하기 어려운 면이 있다. 하지만 Rbrul의 삼항 로지스틱 회귀분석의 결과와 마찬가지로 '응', '어', '어어'를 각각 기준가로 한 LVS의 삼항 로지스틱 회귀분석의 세 결과(〈그림 14〉와 〈첨부 2, 3〉 참조) 중 어디에서도 청자의 성별(HearG) 변인(회귀계수 표의 마지막 두 줄 참조)은 다른 변인들, 즉 화용적 기능(Function), 화자의 성별(SpeakerG), 화자의 연령대(SpeakerA)와는 달리 유의미한 변인으로 분석되지 않았다는 공통적 결과를 보였다. 그리고 이 점에서 두 유형의 다항 로지스틱 회귀분석은 기본적으로 동일한 결과를 산출하였다고 할 수 있다.

4.3. 카카오톡 대화에서 관찰되는 {예}와 {네} 사용의 변이 분석

이 소절에서는 Rbrul을 사용한 회귀분석의 또 다른 예시를 위해 6장의 조건부 추론 나무와 랜덤 포리스트 분석에서 소개했던 카카오톡 대화에서의 {예}와 {네} 사용 변이(강현석·김민지 2017 참조)를 다시 분석해 본다. 이 연구의 토대가 되는 {예}와 {네}의 자료는 총 1,754개의 토큰으로 이루어졌으며 토큰 중 결측값을 가진 사례는 없었다. 강현석·김민지(2017)은 자료를 골드바브로도 분석하였는데, 이 분석에서는 독립변수로 발화자의 성별, 발화자의 연령대, 홀로 발화 여부, {예}와 {네}의 담화 의미가 회귀모델에 포함되었다. 홀로 발화 여부는 {예} 혹은 {네}의 변이형이 카카오톡 대화에서 선행 발화 혹은 후속 발화 없이 홀로 나타나는지 여부를 말한다. 전체 토큰을 분석한 결과, 발화자의 성별, 발화자의 연령대, 홀로 발화 여부가 단계적 추가/제거 분석에서 변이에 유의미한 영향을 주는 변인으로 분석되었다(다소 약식으로 작성되었던 〈표 1〉 참조).

〈표 1〉 카카오톡 대화에서의 {예}와 {네} 간 변이 현상의 바브럴 분석 결과
(강현석·김민지 2017: 13 참조)

유의미한 제약	요인 비중	{예}의 비율	사례수
발화자의 성별			
남성(m)	.706	25	1229
여성(f)	.294	4	525
(범위)	(412)		
발화자의 연령대			
20-29(j)	.348	3	494
30-49(t)	.482	8	529
50-(s)	.668	20	731
(범위)	(320)		
홀로 발화 여부			
홀로 발화(h)	.431	8	430
비 홀로 발화(w)	.569	11	1324
(범위)	(138)		
적용가={예}		유의미하지 않은 것으로 단계적 추가/제거 분석에서 판정된 잠재 제약: **담화 의미**	

지금부터 같은 자료를 Rbrul을 이용해서 고정효과 모델과 혼합효과 모델을 바탕으로 한 로지스틱 회귀분석을 각각 시행해보고 세 분석의 결과를 비교해 보겠다. 먼저 자료 파일을 CSV 파일로 업로드하고, Rbrul의 가운데 창에서 발화자의 성별(G), 발화자의 연령대(Ag), 홀로 발화 여부(Al), 그리고 {예}와 {네}의 담화 의미(M)를 'potential' 하위 창에서 'current predictors' 하위 창으로 끌어 옮기고, 기준가인 'n'({네})을 'alternative 1' 칸에 그리고 적용가인 'y'({예})를 'alternative 2' 칸에 옮기면 〈그림 16〉의 모습이 나타난다. 변이형의 사례 혹은 토큰은 총 217명이 발화하였는데, 임의 변수인 발화자 변인(S)은 현 분석이 고정효과 회귀분석이므로 회귀모델에 포함하지 않았다.

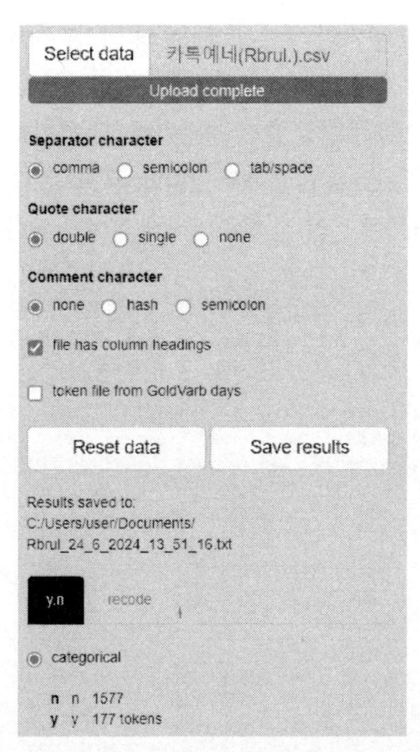

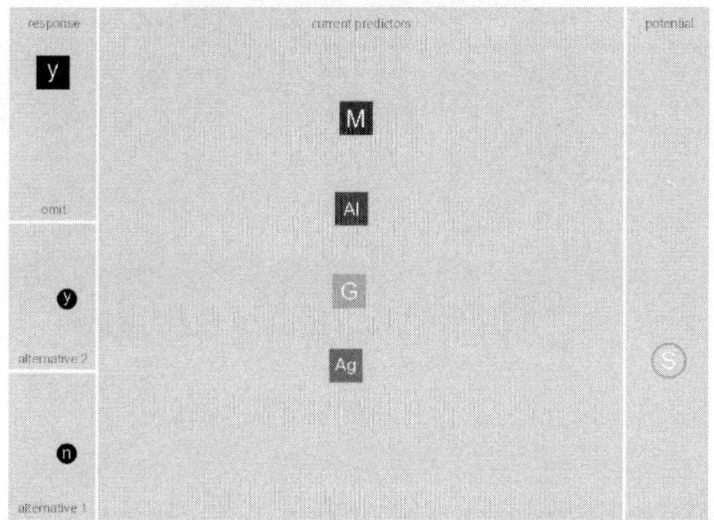

〈그림 16〉 종속변수(y)의 변이형들을 ‘alternative’ 칸에 넣고 변인들을 ‘potential’(잠재 변인) 하위 창에서 ‘current predictors’(현 모형에 포함된 변인) 하위 창으로 옮긴 후 나타난 화면

위의 창이 나타남과 거의 동시에 고정효과 회귀분석의 결과가 같은 화면 아래에 나타난다. 〈그림 17〉은 디폴트인 Rbrul 양식의 분석 결과이고 〈그림 18〉은 R 양식으로 주어진 분석 결과이다. 두 분석 다 골드바브 분석과 기본적으로 동일한 자료를 사용하고 있지만, 분석 알고리즘의 세부 사항이 다른 점이 있기 때문에 분석 결과에 미세한 차이가 있다.

```
model.basics
 total.n df intercept input.prob grand.proportion
   1754  7    -2.213     0.0986            0.101

model.fit
 deviance     AIC    AICc Somers.Dxy    R2
  955.184 969.184 969.249      0.601 0.272

Age
  logodds   n proportion factor.weight
s   0.691 529     0.1950         0.666
t  -0.095 731     0.0807         0.476
j  -0.596 494     0.0304         0.355

Aloneness
  logodds    n proportion factor.weight
w   0.251 1324     0.1070         0.562
h  -0.251  430     0.0814         0.438

Gender
  logodds    n proportion factor.weight
m    0.88  525     0.2460         0.707
f   -0.88 1229     0.0391         0.293

Meaning
  logodds   n proportion factor.weight
v   0.554  27      0.296         0.635
b  -0.176 974      0.102         0.456
a  -0.378 753      0.093         0.407
```

```
$current.predictors
           df AIC.if.dropped  p.value
3    Gender  1         +92.37 2.62e-22
1       Age  2          +24.3 7.17e-07
2 Aloneness  1          +3.82   0.0158
4   Meaning  2           +0.1    0.129
```

〈그림 17〉 카카오톡 대화에서의 {예}와 {네} 사용 변이를 Rbrul을 사용해서 고정효과 로지스틱 회귀분석을 시행한 결과 (Rbrul 양식('{예}'를 적용가로 함))

먼저 고정효과 모델을 바탕으로 한 골드바브 분석과 Rbrul의 고정효과 회귀분석의 결과를 비교해 보자. 두 결과는 미세한 차이는 있지만, 'factor weight'(요인 비중)에서도 자료 설명도를 나타내는 변인 유의도 분석에서도 거의 동일한 결과를 보인다는 것을 알 수 있다(〈표 1〉과 〈그림 17〉의 위와 아래 상자 참조).

```
Coefficients:
            Estimate Std. Error z value Pr(>|z|)
(Intercept)  -4.3181     0.3409 -12.667  < 2e-16 ***
Ages          1.2865     0.3080   4.177 2.95e-05 ***
Aget          0.5004     0.3114   1.607   0.1081
Alonenessw    0.5012     0.2140   2.341   0.0192 *
Genderm       1.7608     0.1922   9.162  < 2e-16 ***
Meaningb      0.2020     0.1790   1.128   0.2593
Meaningv      0.9323     0.4807   1.940   0.0524 .
---
Signif. codes:  0 '***' 0.001 '**' 0.01 '*' 0.05 '.' 0.1 '

(Dispersion parameter for binomial family taken to be 1)

    Null deviance: 1147.41  on 1753  degrees of freedom
Residual deviance:  955.18  on 1747  degrees of freedom
AIC: 969.18
```

```
$current.predictors
           df AIC.if.dropped  p.value
3    Gender  1         +92.37 2.62e-22
1       Age  2          +24.3 7.17e-07
2 Aloneness  1          +3.82   0.0158
4   Meaning  2           +0.1    0.129
```

〈그림 18〉 카카오톡 대화에서의 {예}와 {네} 사용 변이를 Rbrul을 사용해서 고정효과 로지스틱 회귀분석을 시행한 결과 (R 양식('{예}'를 적용가로 함))

골드바브 분석에서도 Rbrul 분석에서도 발화자의 성별(Gender), 발화자의 연령대(Age), 홀로 발화 여부(Aloneness)가 유의미한 변인으로 분석된 반면, 담화 의미(Meaning)는 종속변수에 (p값 0.05를 기준으로) 유의미한 영향을 미치지 않는다고 분석되었다. 이 결과는 Rbrul이 제공하는 R 양식의 분석 결과에도 동일하게 나타났으며(〈그림 18〉의 위쪽 상자 참조), 분석 대상 변이에 유의미한 영향을 준다고 분석된 세 변인의 영향도 순위 역시 골드바브 분석과 Rbrul 분석은 동일하게 나타났다. 즉 골드바브의 변인 별 '범위'(range)의 크기 순서(〈표 1〉 참조)와 Rbrul의 변인 별 유의도의 순서(〈그림 18〉의 아래 상자 참조)는 동일하였다.

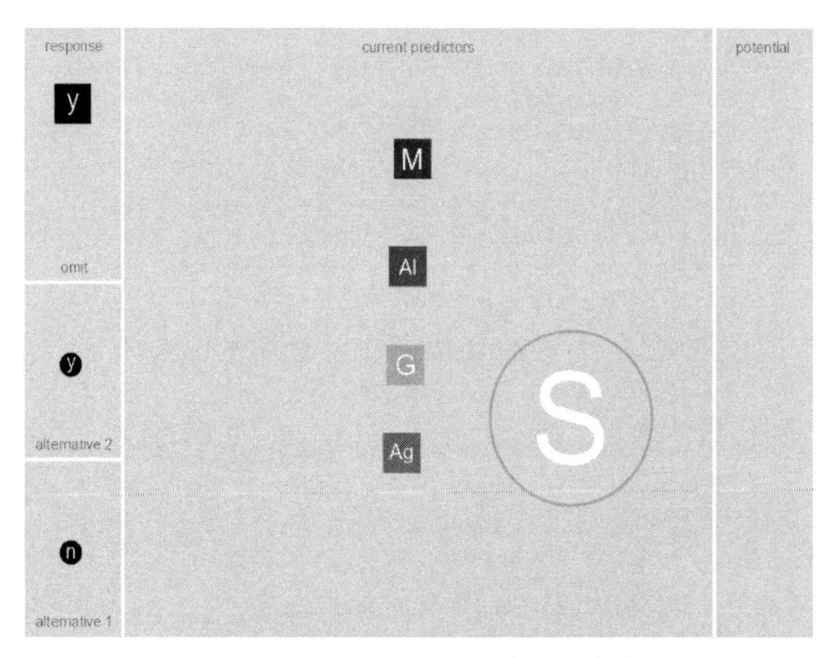

〈그림 19〉 카카오톡 대화에서 관찰되는 {예}와 {네}의 사용 변이를 혼합효과 모델로 분석하기 위해서 고정효과 모델에 발화자 변인을 임의 변수로 추가한 화면 모습

이번에는 동일한 자료를 혼합효과 모델로 분석해 보자. 혼합효과 모델로 자료를 분석하기 위해서는 앞서 기술한 대로 'S(peaker)'(발화자) 변인을 'current predictors' 하위 창으로 옮겨야 한다(〈그림 19〉 참조). 그러면 앞서 언급했듯이, 'S'의 원이 큰 원으로 탈바꿈하면서 연산이 시작되는데, 혼합효과 회귀분석이 완결되는 데는 다소 시간이 소요된다. 분석 결과(〈그림 20〉 참조)가 화면에 나타나면, 먼저 고정효과 회귀모델과 혼합효과 회귀모델의 자료 적합도를 비교하는 것이 필요하다. 만일 혼합효과 모델이 고정

효과 모델보다 자료 적합도에서 낫지 않으면 전자를 선택할 필요가 없기 때문이다.

통계 모델의 자료 적합도를 보여주는 수치는 5장 4절에서 소개했던 'deviance'(편차)도 있지만 여기서는 6장 3.3소절과 4절에서 논의했던 AIC 수치를 사용해서 두 모델을 비교한다. 고정효과 모델 분석의 AIC 수치는 969.18(〈그림 18〉 윗 그림의 끝줄)이고 혼합효과 모델 분석은 540.7(〈그림 21〉의 7줄)이어서, 혼합효과 모델의 자료 적합도가 명확히 낫다는 것을 알 수 있다. 이 차이는 카카오톡 대화에서의 해요체와 합쇼체 간 변이를 고정효과 모델(AIC: 1853.4)과 혼합효과 모델(AIC: 1762.4)로 분석했을 때 나타난 AIC 값의 차(91)보다 훨씬 커서 상대적으로 현 분석이 자료 적합도의 개선이 더 명확하게 이루어진 것을 알 수 있다. 또한 위의 두 AIC 수치를 비교한 결과는 혼합효과 회귀분석의 결과가 고정효과 회귀분석의 결과보다 상대적으로 더 정확하다는 것을 알려준다.

```
model.basics
 total.n df intercept input.prob grand.proportion
    1754  8   -10.072       <.001            0.101

model.fit
 deviance     AIC    AICc Somers.Dxy.fixed Somers.Dxy.total R2.fixed R2.total
  524.654 540.654 540.737            0.506            0.957   0.0208    0.978

Age
  logodds   n proportion factor.weight
j   0.367 494     0.0304         0.591
s   0.166 529     0.1950         0.541
t  -0.533 731     0.0807          0.37

Aloneness
  logodds    n proportion factor.weight
w   0.157 1324     0.1070         0.539
h  -0.157  430     0.0814         0.461

Gender
  logodds    n proportion factor.weight
m   1.887  525     0.2460         0.868
f  -1.887 1229     0.0391         0.132
```

```
Meaning
   logodds    n proportion factor.weight
b   0.192 974      0.102         0.548
v  -0.066  27      0.296         0.484
a  -0.126 753      0.093         0.469

Speaker
        intercept     n proportion
std.dev     11.844 1754      0.101
```

```
$current.predictors
              df AIC.if.dropped   p.value
3    Gender  1          +5.08 7.78e-03
2 Aloneness  1          -1.13    0.351
4   Meaning  2          -2.99    0.603
1       Age  2          -3.67    0.848
```

〈그림 20〉 카카오톡 대화에서의 {예}와 {네} 사용 변이를 Rbrul을 사용해서 혼합효과 로지스틱 회귀분석을 시행한 결과 (Rbrul 양식('{예}'를 적용가로 함))

〈그림 20〉이 보여주는 혼합효과 회귀분석의 결과는 고정효과 모델의 분석 결과와는 상당한 차이를 보인다. 혼합효과 회귀분석에서는 고정효과 모델에서 분석 대상 변이에 유의미한 영향을 주는 것으로 나타난 Age(발화자의 연령대)와 'Aloneness'(홀로 발화 여부)가 모두 유의미하지 않은 변인으로 분석되었다. 유일하게 종속변수에 유의미한 영향을 주는 변인은 'Gender'(발화자의 성별)로 나타났다. 이 결과는 〈그림 20〉의 아래 상자에서 볼 수 있는 독립변수의 자료 설명도 수치(AIC)에 따른 유의성 확률에도 나타나고, 〈그림 21〉의 위쪽 상자가 보여주는 독립변수의 개별 변숫값의(기준가 대비) 회계계수와 그에 따른 유의도 산정에도 나타난다. 즉 두 결과에서 모두 Gender(발화자의 성별)만이 종속변수에 유의미한 영향을 주는 변인으로 분석되었다. 그리고 앞서 본 두 회귀분석의 AIC 수치상의 뚜렷한 차이는 〈그림 20〉과 〈그림 21〉에 나타난 결과들이 더 정확하고 신뢰할 만하다는 것을 의미한다.

```
Generalized linear mixed model fit by maximum likelihood (Laplace
  Approximation) [glmerMod]
 Family: binomial  ( logit )
Formula: y.n ~ Age + Aloneness + Gender + Meaning + (1 | Speaker)
   Data: eval(parse(text = paste0("dat", ii)), envir = globalenv())

     AIC      BIC   logLik deviance df.resid
   540.7    584.4   -262.3    524.7     1746

Scaled residuals:
    Min      1Q  Median      3Q     Max
-4.4190 -0.1025 -0.0035 -0.0023  8.4036

Random effects:
 Groups  Name        Variance Std.Dev.
 Speaker (Intercept) 140.3    11.84
Number of obs: 1754, groups:  Speaker, 217

Fixed effects:
             Estimate Std. Error z value Pr(>|z|)
(Intercept) -11.87528    1.81114  -6.557  5.5e-11 ***
Ages         -0.20102    1.62939  -0.123   0.9018
Aget         -0.90052    1.76335  -0.511   0.6096
Alonenessw    0.31452    0.34043   0.924   0.3555
Genderm       3.77376    1.68607   2.238   0.0252 *
Meaningb      0.31799    0.32332   0.984   0.3254
Meaningv      0.06078    0.94102   0.065   0.9485
---
Signif. codes:  0 '***' 0.001 '**' 0.01 '*' 0.05 '.' 0.1 ' ' 1
```

```
$current.predictors
            df AIC.if.dropped  p.value
3    Gender  1          +5.08 7.78e-03
2 Aloneness  1          -1.13    0.351
4   Meaning  2          -2.99    0.603
1       Age  2          -3.67    0.848
```

〈그림 21〉 카카오톡 대화에서의 {예}와 {네} 사용 변이를 Rbrul을 사용해서 혼합효과 로지스틱 회귀분석을 시행한 결과 (R 양식('{예}'를 적용가로 함))

강현석·김민지(2017)은 카카오톡 대화에서의 {예}와 {네}의 사용 변이를 골드바브와 LVS를 사용해서 분석한 바 있다. 분석 결과, 골드바브와 LVS를 활용한 로지스틱 회귀분석 그리고 조건부 추론 나무에서는 발화자의 성별, 발화자의 연령대, 홀로 발화 여부가 종속변수의 변이에 유의미한 영향을 주는 것으로 분석되었고, LVS를 활용한 랜덤 포리스트에서는 발화자의 성별과 발화자의 연령대만이 유의미한 변인이라는 결과를 보였다. 위 세 유형의 통계 분석은 모두 고정효과 모델을 바탕으로 한 분석이었으며, 위 연구에서는 혼합효과 모델을 토대로 한 회귀분석은 수행되지 않았다. 강현석·김민지(2017)은 랜덤 포리스트 결과보다는 골드바브와 LVS를 활용한 로지스틱 회귀분석의 결과에 좀 더 비중을 두어서, 카카오톡 대화에서의 {예}와 {네} 간 변이는 발화자의 성별, 발화자의 연령대, 홀로 발화 여부가 통계적으로 유의미한 영향을 주지만 홀로 발화 여부는 영향의 강도가 크지 않다는 결론을 내렸다.

하지만 본 소절에서 Rbrul을 활용하여 혼합효과 회귀분석을 수행한 결과, 분석 대상 변이는 'Speaker'(개별화자)라는 임의 변수에 상당한 영향을 받는다는 것이 밝혀졌으며, 회귀모델에 포함된 네 주 효과(main effect) 변인 중에는 발화자의 성별만이 분석 대상 변이에 유의미한 영향을 주는 것으로 분석되었다. 개인어적 변이의 영향도는 분석 대상 변이에 대한 개인차(혹은 개인 간 편차)를 보여주는 'Std. Dev.'(표준편차)이 11.84에 이르는 것에서 분명히 드러난다(〈그림 21〉 위쪽 상자의 13줄 참조). 이 수치는 앞서 5장에서 카카오톡 대화에서의 해요체와 합쇼체 간 변이 자료를 혼합효과 회귀분석으로 분석했을 때 'Std. Dev.'이 0.8971로 분석되었던 것(5장의 〈그림 12〉, 11줄 참조)과 비교되며, 카카오톡 대화에서의 {예}와 {네} 사용 양태는 개인차가 아주 크다는 것을 의미한다. 따라서 위 결과들을 다시 종합하면, 카카오톡 대화에서의 {예}와 {네}의 변이는 발화자의 성별이 유일한 고정효과 혹은 주 효과로 작용하며 개인어적 성향과 취향에 많은 영향을 받는다고 결론지을 수 있다. 반면, 앞서 고정효과 모델 분석에서 종속변수에 유의미한 영향을 준다고 분석된 발화자의 연령대와 홀로 발화 여부의 효과는 대부분 개인어적 변이 혹은 편차에 기인한다고 판단할 수 있다.

4.4. Rbrul 회귀분석의 결과 보고

Rbrul 분석의 결과를 논문에서 보고하는 방법은 물론 하나만은 아닐 것이다. 하지만 이 통계 프로그램을 만든 존슨(Johnson 2009)이 결과 보고의 모델로 제시한 방식을 따르면 바람직하리라 생각한다. 단지, 존슨의 2009년 논문은 샤이니 앱 방식의 Rbrul이 만들어지기 전인 기존 Rbrul을 바탕으로 작성된 것인데, 기존 방식의 Rbrul은 단계적 추가(step-up) 모델을 디폴트로 사용했고 샤이니 앱 방식은 이 모델을 사용하지 않기 때문에, 표 도입 부분의 표현을 수정하는 것이 필요하다(최적 단계적 추가 모델(best step-up model)→최적 모델). 이 소절에서는 Rbrul을 활용한 고정효과 회귀분석과 혼합효과 회귀분석의 결과를 보고하는 예를 각 하나씩 제시한다.

〈표 2〉 카카오톡 대화에서의 {예}와 {네} 변이를 Rbrul을 사용하여 {예}를 적용가로 하여 고정효과 모델로 분석한 결과

최적 모델: 발화자의 성별(2.62e-22) + 발화자의 연령대(7.17e-07) + {예}와 {네}의 홀로 발화 여부(0.0158)

변인	로그 오즈	토큰 수	적용가 {예}의 비율	요인 확률
발화자의 성별				
남성(m)	0.88	525	0.2468	0.707
여성(f)	-0.88	1229	0.0391	0.293
발화자의 연령대				
20-29(j)	-0.596	494	0.0384	0.355
30-49(t)	-0.095	731	0.0807	0.476
50-(s)	0.691	529	0.1950	0.666
홀로 발화 여부				
홀로 발화(h)	-0.251	430	0.0814	0.438
비 홀로 발화(w)	0.251	1324	0.1070	0.562
이탈도	**자유도**	**절편**	**전체 자료의 적용가 비율**	**전체 토큰 수**
955.184	7	-2.213	0.101	1754

먼저 〈표 2〉는 고정효과 회귀분석의 결과를 보고한 예이다(〈그림 17〉 참조). 위에서 언급한 표 도입 부분의 수정이 이루어졌으며, 또한 영어 용어를 적절한 우리말로 바꾸어 표를 작성하였다. 앞서 소개한 대로 Rbrul을 활용한 회귀분석의 결과는 Rbrul 양식과 R 양식 중 선택이 가능한데, 〈표 2〉는 디폴트인 Rbrul 방식의 결과를 바탕으로 작성한 것이다.

표에서 최적 모델은 〈그림 17〉의 아래 표에 주어진 결과를 바탕으로 한 것이다. 여기서 괄호 안의 수치는 'p.value'(p값) 수치이다. 〈표 2〉에 주어진 로그 오즈(log odds, 로그 승산 값)는 4장에서 설명했던 요인 확률(factor weight)처럼 변인의 개별 요인이 종속변수의 적용가에 대해 미치는 영향의 강도와 방향을 보여준다(로그 오즈 수치는 〈그림 17〉에서 가져옴). 하지만 요인 확률의 가능 수치가 0~1인데 반하여 로그 오즈 수치의 범위는 음의 무한대에서 양의 무한대에 이른다. 양의 수치는 긍정적 영향을 의미하며 음수는 부정적 영향을 가리키는데, 양수든 음수든 로그 오즈 수치의 절댓값이 크면 개별 요인의 종속변수에 대한 영향이 크다는 것을 나타낸다(위 분석에서는 기준가가 평균가(sum-to-zero)로 설정되어 있기 때문이다). 표의 토큰 수와 적용가의 비율은 〈그림 17〉의 'n'과 'proportion'에 해당한다(위쪽 상자 3줄 참조).

이탈도(deviance)는 채택한 통계 모델의 예측 결과가 실제 자료에서 어느 정도 이탈하는지, 즉 실제 자료와의 오차를 보여준다. 다시 말해, 이 수치(〈그림 17〉 위쪽 상자의 6줄 참조)는 채택한 통계 모델의 자료 적합도를 보여주며 수치가 작을수록 통계 모델이 자료를 잘 설명한다는 것을 의미한다. 절편(intercept)은 독립변수들의 값이 모두 평균가일 때 종속변수의 적용가(여기서는 {예} 변이형)가 나타날 수 있는 오즈(odds) 혹은 승산(勝算)의 자연로그(natural log) 값이며, 자유도(df: degree of freedom)는 독립적으로 변할 수 있는 매개변수(parameters)의 수효로 이해할 수 있다(두 수치 모두 〈그림 17〉 위쪽 상자의 3줄 참조).

〈표 3〉은 혼합효과 모델로 회귀분석한 결과를 보고한 예이다. 표 내용의 대부분은 〈그림 20〉에서 가져온 것이지만, 임의 효과인 발화자의 표준편차는 〈그림 21〉 위쪽 상자의 13째 줄에 있는 'Speaker Std.Dev.' 수치이

다. 임의 변수를 밝히고 임의 변수의 표준편차를 추가적으로 보고하는 것이 고정효과 모델의 분석 결과를 보고할 때와의 차이이다. 〈표 3〉에는 임의 변수인 발화자(Speaker)와 네 고정 변수 중 유의미한 영향을 미친다고 분석된 발화자의 성별(Gender)만 최적 모델에 포함된다. 혼합효과 회귀분석에서는 발화자의 연령대(Age), 홀로 발화 여부(Aloneness), 담화 의미(Meaning)가 유의미한 변인으로 분석되지 않았기 때문이다.

〈표 3〉 카카오톡에서의 {예}와 {네} 변이를 Rbrul을 사용하여
{예}를 적용가로 하여 혼합효과 모델로 분석한 결과

최적 모델: 발화자 (임의변수) + 발화자의 성별(7.78e-03)

변인	로그오즈	토큰 수	적용가 {예}의 비율	요인 확률
발화자의 성별				
남성(m)	1.887	525	0.2460	0.868
여성(f)	-1.887	1229	0.0391	0.132
발화자 표준편차				
11.84				
이탈도	**자유도**	**절편**	**전체 자료의 적용가 비율**	**전체 토큰 수**
524.65	8	-10.072	0.101	1754

5. 요약과 결어

이 장에서는 먼저 바브럴 분석의 전통을 이으면서도 기존 프로그램의 약점을 보완한 Rbrul의 특징을 LVS와 골드바브와 비교하면서 살펴보았다. Rbrul은 골드바브와 달리 다항 로지스틱 회귀분석, 혼합효과 회귀분석, 연속형 변수의 분석이 가능한 장점을 지니며, LVS와 달리 회귀분석 시 독립변수의 기준가를 선택하는 것이 가능하고, 변인의 종속변수에 대한 영향도를 회귀계수만이 아니라 요인 비중으로도 보여준다는 특징을 갖는다는 점을 기술하였다.

이어서 감탄사 {응}과 {어}의 변이와 카카오톡 대화에서의 {예}와 {네} 변이를 실례로 들면서 Rbrul의 사용법과 분석 과정을 기술하고 결과 해석 방법을 논의하였다. 특히 {응}과 {어} 변이의 세 주요 변이형인 '응', '어', '어어'를 대상으로 한 삼항 변이 분석을 예로 해서 다항 로지스틱 회귀분석의 시행과 결과 해석 방법도 추가적으로 설명하였다. 이 장의 끝부분에서는 논문에서 Rbrul 분석의 결과를 보고하는 방식에 대한 소개와 논의도 이루어졌다. Rbrul을 사용한 자료 분석 및 결과 보고는 국내 연구인 이진석(J. S. Lee 2021)도 참조할 수 있다.

과제

7장의 내용을 정독한 후 책 뒤 〈종합과제〉 과제 II의 5번과 6번을 수행하라.

더 읽을거리

1. Johnson, D. E. (2009). Getting off the GoldVarb standard: Introducing Rbrul for mixed-effects variable rule analysis. *Language and Linguistics Compass* 3(1), 359-383.

이 논문에서 저자는 골드바브에 대한 대안으로 본인이 변이 연구의 통계 도구로 개발한 Rbrul을 소개하면서 기존 바브럴 프로그램에 대한 Rbrul의 여러 장점을 논의한다. 특히 골드바브에서는 가능하지 않은 혼합효과 회귀분석이 왜 필요한지를 실례를 들면서 설명한다.

2. Tagliamonte, S. A. (2012). *Variationist Sociolinguistics: Change, Observation, Interpretation* [Chapter 5 Quantitative analysis의 Rbrul 소절], 138-144. Wiley-Blackwell.

이 소절에서 Tagliamonte는 변이 분석의 새로운 도구로 Rbrul을 소개하고, Rbrul에서는 골드바브와 달리 성별 그룹 혹은 계층 그룹 간 변이만이 아니라 이들 그룹 내의 개인 화자 간 변이를 분석할 수 있는 혼합효과 로지스틱 회귀분석이 가능하다는 점을 지적한다. Rbrul의 골드바브에 대비한 다른 장점과 Rbrul을 활용한 회귀분석의 결과 해석도 이 소절에서 논의된다.

3. Johnson, D. E. (2010). Rbrul Manual. http://www.danielezrajohnson.com/Rbrul_ manual.html.

이 설명서는 웹 기반 Rbrul의 매뉴얼이 아니고 텍스트에 기반한 이전 Rbrul의 매뉴얼이지만 텍스트 기반 Rbrul 사용에서만 아니라 웹 기반 Rbrul의 사용에서도 자료 파일 작성, 용어 이해, 사용 및 분석 절차, 결과 해석 등에서 도움을 받을 수 있다. 아쉽게도 웹 기반 Rbrul은 직관적으로 사용할 수 있어서인지 작성된 설명서가 아직 없다.

주석

1) 앞서 기술하였듯이, 각 화자가 사용하는 단어도 전체 모집단의 일부, 즉 표본에 불과하므로 단어 역시 임의 변수로 포함하여 분석이 가능하다.
2) Rbrul에서는 LVS와 달리 CSV 파일이 'CSV UTF-8(쉼표로 분리)' 형식만이 아니라 'CSV(쉼표로 분리)' 형식으로 저장되어도 프로그램이 한글을 읽어내는 데 문제가 없는 듯이 보인다.
3) 변수와 마찬가지로 변이형도 'eo'(어)와 'eung'(응)처럼 첫 글자가 같은 경우에 Rbrul은 또 다른 글자를 추가해서 두 변이형을 구별한다(여기서는 'eo'와 'en'으로).
4) 두 그림에 주어진 결과에 나타난 차이 하나는 'Variance'(분산)와 'Std.Dev.'(표준편차)에서의 차이다. 분산은 표준편차의 제곱값이므로, 표준편차만 비교하면 LVS 분석에서는 이 수치가 '4.56e-07'이고 Rbrul 분석에서는 0이다. 하지만 7장 4절에서 언급했듯이 두 수치는 거의 같은 값을 갖는다. 즉, '4.56e-07'은 '4.56×10^{-7}'과 같고 이 수치는 '0.000000456'이므로 0과 거의 같은 수치이다.
5) 11.36배라는 수치가 도출되는 과정은 다음과 같다. 로그 오즈비란 표현에서 로그란 밑이 자연 상수 'e'인 자연로그를 의미하며, '$\log_e x=2.43$' 수식에서 로그 오즈비는 2.43이고 오즈비는 'x'이다. 오즈비 'x'는 자연 로그의 밑인 'e'에 2.43제곱을 하여 구할 수 있다('오즈비(x)=$e^{2.43}$=11.36).

제8장

결언:
요약 정리 및 한국어 변이 연구의 향후 과제

1. 주요 내용의 요약 및 정리

이 책의 주요 내용을 요약해 보면 다음과 같다. 1장에서는 먼저 한국인 학자가 작성한 변이사회언어학 분야의 박사학위 논문과 학술지 논문을 소개하였고, 이들 연구는 분석 대상이 되는 사회언어학 변수의 유형에 따라 음성·음운 변이 연구, 형태·통사 변이 연구, 어휘·담화 변이 연구로 나뉠 수 있음을 보였다. 그동안 한국어의 여러 언어 층위에서 의미 있는 성과가 있었지만, 일부 기존 연구에서는 아직 적절하고 효과적인 통계 기법이 활용되지 못하고 있다는 점도 지적되었다. 이어서 2장에서는 변이사회언어학 연구를 위한 대표적 자료 수집 방법인 현지 조사, 사회언어학 면담, 설문 조사, 말뭉치 분석, 대중 매체 언어 분석의 특징과 장단점 그리고 수집과 활용 시 유의해야 할 사항을 기술하였다.

3장과 4장은 변이사회언어학의 전통적 통계 기법인 바브럴 분석을 위해 현재 사용되는 통계 프로그램인 골드바브를 다루었다. 3장에서는 먼저 변이 연구의 분석 대상인 사회언어학 변수의 개념, 성격, 그리고 분석 시 유의해야 할 사항을 소개한 후, 바브럴 분석, 즉 로지스틱 회귀분석의 토대가 되는 수학적 모형과 연산 방식에 대해서도 간략히 논의하였다. 이어서 골드바브 분석을 위한 토큰의 코딩 절차 및 토큰 파일 작성, 재코딩 방법을 기술하였으며, 조건 파일, 셀 파일의 개념과 결과 파일의 해석 방법도 논의하였다. 4장에서는 골드바브의 본 분석이라고 할 수 있는 다중회귀분석, 즉 동시적 이항 분석과 단계적 추가/제거 분석을 수행하는 절차와 결과의 해석 및 보고 방법을 한국어 감탄사 {응}과 {어}의 변이 분석을 실례로 해서 소개하였다. 또한 골드바브 분석에서 흔히 나타나는 변인 간의 교호작용의 의미와 해결 방안도 이 장에서 논의되었다.

5장과 6장은 스크리브너, 디아스-캄포스와 프리즈비(Scrivener, Diaz-Campos & Frizby 2016)가 변이 연구의 통계 분석을 위해 개발한 LVS를 다루었다. 5장에서는 카카오톡 대화에서의 해요체와 합쇼체 간 변이를 예로 해서 LVS 분석을 위한 자료 파일의 작성 방법, 회귀분석의 절차, 그리고 결과 해석 방법을 설명하였다. 바브럴 분석과는 달리 LVS에서는 고정효과 회귀분석만이 아니라 혼합효과 회귀분석과 다중 로지스틱 회귀분석도 가능하고 연속형 변수도 분석이 가능해서 바브럴 분석의 약점을 보완할 수 있음을 보였다. 6장은 LVS를 활용해서 비모수적 회귀 기법인 조건부 추론 나무와 랜덤 포리스트 분석을 수행하는 방법을 소개하였다. 감탄사 {응}과 {어}의 사용 변이를 예로 두 회귀 기법의 분석 과정과 결과 해석을 설명하였으며, 로지스틱 회귀분석과 조건부 추론 나무 그리고 랜덤 포리스트의 강약점을 비교하면서 두 비모수적 회귀 기법은 로지스틱 회귀분석을 보완하는 기능을 할 수 있음을 보였다.

7장에서는 존슨(D. E. Johnson 2009)이 R의 기능을 활용해서 바브럴 분석의 약점을 보완한 Rbrul의 사용 방법을 비교적 최근에 개발된 샤이니 앱 버전을 토대로 소개하였다. 한국어의 {예}와 {네} 변이 그리고 {응}과 {어}

간 변이를 실례로 고정효과 회귀분석과 혼합효과 회귀분석의 절차를 기술하였고, 추가해서 다항 로지스틱 회귀분석의 실행 방법과 결과 해석도 논의하였다. LVS와 Rbrul을 활용한 회귀분석 간의 차이점도 이 장에서 소개하였으며, 특히 Rbrul의 회귀분석은 LVS와는 달리 요인 비중 혹은 확률도 산정해서 동일한 사회언어학 변수를 분석한 기존 변이 연구의 결과와 직접 비교가 가능하다는 점도 지적하였다.

이 책에서 다룬 변이 연구의 통계 분석 도구인 골드바브, LVS, 그리고 Rbrul의 특성과 장단점을 비교해 보면 〈표 1〉과 같다. 골드바브의 강점은 변이 연구에서 흔히 나타나는 결측값을 가진 사례 혹은 토큰을 자료 파일에서 배제하지 않고 분석할 수 있다는 것이다. 이 점은 LVS와 Rbrul과 대비할 때 골드바브의 뛰어난 장점이라고 할 수 있다. 예컨대, 감탄사 {응}과 {어} 변이의 경우 골드바브로 분석할 때는 2,040개의 토큰을 활용할 수 있었지만, LVS나 Rbrul로 분석할 때는 결측값을 가진 사례들을 제외할 수밖에 없어서 1,725개의 토큰만을 사용할 수 있었다(6장 4절 참조).

〈표 1〉 골드바브, LVS, Rbrul 분석의 특성 및 장단점 비교

	골드바브	LVS	Rbrul
이항 로지스틱 회귀분석	o	o	o
다항 로지스틱 회귀분석	x	o	o
선형 회귀분석[a]	x	o	o
연속형 독립변수 분석	x	o	o
혼합효과 회귀분석	x	o	o
결측값 가진 사례의 분석	o	x	x
교호작용의 분석	x	o	o
재코딩	o	o	o
독립변수의 기준가 선택	평균가로 설정됨	지정되어 있음	선택 지정 가능
요인 비중 수치 제공	o	x	o
조건부 추론 나무 및 랜덤 포리스트 분석	x	o	x
데이터 파일 유형	골드바브 토큰 파일	CSV 파일, 엑셀 파일	CSV 파일, 골드바브 토큰 파일

[a] 종속변수가 연속형인 경우의 회귀분석

골드바브에 대한 LVS와 Rbrul의 장점은 종속변수의 변이형(혹은 변이형 부류)의 수가 셋 이상인 경우도 분석할 수 있는 다항 로지스틱 회귀분석이 가능하다는 것과 종속변수와 독립변수가 연속형이든 범주형이든 관계없이 모두 분석이 가능하다는 점이다. 또한 앞서 기술하였듯이, LVS와 Rbrul에서는 고정효과 모델에 개별 화자나 개별 낱말을 임의 변수로 추가하는 혼합효과 모델의 회귀분석도 수행이 가능하다. LVS와 Rbrul의 회귀분석에서는 변인 간 교호작용의 분석도 가능한데, LVS와 Rbrul의 교호작용 분석에서의 차이는 첫째, LVS에서는 고차 교호작용(세 변인 이상의 상호 간 교호작용)의 분석이 가능한 반면 Rbrul에서는 두 변인 간의 교호작용만 분석이 가능하다는 것이고, 둘째, Rbrul에서는 특정 변인의 타 변인과의 교호작용을 (더블 클릭을 통해서) 선택적으로 분석하는 것이 가능하지만 이것이 LVS에서는 가능하지 않다는 점이다(책 뒤의 〈첨부 4〉와 〈첨부 5〉 참조).

재코딩 작업은 Rbrul이 LVS보다 상대적으로 안정적이다. Rbrul에서는 재코딩 탭(7장의 〈그림 4〉의 12줄 'recode' 참조)을 누른 후 코딩 변경, 코딩 병합, 토큰 제외, 변수의 유형 변경 등을 비교적 쉽게 처리할 수 있는 반면, LVS에서는 특히 복수의 작업을 동시에 수행할 때 오류가 나타나는 경우가 간혹 있다. 골드바브에는 재코딩된 자료를 새로운 토큰 파일로 만들어 저장할 수 있게 하는 (LVS와 Rbrul에는 없는) 기능(Recode to New Token File)이 있다.

독립변수의 종속변수에 대한 영향을 분석할 때 사용하는 기준가는 골드바브의 경우는 평균가(요인 확률로는 0.5)이지만, LVS는 독립변수의 개별 요인의 코딩 값이 알파벳 순서로 가장 빠른 철자로 시작하는 것이 자동적으로 기준가가 된다. 예를 들어, 독립변수인 교육 수준의 코딩이 'high-school'(고등학교), 'junior-college'(전문대학), 'college'(대학)로 되어 있으면 알파벳 순서로 가장 빠른 철자인 'c'로 시작하는 'college'가 기준가가 되며, 교육 수준 변인이 'h', 'j', 'c'로 코딩된 경우도 같은 이유로 'c'가 기준가가 된다. 반면, Rbrul에서는 사용자가 기준가를 임의로 선택하는 것이 가능한데, 기준가를 평균가(sum-to-zero)로 지정할 수도 있고,

아니면 독립변수의 개별 요인 중 하나를 선택해서 기준가로 설정할 수도 있다. 단, 개별 요인들의 요인 확률을 얻으려면 기준가를 평균가로 설정하고 결과 산출 방식을 디폴트인 Rbrul 양식으로 두어야 한다. R 양식의 결과를 선택하는 경우에도 기준가를 선택할 수 있으며, 기준가를 선택하지 않으면, LVS와는 반대로 알파벳 순서로 가장 늦은 철자로 시작하는 변숫값이 자동적으로 기준가로 선택된다. Rbrul에서는 기준가를 적절히 선택할 수 있으므로 개별 요인들의 종속변수에 대한 영향을 비교하는 것이 LVS에서보다 효과적일 수 있다.

Rbrul에 대한 LVS의 주된 강점은 전자가 회귀분석만 가능한데 반해 후자는 조건부 추론 나무와 랜덤 포리스트라는 비모수적 회귀 기법의 수행이 또한 가능해서 로지스틱 회귀분석의 결과를 보완하거나 지지해 줄 수 있다는 점이다. 또한 LVS에서는 자료 파일로 CSV 파일만이 아니라 엑셀 파일 역시 사용 가능하다는 것도 자료 유형의 다양성이라는 관점에서 유리한 점이라고 할 수 있다(하지만 Rbrul에서는 다소 불편하지만 골드바브 토큰 파일을 사용할 수 있어서 이를 상쇄하는 면이 있다).

〈표 1〉의 마지막 행이 보여주듯이 골드바브, LVS, Rbrul은 허용하는 자료 파일에서 차이가 있다. 변이 연구를 위해서 개발된 이 세 프로그램은 위에서 논의한 바대로 각기 장단점이 있으며, 분석 중인 자료에 적합한 프로그램은 분석 대상 사회언어학 변수의 유형과 자료의 성격에 따라 달라질 수 있다. 또한 이들은 상호보완적인 면이 있어서 둘 이상을 하나의 사회언어학 변수 분석을 위해서 사용할 수도 있다. 5장 3절에서 일부 내용을 소개했지만. 아래에서 위 세 프로그램을 모두 활용할 수 있도록 기존 자료 파일을 호환해서 사용하는 두 가지 방법을 정리해 본다.

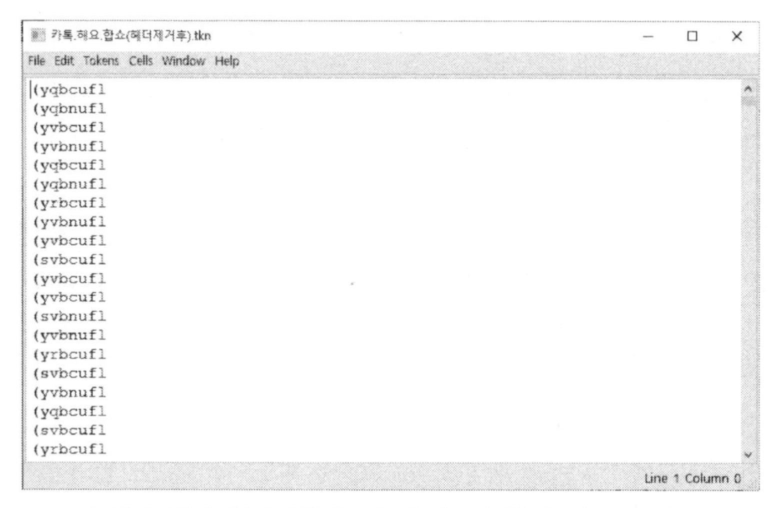

〈그림 1〉 3장 〈그림 1〉의 헤더를 제거 후 새로 저장한 골드바브 토큰 파일

먼저, 만일 골드바브 토큰 파일이 작성되어 있다면, 이 파일은 헤더(header) 부분을 없애는 편집 과정을 거쳐서 Rbrul에서 사용하는 것이 가능하다(하지만 각 변수의 이름을 명명할 수 없어서 사용이 다소 불편하다). 골드바브 토큰 파일을 LVS에서 활용하려면, 이 파일을 엑셀에서 열어서 CSV 파일로 저장한 후 사용할 수 있다. 구체적인 절차는 다음과 같다. 우선 토큰 파일을 골드바브에서 열고 헤더 부분을 제거한 후 토큰 파일(.tkn) 혹은 텍스트 파일(.txt)로 새로 저장(save as)한다(〈그림 1〉 참조). 그다음 엑셀에서 이 파일을 불러와서 텍스트 마법사 1단계에서 원본 데이터를 '너비가 일정한 파일 유형'으로 정의한 후, 2단계에서 토큰의 각 열 사이에 열 구분선을 삽입하고(〈그림 2〉 참조), 3단계에서는 각 열의 변수 유형을 정의한 후 '마침'을 누르면 자료를 엑셀에서 열 수 있다. 자료가 열렸으면, 시작 괄호('(') 열 등 불필요한 열들은 제거하고 각 열의 이름(column name)을 삽입 후(5장의 〈그림 3〉 참조), 다시 CSV 파일로 저장한 다음에 LVS에 업로드하면 된다. Rbrul에서도 골드바브 토큰 파일 대신 위와 같은 방식으로 토큰 파일을 CSV 파일로 변환해서 사용하는 것이 더 편리하다.

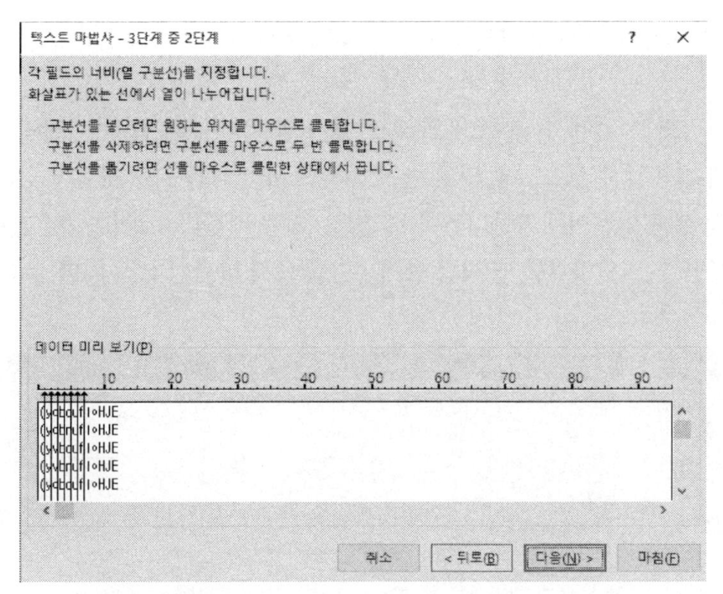

〈그림 2〉 카카오톡 대화에서의 해요체와 합쇼체 간 변이의 골드바브 토큰 파일을 엑셀에 불러온 후 열 구분선을 넣는 단계

역으로, 엑셀이나 CSV 자료 파일을 활용하여 골드바브 토큰 파일을 만드는 방법도 있다. 엑셀 자료 파일은 각 열에 종속변수와 독립변수의 값을 넣어 각 행이 토큰 열이 될 수 있게 작성한다(5장 〈그림 3〉 참조). 단, 엑셀이나 CSV 자료 파일을 골드바브 토큰 파일로 변환할 예정이면, 각 변수의 변숫값은 전체 단어 대신에 단일 철자/기호/수로 작성해야 한다. 이런 방식으로 엑셀에서 자료 파일을 작성 후, 엑셀의 'concatenate'(연결하기) 함수를 사용하여 엑셀이나 CSV 파일의 각 행에 입력된 값들을 연결하고, 해당 열을 복사한 다음, 골드바브를 열고 토큰 파일에 붙여넣으면 된다. 연결된 변숫값들은 골드바브의 토큰이 되는데, 5장 〈그림 3〉이 보여주는 자료 파일의 경우 커서를 I2(I열의 2행) 셀에 놓고 아래 함수식 (1)을 기입한다(Walker 2010: 35 참조). 이 함수식의 의미는 시작 괄호 "("와 A2, B2, C2, D2, E2, F2, G2 셀에 있는 변숫값을 연결하라는 뜻이다(3장에서 언급했듯이, 골드바브는 괄호 "("로 시작해야 토큰으로 인식한다).

(1) =CONCATENATE("(",A2,B2,C2,D2,E2,F2,G2," ")

그러면 I2 셀에 '(yqbcufl'의 코딩 열이 생성되며, 위 함수를 I열의 모든 셀에 적용될 수 있도록 I2의 하단 오른쪽 모서리 점을 토큰 코딩이 있는 마지막 행까지 끌어내리면, I열이 〈그림 3〉처럼 바뀐다. 그러면 I열 전체를 복사한 후 골드바브를 연 다음 붙여넣기를 해서 바브럴 분석을 할 수 있다.

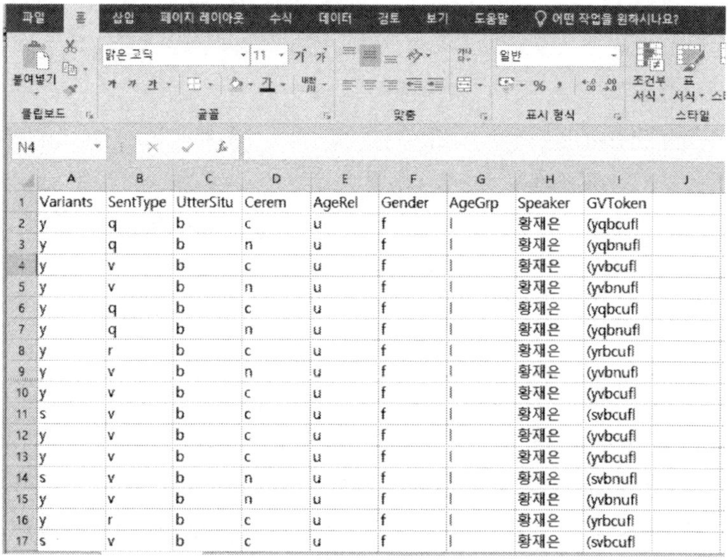

파일 홈 삽입 페이지 레이아웃 수식 데이터 검토 보기 도움말 어떤 작업을 원하시나요?
붙여넣기 맑은 고딕 11 일반 조건부 서식 표 서식
클립보드 글꼴 맞춤 표시 형식 스타일
N4

	A	B	C	D	E	F	G	H	I	J
1	Variants	SentType	UtterSitu	Cerem	AgeRel	Gender	AgeGrp	Speaker	GVToken	
2	y	q	b	c	u	f	l	황재은	(yqbcufl	
3	y	q	b	n	u	f	l	황재은	(yqbnufl	
4	y	v	b	c	u	f	l	황재은	(yvbcufl	
5	y	v	b	n	u	f	l	황재은	(yvbnufl	
6	y	q	b	c	u	f	l	황재은	(yqbcufl	
7	y	q	b	n	u	f	l	황재은	(yqbnufl	
8	y	r	b	c	u	f	l	황재은	(yrbcufl	
9	y	v	b	n	u	f	l	황재은	(yvbnufl	
10	y	v	b	c	u	f	l	황재은	(yvbcufl	
11	s	v	b	c	u	f	l	황재은	(svbcufl	
12	y	v	b	c	u	f	l	황재은	(yvbcufl	
13	y	v	b	c	u	f	l	황재은	(yvbcufl	
14	s	v	b	n	u	f	l	황재은	(svbnufl	
15	y	v	b	n	u	f	l	황재은	(yvbnufl	
16	y	r	b	c	u	f	l	황재은	(yrbcufl	
17	s	v	b	c	u	f	l	황재은	(svbcufl	

〈그림 3〉 작성된 엑셀 자료 파일에서 엑셀 함수를 사용하여 골드바브의
토큰 열이 만들어진 모습(5장 〈그림 3〉 참조)

위의 두 방법이 골드바브, LVS, Rbrul의 자료 파일을 호환해서 사용하는 방법이다. LVS에서는 CSV 파일과 엑셀 파일 그리고 Rbrul에서는 CSV 파일이 주로 사용되지만, CSV 자료 파일을 만들 때도 엑셀을 사용해서 자료를 작성한 후 CSV 파일로 저장하는 것이 보편적이라는 것은 앞에서 기술한 바 있다.

2. 한국어 변이 연구의 과제 그리고 결어

본 연구자의 주관적 관점에서 국내 변이학자들의 공통 연구 대상인 한국어에 관해 앞으로 더 탐구되어야 할 변이 연구의 큰 주제 몇 가지를 제시하면 다음과 같다.

방언 접촉으로 인한 언어 변이

먼저 중앙 방언과 지역 방언 간의 방언 접촉으로 인한 언어 변이가 향후 여러 변이 연구의 주제가 될 수 있다. 국내에는 심화하는 수도권 집중화, 표준어 사용자 비율의 증가, 언론과 공교육의 영향 등의 이유로 지역에서 직간접적으로 방언 접촉이 늘어나고 지역 방언의 표준어 동화 현상이 흔히 관찰된다. 그 결과로 지역 방언에는 중앙 방언과의 접촉으로 인해 표준 방언의 음운적, 형태·통사적, 어휘·담화적 특질이 적지 않게 발견되고 있다. 그리고 이러한 언어 변화는 앞으로도 심화할 가능성이 농후하다. 방언 접촉으로 인한 변이 현상은 접촉 중인 방언의 내부 변이와 서로 다른 언어 체계로 인한 방언 간 변이가 더해져 복잡한 변이 양상이 나타날 수도 있다(Kiesling 2011: 144).

물론 방언 접촉으로 생긴 언어 변이에 관한 연구는 이미 여럿 발견된다. 예를 들어, 강희숙(1999)은 전남 방언의 의문형 어미 '-냐'(어디 가냐?)와 표준 방언의 '-니'(어디 가니?) 간의 변이를 분석해서 광주광역시에서 젊은 층과 여성화자가 변화를 선도하면서 표준 방언형 '-니'의 사용자가 증가하고 있다는 것을 보였으며, 홍미주(2013)은 대구 방언 자료를 토대로 이 지역어에서 나타나는 방언형 '오'와 중앙어형 '우'의 변이(먹고~먹구, 나도~나두) 양태를 분석해서, 특히 서울 방언에 가장 긍정적 언어 태도를 보인 청년층 여성 화자들이 중앙어형으로의 전환을 주도한다는 것을 보였다. 또한 이재섭(2020)은 수도권에 거주하는 경상도 출신 화자의 특정 단어에 나타나는 성조의 실현을 음운 변수 중 하나로 다루었는데, 분석된 사용례의 약 38% 정도는 여전히 경상 방언의 성조형으로 나타났으며, 성별 요인, 거주 기간, 경상 방언에 대한 언어 태도가 분석 대상 변이에 중요한 변인으로 작용함을 보였다.

위 연구들이 다룬 변수 외에도 한국어의 각 지역 방언에는 음운, 형태·통사 및 어휘·담화 층위에서 방언형과 중앙어형의 다양한 변이가 관찰되고 있다. 특히 흥미롭게 느껴지는 변수 중 하나는 경상 방언과 전라 방언에서의 이중모음 'ㅢ'와 'ㅖ'의 음성적 실현에서 나타나는 변이이다.

먼저 'ㅢ'의 경우에는 경상 방언의 여러 지역어에 'ㅢ'가 음소로 존재하지 않는다는 주장(김소영 2009, 김영송 1982, 윤지희·김해정 2000, 유두영 1994)이 있고, 이 이중모음이 발화되는 경우에도 다른 지역보다 'ㅣ' 변이형이 더 넓은 환경에서 실현되는 것으로 알려져 있다. 따라서 경상 방언에서 'ㅢ'가 어느 정도 실현되는지 또한 경상 방언의 하위 방언 간 차이는 어떠한지, 변이를 제약하는 사회적 요인은 어떤 것들인지에 대한 연구가 이루어진다면 흥미로울 것으로 생각된다. 전라 방언에서도 'ㅢ'는 타 방언과는 다른 변이 양상을 보이며(이기갑 1986), 경상 방언과는 달리 'ㅡ' 변이형이 폭넓은 환경에 나타나며(김소영 2009), 속격조사 역시 'ㅡ'로 실현되는 경우가 많다고 알려져 있다. 이 방언에서도 'ㅡ'는 화자의 연령대, 성별, 계층에 따라 사용되는 변이형의 비율이 달라지고 중부 방언과는 다른 변이 양상을 보일 것으로 생각된다.

한국어 중모음 체계에서 'ㅖ'(ye)는 특이한 성격을 띤다. 이 중모음은 상승 이중모음 중 중부 방언에서 선행자음 없이도 /y/ 탈락 현상이 나타나는 유일한 중모음(Kang 1998b)이며(예: 도예가→도에가, 궁예→궁에), 중모음을 이루는 앞 모음과 뒷 모음의 조음적, 인지적 차이가 가장 작아 음성학적으로 불안정한 중모음이기도 하다(Kang 1997: 215). 또한 중부 방언에서는 'ㅖ'의 /y/가 선행자음 없이 탈락하는 환경이 비어두 음절로 제한되는 데 반해, 경상 방언과 전라 방언에서는 비어두 음절만이 아니라 어두 음절에서도 자주 나타나는 것으로 알려져 있다(예: 예수→에수, 예그린→에그린)(최중호 1984: 21 참조). /y/ 탈락은 선행자음이 있는 경우에는 훨씬 높은 비율로 나타나는

데, 상대적으로 저해음 뒤보다 공명음 뒤에서 탈락 비율이 낮은 것으로 분석된 바 있다(Kang 1998b). 하지만 경상 방언과 전라 방언에서의 /y/ 탈락 변이 현상은 잘 연구되어 있지 않다. 이 두 방언에서 관찰되는 /y/ 탈락을 선행자음 후에 일어나는 경우와 선행자음 없이 나타나는 경우로 구분하고 어두 음절의 경우와 비어두 음절의 경우로 또한 구분하여 변이 양태를 종합적으로 밝히는 연구가 필요하다고 생각된다.

제2 언어로서의 한국어 변이

한국 사회는 현재 전통적 단일민족 사회에서 다민족 사회로 전환하는 단계이다. 2024년 현재 한국에 체류 중인 외국인 수는 약 251만(전체 인구의 약 4.9%)을 넘어섰고, 이는 OECD의 다문화 다인종 국가의 기준인 전체 인구의 5%에 근접하는 수치이다. 국내 체류 외국인 수는 2000년과 2010년에 각각 약 50만, 약 125만이었는데 팬데믹 기간 잠시 감소한 후 다시 증가하여 한국 사회의 다문화화는 빠른 속도로 진행되고 있다. 세계 최저 수준의 출산율과 경제활동 가능 인구의 급격한 감소는 외국인 이민과 고용을 앞으로 대폭 증가시켜서 한국 사회의 다문화화는 심화할 것이며, 2040년 경에는 외국인 인구 비율이 7%를 상회할 전망이다. 특히 한국 사회에 뿌리를 두게 될 결혼 이민자와 이주 노동자를 포함한 장기 체류자의 비중이 현재 약 75%에 이르기 때문에, 한국 사회의 다문화화는 다양한 언어 간의 언어 접촉을 초래하게 되고 이민자들이 사용하는 제2 언어(second language)로서의 한국어에 나타나는 변이가 변이 연구의 또 다른 흥미로운 큰 주제가 될 수 있다(Walker 2010의 8장 참조).

결혼 이민자 및 이주 노동자가 제2 언어로 사용하는 한국어에 나타나는 변이는 한국어의 내재적 변이 외에 이주자의 모국어 간섭 및 중간언어(interlanguage)적 특질이 추가적 변이의 요소가 된다(Bayley 2013 참조). 현재 약 18만에 이르는 결혼 이민자 중 다수는 베트남인, (비한국계) 중국인, 일본인, 필리핀인, 태국인, 캄보디아인이며, 전체 결혼 이민자 중 약 절반을 차지하고 있다. 이들 각 집단의 한국어를 대상으로 변이 연구를 해서 이들이 사용하는 한국어의 음운적, 형태·통사적, 어휘·담화적 변이의 특성을 밝히고 변이에 영향을 주는 연령, 계층, 성별, 거주 기간 등 사회적 요인도 분석할 필요가 있다. 또한 각 집단이 사용하는 한국어에 이주자의 모국어가 미치는 영향 역시 분석 대상이 되어야 한다. 이러한 연구의 결과는 변이 사회언어학적 공헌 외에 각 이민자 집단을 위해 특화된 한국어 커리큘럼과 교재 개발에도 도움을 줄 수 있을 거라고 판단된다.

통신 언어에 나타나는 언어 변이

전자 혁명(e-revolution)이라고도 불리는 인터넷과 전자통신 기술의 발전은 우리의 언어생활에 많은 변화를 초래하였다. 글쓰기를 직업으로 하지 않는 일반인은 요즘 인스턴트 메신저, 전화 문자, SNS 같은 통신/인터넷 언어(electronic/internet language)를 사용하는 경우가 일반 문어 사용 빈도보다 더 많을 정도이다. 국내에서 통신 언어는 1980년대와 1990년대 초에 이메일과 PC 통신에서 쓰이기 시작했으며, 2000년대 후반 스마트폰이 등장하고 비슷한 시기에 카카오톡, 네이트온, 라인 등 여러 인스턴트 메신저 프로그램과 페이스북, 트위터, 인스타그램 등 SNS가 개발되면서 언중들이 통신 언어를 보편적으로 사용하게 되었다. 크리스탈(Crystal 2004)는 통신 언어를 구어, 문어, 수화에 이어 새롭게 탄생한 혁신적인 언어라고 지칭한 바 있으며, 이정복(2012)는 21세기를 '[통신 언어라는] 입말체 글말의 대부흥기'라고 부른 바 있다. 통신 언어는 전화 문자 언어, 인스턴트 메신저 언어, SNS 언어, 전자 편지 언어, 블로그 언어 등 여러 하위 유형이 있으며, 국내에는 특히 2010년 이후에 적지 않은 연구 성과가 있었다(자세한 내용은 박동근 2020, 이정복 2017 참조).

통신 언어는 참신성 추구와 구어와 문어의 중간적 성격으로 인해 일반 구어나 문어보다 변이의 양상이 복잡하고 다양한데, 그동안 기존 변이 연구가 다루었던 변수들의 변이 양상이 새로운 언어 유형인 통신 언어에서 어떻게 나타나는지도 또 다른 큰 주제로서 훌륭한 연구 대상이 될 수 있다고 사료된다(Tagliamonte 2012의 11장 참조). 앞서 소개했던 강현석·김민지(2017)는 통신 언어인 카카오톡 대화 자료를 바탕으로 {예}와 {네}의 변이를 연구한 결과, 총 17개의 변이형({예} 변이형 2개, {네} 변이형 15개)을 발견하였으며 {네} 변이형들이 자료에서 절대적 비율(90%)을 차지하여, 강현석(2009)의 (준)구어자료와는 완전히 다른 변이 양상을 보였다. 강현석·김민지(2018)은 카카오톡 단체대화방의 자료를 바탕으로 경어체 종결어미, 특히 합쇼체와 해요체의 변이 양태를 분석하였는데, 강현석(2011)에서 발견했던 변이형들보다 훨씬 많은 변이형(해요체 변이형 12개, 합쇼체 변이형 6개)이 카카오톡 대화 자료에서 발견되었으며, 여성 화자들은 해요체 변이형, 비음 첨음형(용, 욤, 당 등), 모음 연장형(요오, 다아아, 다앙)을 남성 화자들보다 높은 비율로 사용한다고 분석되었다. 또한 카카오톡 대화 자료에는 종결어미로 습죠체, 한다요체, 하셈/하삼체 등 구어 자료에서는 관찰되지 않는 어미 유형도 나타났다. 위 두 연구는 카카오톡 대화와 구어 자료 간 분석 결과에서의 차이는 통신 언어가 새로움과 참신성을 추구하고 문자 매체에 의해 제약되는 감정 표현과 어감을 다양한 어형과 변형으로 극복하려고 하기 때문이라고 제안하였다(Jones & Schieffelin 2009도 참조).

이처럼 통신 언어에 나타나는 변이 양상은 매체 특성이 반영되어 일반 언어와 차이가 있을 가능성이 크다. 따라서 일반 구어나 문어에서 관찰되고 분석된 사회언어학 변이가 통신 언어에서도 발견된다면 매체 간 변이 양상의 차이를 비교하고 그 원인을 분석하면 흥미로운 결과를 얻을 수 있다. 예를 들어, 오~우 변이(S. Y. Chae 1995), /w/ 탈락(H. S. Kang 1998a), /y/ 탈락(H. S. Kang 1998b), 이중모음 '의'의 단모음화(H. S. Kang 1997) 같은 음운 변수와 감사합니다~고맙습니다(이정복 2007) 같은 의례 표현의 어휘적 변이와 대학교수에 대한 교수(님)~선생(님)-박사(님)~샘/쌤 간 호칭어 사용 변이(조태린 2018) 등은 통신 언어에서도 나타나는데, 기존에 관찰된 변이형에 추가적 형태가 발견되고 새로운 변이 양상이 관찰되리라고 예상된다. 앞서 소개한 강현석·김민지(2022)는 (준)구어 자료를 토대로 감탄사

{응}과 {어}의 변이를 분석해서 여러 변이형 중 '응', '어', '어어'가 주된 변이형으로 사용되는 것을 발견했는데, 카카오톡 대화 자료에는 (준)구어 자료에 나타난 변이형 외에도 '웅', '엉', '웅웅', '웅응', 'ㅇ', '어엉', '앙' 등의 어형도 적지 않은 빈도로 발견되어 새로운 변이 양상이 관찰된다. 따라서 이 어휘적 변수도 통신 언어에서 탐구할 가치가 충분한 대상으로 생각된다.

그외 한국어 변이 연구의 소주제들

위에서 논의한 세 가지 큰 주제 외에 향후 한국어 변이 연구의 대상이 될 수 있는 소주제, 즉 잠재적 사회언어학 변수들을 소개하면 다음과 같다.

먼저 음운 변수로서 우리말에 나타나는 'ㅎ' 탈락(/h/ deletion) 현상을 들 수 있다. 'ㅎ' 탈락은 'h'의 자음 강도가 낮은 편(Honeybone 2008)이어서 나타나는 일종의 약화 현상으로 영어, 네덜란드어, 타갈로그어 등 여러 언어에서 관찰된다. 한국어에서는 유성음 사이에서 특히 'ㅎ'이 약화되어 탈락하는 것(영희→영이, 고향→고양)이 자주 관찰되는데, 전라 방언(김규남 1998 등)과 경상 방언(박선근 2006 등)에서는 더 폭넓은 환경, 즉 중부 방언에서는 강화 현상인 격음화가 일어나는 환경에서도 'ㅎ' 탈락 현상이 나타나는 것으로 알려져 있다(예: 못하다→모다다, 꽂하고→꼬다고). 특히 이 두 방언에서의 'ㅎ' 탈락 변이 현상을 많은 음성 언어 자료를 바탕으로 언어적, 비언어적 제약을 밝히고, 중부 방언에서 나타나는 'ㅎ' 탈락과의 차이와 다른 언어들에서 관찰되는 /h/ 탈락 현상과 비교하면 흥미로운 연구가 되리라고 생각한다.

형태·통사적 변수로는, 영어의 복수 접미사 -(e)s와 달리 한국어에서 수의적으로 나타나는 복수 접미사 '-들'의 사용 변이를 들 수 있다(우보의 2022 참조). 이 변수는 다양한 언어 내적, 맥락적 제약이 '사용'({들})과 '비사용'({ø})이라는 두 변이형의 출현에 영향을 줄 것으로 판단된다. 특히, 이 접미사가 부착되는 체언의 의미적 특질인 유정성(animacy)과 무정성

(inanimacy), 체언의 품사(명사, 대명사, 수사), 언어 유형(구어, 문어), 복수 의미를 띠는 표현(복수의 양화사, 수 관형사 등)이 같은 명사구 내에 사용되는지 여부가 복수 접미사 '-들'의 출현에 변인으로 기능할 것으로 판단된다. 또한 이 변이에 화자의 세대 요인과 성별 요인이 약하게나마 관여하는지도 조사해 볼 만하다. 이 연구는 구어와 문어의 말뭉치를 연구 대상 자료로 사용하는 것이 바람직하며, 말뭉치의 각 사용례 부분을 출력한 후 사용 맥락 분석, 사용례 코딩, 통계 처리 과정을 거쳐야 한다. 또한 국립국어원의 〈표준어 규정〉에서 표준 어형으로 둘 다 인정되지만(문화체육관광부 2017) 성별어적 차이를 보인다고 민현식(1997) 등이 제안하는 '-(으)셔요/-(으)세요'의 변이도 말뭉치를 바탕으로 변이에 관여하는 사회적 제약을 확인할 필요가 있다.

채서영(1997)은 모음 'ㅐ'가 상승 후 'ㅔ'와 합류해서 (주격과 소유격의 경우) 2인칭 대명사 '네'와 일인칭 대명사 '내'가 음성적으로 구별이 안 되기 때문에, '네'는 1980년대 이후 흔히 '니'의 형태로 사용된다고 제언하였다. 이에 대한 근거로, 채서영(1997)은 1910년대 이후 출간된 소설의 대사와 1970년대 이후 발표된 대중가요의 가사에 나타난 2인칭 대명사의 사용 변화를 분석하였으며, 2인칭 단수 대명사의 경우, '네가~니가'(주격)의 변이와 '네~니'(소유격)의 변이가 관찰하였다. 하지만 2000년대 이후, 2인칭 주격 대명사의 경우에는 '네가~니가'의 변이만이 아니라 '너가'가 변이형으로 추가되어 '네가~니가~너가'의 변이가 나타나고 있다. 이 어휘적 변이에는 사회적 요인이 주된 변인으로 생각되며, 화자의 연령대와 사회계층이 특히 유의미한 영향을 줄 것으로 판단된다. 또한 언어적 제약으로 언어 유형, 즉 구어와 문어 간의 차이도 크게 나타나리라고 예측한다. 분석 대상 자료로는 문어와 구어의 말뭉치 자료 그리고 영화와 드라마 대본과 대중가요의 가사가 적절하다고 생각된다. '너가'라는 새로운 변이형의 출현에는 언어가 일반적으로 선호하는 '하나의 의미에는 하나의 형태(one meaning one form)'라는 원리(Bolinger 1977)도 동기로 작용하는 듯하다.

또 다른 잠재적인 어휘·담화적 변수로는 '미안하다~죄송하다' 간 변이를 들 수 있다. 이정복(2007)의 '고맙다~감사하다'의 변이 분석에 따르면, 고마움을 표현하는 이 두 어휘는 사용되는 대화 상대자에 차이가 있고, 이들이 사용되는 경어법의 말 단계, 함께 사용하는 호칭어, 사용 빈도에서도 다르다. 유사한 차이와 제약들이 '미안하다~죄송하다' 간 변이에도 발견될 것으로 예측되며, 이 두 어휘의 변이 연구에는 어원적 분석과 어휘사적 분석도 두 표현의 사용 변이와 현재 사용 양태의 이해에 필요하리라고 생각된다.

위 주제들 외에도 한국어에 나타나는 변이와 변화 현상은 여러 언어 층위에 다양하게 존재해서 분석 대상이 될 수 있는 잠재적 변수들이 다수 있다고 판단된다. 주지하듯이, 변이 연구를 효율적으로 수행하고 가치 있는 연구 결과를 내기 위해서는 선행 연구와 분석 대상 변이의 국어사적 배경에 대한 철저한 분석이 필요하고, 신빙성 있고 연구 목적에 부합하는 적절한 언어 자료를 선택해야 하며, 내재된 변이를 효과적으로 파악하고 변이의 양태를 정확히 밝히기 위해서는 통계 분석의 역량이 또한 요구된다. 이 책이 한국어 변이와 변화 연구에, 특히 변이 연구자의 통계 분석 역량의 발전에 작은 도움과 참고가 될 수 있기를 바란다. 사회언어학에서 변이와 변화 연구는 과거에도 그랬고 지금도 가장 중심적 하위분야 중 하나라고 할 수 있다. 앞으로 국내에서도 더 심도 있고 흥미로운 연구가 많이 이루어져 한국어 변이사회언어학이 더욱 발전하기를 기대한다.

과제

8장 1절의 관련 내용을 숙지한 후 〈종합과제〉 과제 II의 7번을 수행하라.

종합과제

※ 아래 누리집에서 각 과제에 해당되는 라보브의 백화점 연구의 모의 자료 파일을 내려받아 아래 과제를 수행하시오.

누리집 주소: https://blog.naver.com/1hskang

I. **[4장 과제(골드바브 분석)]** 아래 골드바브 토큰 파일을 내려받고 3장과 4장에 기술된 절차에 따라 동시적 이항 분석과 단계적 추가/제거 분석을 시행하라.

파일명: 백화점연구(모의).tkn

(1) 어떤 변인(들)이 단계적 추가/제거 분석에서 종속변수의 실현에 유의미한 독립변수로 분석되었는가?
(2) 유의미하다고 분석된 독립변수(들)의 범위(range)를 구하라.
(3) 단계적 추가/제거 분석과 범위에서 가장 강력하다고 분석된 변인은 무엇인가?
(4) 종속변수의 실현에 유의미하지 않다고 분석된 독립변수의 영향은 예상과 동일한 방향인가? 역방향인가?
(5) 카이제곱 수치로 본 회귀모델의 전반적 자료 적합도는 어떠한가? 또한, 특정 셀이 자료와 큰 오차를 보이는 예는 없었는가?
(6) 4장 〈표 1〉의 양식을 따라 이 모의 연구의 골드바브 분석 결과를 작성하라.

II. 아래 과제들은 다음 CSV 파일을 내려받아 저장 후 수행하시오.

파일명: 백화점연구(모의).csv

1. **[5장 과제(LVS 고정효과 회귀분석)]** 5장에 기술된 절차를 따라 자료 파일을 대상으로 LVS의 고정효과 회귀분석을 시행하라. ('Data' 메뉴에서 파일을 업로드하고, 'Inferential Statistics' 메뉴의 'Modeling'에서 종속변수와 'Informant'를 제외한 독립변수 셋을 선택한 후, 'Regression'에서 모델로는 'Fixed effect model' 그리고 종속변수 유형으로는 'binary'를 선택한다. 기준가는 'No'로 지정한다.)

   (1) 어떤 변인(들)이 편차 분석표(Analysis of Deviance Table)에서 종속변수의 실현에 유의미한 독립변수로 분석되었는가?
   (2) 어떤 변인이 자료를 가장 많이 설명하는가? 즉 가장 편차(deviance)를 많이 줄여 주는 변인은 무엇인가?
   (3) 종속변수의 실현에 가장 유의미한 영향을 미치는 변인은 무엇인가?
   (4) 회귀분석에서 각 독립변수의 기준가로 설정된 변숫값은 각각 무엇이고 공통점은 무엇인가?
   (5) 'Modeling'에서 'interaction'을 포함한 회귀모델을 설정하고 다시 분석을 시행하라. 변인 간에 어떤 교호작용이 발견되는가?
   (6) 5장 〈표 1〉의 방식을 따라 이 모의 연구의 고정효과 회귀분석의 결과를 작성하라.

2. **[5장 과제(LVS 혼합효과 회귀분석)]** 5장에 기술된 절차를 따라 LVS의 혼합효과 회귀분석을 시행하라. ('Inferential Statistics' 메뉴의 'Modeling'에서 종속변수와 독립변수 셋을 선택한 후, 'Regression'에서 모델로는 'Mixed effect model' 그리고 종속변수 유형으로는 'binary'를 선택한다. 이어 임의 절편으로 'Informant'를 선택한다.)

   (1) 임의 변수의 종속변수에 대한 영향을 보여주는 'Informant'의 표준편차는 무엇인가? 그리고 이 수치는 무엇을 의미하는가?

(2) 혼합효과 분석과 고정효과 분석의 회귀계수 표에 주어진 회귀계수들을 비교하라. 변인들의 개별 요인에 대해 산출된 회귀계수에서 어떤 차이를 발견할 수 있는가?
(3) 혼합효과 회귀분석과 고정효과 회귀분석의 AIC 값을 비교하라. 어느 분석의 결과가 더 나은 값을 보이는가?
(4) 혼합효과 회귀분석의 전반적 결과가 함축하는 의미는 무엇인가?

3. **[6장 과제(LVS 조건부 추론 나무 분석)]** 6장에 설명된 절차에 따라 위에서 수행한 고정효과 회귀분석과 동일하게 모델 설정과 회귀 유형 설정을 하고 조건부 추론 나무 분석을 시행하라. (교호작용은 회귀모델에 포함하지 않는다.)

(1) 가장 영향도가 크다고 분석된 것은 어떤 변인인가? 어떤 변인이 유의미하지 않다고 분석되었는가?
(2) 전체 자료는 크게 몇 개로 구분되었고 어떤 방식으로 나누어졌는가?
(3) 'fourth'와 'floor'중 어떤 어휘가 더 높은 [r] 발음 비율을 보이는 것으로 분석되었는가?
(4) 분석 결과에서 변인 간의 교호작용 혹은 상관관계는 어떻게 나타나는가?

4. **[6장 과제(LVS 랜덤 포리스트 분석)]** 6장에서 기술한 절차를 따라 고정효과 회귀분석과 동일하게 모델 설정과 회귀 유형 설정을 하고 랜덤 포리스트 분석을 시행하라.

(1) 강조 유무(Emphasis)는 종속변수에 유의미한 영향을 미치는 변인으로 분석되었는가?
(2) 랜덤 포리스트의 분석 결과는 조건부 추론 나무의 결과와 동일한가?
(3) 랜덤 포리스트와 조건부 추론 나무는 분석 소요 시간에 차이가 있는가? 차이가 있다면 그 이유는 무엇인가?
(4) 랜덤 포리스트 분석 결과를 로지스틱 회귀분석 결과와 비교하면 어떤 차이와 장단점이 있는가?

5. **[7장 과제(Rbrul 고정효과 회귀분석)]** 7장에 기술된 절차를 따라 샤이니 앱 유형의 Rbrul을 활용해서 종속변수와 독립변수 셋을 포함한 회귀모델로 고정효과 회귀분석을 시행하라.

1) 모든 독립변수의 기준가는 디폴트인 평균가(sum-to-zero)로 하고, 결과 출력 양식도

디폴트인 Rbrul 양식으로 해서 분석하라.

(1) 어떤 독립변수가 종속변수의 실현에 유의미한 변인으로 분석되었는가?
(2) 변인 간 교호작용 중에 유의미하다고 분석된 것이 있는가?
(3) 앞서 〈과제 I〉에서 골드바브 분석을 수행하면서 얻은 각 개별 요인의 요인 비중을 Rbrul 결과에 나타난 요인 비중과 비교하라. 혹시 어떤 차이가 발견되는가?
(4) 7장에 주어진 〈표 2〉의 방식을 따라 고정효과 회귀분석의 결과를 작성하라.

2) 이번에는 결과 출력 유형을 R 양식을 선택해서 분석하라.

(1) 회귀분석에서 각 독립변수의 기준가로 설정된 변숫값은 무엇이고 공통점은 무엇인가?
(2) LVS와 Rbrul은 독립변수의 기준가 설정에서 어떤 차이가 있는가? 그리고 기준가 설정에 있어서 LVS에 대비한 Rbrul의 장점은 무엇인가?

6. **[7장 과제(Rbrul 혼합효과 회귀분석)]** 7장에 기술된 절차를 따라 샤이니 앱 유형의 Rbrul을 활용해서 혼합효과 회귀분석을 시행하라. (고정효과 모델에 'Informant' 변인을 추가하고, 모든 독립변수의 기준가는 디폴트인 평균가(sum-to-zero)로 두고 결과 출력도 디폴트인 Rbrul 양식을 선택하라.)

(1) 임의 변수로 'Informant'를 회귀모델에 추가한 결과 기존 변인의 유의미 분석 결과에 변화가 있는가? 있다면 어떤 변화가 관찰되는가?
(2) 실제 자료와 회귀모델과의 오차를 의미하는 '(residual) deviance'(편차; 5장 4절 참조))는 고정효과 분석과 혼합효과 분석 간에 차이가 있는가?
(3) 임의 변수의 표준편차는 무엇인가? 이 수치는 앞서 LVS를 사용해서 얻은 수치와 동일한가?

7. **[8장 과제(파일 변환)]** 8장 1절의 내용과 아래 사항을 참고해서 '백화점연구(모의).csv' 파일을 '백화점연구(모의)2.tkn' 파일로 변환하고 다시 이 파일을 '백화점연구(모의)2.csv' 파일로 바꾸라.

참고: '백화점연구(모의).csv'는 변수들의 변숫값이 아래 방식으로 코딩되어 있다.

변수	변숫값
R-presence(모음 뒤 [r] 발음 여부)	Yes(발음), No(발음 안 함)
StoreName(백화점 이름)	Saks, Macy's, Klein's
Emphasis(강조 유무)	absent(비강조), present(강조)
Word(단어)	*fourth, floor*

(1) CSV 파일을 엑셀에서 열어서 '바꾸기' 기능을 사용해서 각 변숫값을 아래 방식으로 대체하라.

(모음 뒤 [r] 발음 여부) Yes→e, No→o
(백화점 이름) Saks→s, Macy's→m, Klein's→k
(강조 유무) absent→b, present→r
(단어) fourth→t, floor→l

(2) 엑셀 시트의 G2(G열 2행) 셀에 적절한 엑셀 함수식을 넣어 괄호 '('와 처음 네 변수의 값을 연결해서 골드바브 토큰을 만들라. 그리고 같은 함수식을 G730(G열 730행) 셀까지 적용해서 골드바브 토큰 열을 작성하라.

(3) G열 전체를 복사한 후 골드바브를 열고 붙여넣기를 한 다음 '백화점연구(모의)2.tkn'이라는 이름으로 저장해서 골드바브 토큰 파일을 작성하라.

(4) '백화점연구(모의)2.tkn'을 엑셀에서 연 후 8장 1절에 기술된 절차에 따라 '백화점연구(모의)2.csv' 파일로 변환하라.

첨부

〈첨부 1〉 LVS로 감탄사 '응'(eung), '어'(eo), '어어'(eoeo)의 변이를 '응'을 기준가로 삼항 로지스틱 회귀분석을 했을 때의 결과

```
Coefficients :
                     Estimate  Std. Error t-value  Pr(>|t|)
eo:(intercept)      -0.162298    0.192016 -0.8452 0.3979816
eoeo:(intercept)    -0.717021    0.238806 -3.0025 0.0026774 **
eo:Functionb         0.575225    0.216331  2.6590 0.0078372 **
eoeo:Functionb       0.676153    0.223306  3.0279 0.0024625 **
eo:Functionc         1.094219    0.304181  3.5973 0.0003216 ***
eoeo:Functionc       0.414341    0.352009  1.1771 0.2391659
eo:Functione         0.921914    0.258130  3.5715 0.0003549 ***
eoeo:Functione      -2.047571    0.623065 -3.2863 0.0010152 **
eo:Functionf        17.113563 2172.359947  0.0079 0.9937144
eoeo:Functionf      18.971697 2172.359911  0.0087 0.9930320
eo:Functionr         0.025793    0.209692  0.1230 0.9021024
eoeo:Functionr      -3.243090    0.609241 -5.3232 1.020e-07 ***
eo:Functions         0.045807    0.236678  0.1935 0.8465358
eoeo:Functions      -2.572292    0.542594 -4.7407 2.129e-06 ***
eo:Functiont         2.434503    0.257136  9.4678 < 2.2e-16 ***
eoeo:Functiont       1.200905    0.286985  4.1846 2.857e-05 ***
eo:Functionx         0.702533    0.280068  2.5084 0.0121266 *
eoeo:Functionx      -0.045028    0.328551 -0.1371 0.8909911
eo:SpeakerGm         0.430316    0.138487  3.1073 0.0018883 **
eoeo:SpeakerGm      -0.066397    0.182070 -0.3647 0.7153529
eo:SpeakerA2        -0.017767    0.198413 -0.0895 0.9286497
eoeo:SpeakerA2       0.507822    0.251883  2.0161 0.0437894 *
eo:SpeakerA3        -0.061533    0.182756 -0.3367 0.7363465
eoeo:SpeakerA3       0.481968    0.248635  1.9385 0.0525670 .
eo:SpeakerA4         0.049151    0.205745  0.2389 0.8111895
eoeo:SpeakerA4       0.628220    0.278007  2.2597 0.0238380 *
eo:SpeakerA5        -0.815595    0.257032 -3.1731 0.0015081 **
eoeo:SpeakerA5       0.783945    0.317130  2.4720 0.0134360 *
eo:HearerGm         -0.126575    0.130383 -0.9708 0.3316516
eoeo:HearerGm       -0.032299    0.167218 -0.1932 0.8468357
---
Signif. codes:  0 '***' 0.001 '**' 0.01 '*' 0.05 '.' 0.1 ' ' 1

Log-Likelihood: -1329.6
McFadden R^2:  0.14142
Likelihood ratio test : chisq = 438 (p.value = < 2.22e-16)
```

〈첨부 2〉 LVS로 감탄사 '응'(eung), '어'(eo), '어어'(eoeo)의 변이를 '어'를 기준가로 삼항 로지스틱 회귀분석을 했을 때의 결과

```
Coefficients :
                     Estimate  Std. Error t-value  Pr(>|t|)
eoeo:(intercept)    -0.554723    0.229633 -2.4157 0.0157052 *
eung:(intercept)     0.162298    0.192016  0.8452 0.3979816
eoeo:Functionb       0.100928    0.214512  0.4705 0.6379974
eung:Functionb      -0.575225    0.216331 -2.6590 0.0078372 **
eoeo:Functionc      -0.679878    0.305366 -2.2264 0.0259848 *
eung:Functionc      -1.094219    0.304181 -3.5973 0.0003216 ***
eoeo:Functione      -2.969485    0.612363 -4.8492 1.239e-06 ***
eung:Functione      -0.921914    0.258130 -3.5715 0.0003549 ***
eoeo:Functionf       1.858133    0.523927  3.5465 0.0003903 ***
eung:Functionf     -17.113563 2172.359942 -0.0079 0.9937144
eoeo:Functionr      -3.268884    0.611398 -5.3466 8.964e-08 ***
eung:Functionr      -0.025793    0.209692 -0.1230 0.9021024
eoeo:Functions      -2.618099    0.544893 -4.8048 1.549e-06 ***
eung:Functions      -0.045807    0.236678 -0.1935 0.8465358
eoeo:Functiont      -1.233598    0.216845 -5.6889 1.279e-08 ***
eung:Functiont      -2.434503    0.257136 -9.4678 < 2.2e-16 ***
eoeo:Functionx      -0.747561    0.309821 -2.4129 0.0158272 *
eung:Functionx      -0.702533    0.280068 -2.5084 0.0121266 *
eoeo:SpeakerGm      -0.496712    0.164682 -3.0162 0.0025598 **
eung:SpeakerGm      -0.430316    0.138487 -3.1073 0.0018883 **
eoeo:SpeakerA2       0.525589    0.225493  2.3308 0.0197616 *
eung:SpeakerA2       0.017767    0.198413  0.0895 0.9286497
eoeo:SpeakerA3       0.543502    0.226065  2.4042 0.0162088 *
eung:SpeakerA3       0.061533    0.182756  0.3367 0.7363465
eoeo:SpeakerA4       0.579069    0.249474  2.3212 0.0202781 *
eung:SpeakerA4      -0.049151    0.205745 -0.2389 0.8111895
eoeo:SpeakerA5       1.599540    0.298311  5.3620 8.231e-08 ***
eung:SpeakerA5       0.815595    0.257032  3.1731 0.0015081 **
eoeo:HearerGm        0.094275    0.152162  0.6196 0.5355386
eung:HearerGm        0.126575    0.130383  0.9708 0.3316516
---
Signif. codes:  0 '***' 0.001 '**' 0.01 '*' 0.05 '.' 0.1 ' ' 1

Log-Likelihood: -1329.6
McFadden R^2:  0.14142
Likelihood ratio test : chisq = 438 (p.value = < 2.22e-16)
```

〈첨부 3〉 LVS로 감탄사 '응'(eung), '어'(eo), '어어'(eoeo)의 변이를 '어어'를 기준가로 삼항 로지스틱 회귀분석을 했을 때의 결과

```
Coefficients :
                     Estimate   Std. Error t-value  Pr(>|t|)
eo:(intercept)       0.554723     0.229633  2.4157 0.0157052 *
eung:(intercept)     0.717021     0.238806  3.0025 0.0026774 **
eo:Functionb        -0.100928     0.214512 -0.4705 0.6379974
eung:Functionb      -0.676153     0.223306 -3.0279 0.0024625 **
eo:Functionc         0.679878     0.305366  2.2264 0.0259848 *
eung:Functionc      -0.414341     0.352009 -1.1771 0.2391659
eo:Functione         2.969485     0.612363  4.8492 1.239e-06 ***
eung:Functione       2.047571     0.623065  3.2863 0.0010152 **
eo:Functionf        -1.858133     0.523927 -3.5465 0.0003903 ***
eung:Functionf     -18.971697  2172.359907 -0.0087 0.9930320
eo:Functionr         3.268884     0.611398  5.3466 8.964e-08 ***
eung:Functionr       3.243090     0.609241  5.3232 1.020e-07 ***
eo:Functions         2.618099     0.544893  4.8048 1.549e-06 ***
eung:Functions       2.572292     0.542594  4.7407 2.129e-06 ***
eo:Functiont         1.233598     0.216845  5.6889 1.279e-08 ***
eung:Functiont      -1.200905     0.286985 -4.1846 2.857e-05 ***
eo:Functionx         0.747561     0.309821  2.4129 0.0158272 *
eung:Functionx       0.045028     0.328551  0.1371 0.8909911
eo:SpeakerGm         0.496712     0.164682  3.0162 0.0025598 **
eung:SpeakerGm       0.066397     0.182070  0.3647 0.7153529
eo:SpeakerA2        -0.525589     0.225493 -2.3308 0.0197616 *
eung:SpeakerA2      -0.507822     0.251883 -2.0161 0.0437894 *
eo:SpeakerA3        -0.543502     0.226065 -2.4042 0.0162088 *
eung:SpeakerA3      -0.481968     0.248635 -1.9385 0.0525670 .
eo:SpeakerA4        -0.579069     0.249474 -2.3212 0.0202781 *
eung:SpeakerA4      -0.628220     0.278007 -2.2597 0.0238380 *
eo:SpeakerA5        -1.599540     0.298311 -5.3620 8.231e-08 ***
eung:SpeakerA5      -0.783945     0.317130 -2.4720 0.0134360 *
eo:HearerGm         -0.094275     0.152162 -0.6196 0.5355386
eung:HearerGm        0.032299     0.167218  0.1932 0.8468357
---
Signif. codes:  0 '***' 0.001 '**' 0.01 '*' 0.05 '.' 0.1 ' ' 1

Log-Likelihood: -1329.6
McFadden R^2:  0.14142
Likelihood ratio test : chisq = 438 (p.value = < 2.22e-16)
```

〈첨부 4〉 LVS로 라보브(Labov 1972 참조)의 백화점 직원의 모음 뒤 [r] 발음 모의 자료를 분석한 결과

[회계 계수 분석 결과]

```
Coefficients:
                                           Estimate Std. Error z value Pr(>|z|)
(Intercept)                                  1.5506     0.4161   3.726 0.000194
StoreNameMacy's                             -1.9889     0.5054  -3.935 8.31e-05
StoreNameSaks                               -2.1102     0.5515  -3.827 0.000130
Emphasisnormal                               0.9175     0.6246   1.469 0.141840
WordfouRth                                   0.3465     0.6040   0.574 0.566168
StoreNameMacy's:Emphasisnormal              -0.2233     0.7137  -0.313 0.754351
StoreNameSaks:Emphasisnormal                -0.9015     0.7803  -1.155 0.247959
StoreNameMacy's:WordfouRth                   1.3980     0.7381   1.894 0.058232
StoreNameSaks:WordfouRth                     0.6186     0.7746   0.799 0.424527
Emphasisnormal:WordfouRth                    0.2299     0.9648   0.238 0.811664
StoreNameMacy's:Emphasisnormal:WordfouRth   -1.3324     1.0911  -1.221 0.222035
StoreNameSaks:Emphasisnormal:WordfouRth      0.2396     1.1584   0.207 0.836138

(Intercept)                                 ***
StoreNameMacy's                             ***
StoreNameSaks                               ***
Emphasisnormal
WordfouRth
StoreNameMacy's:Emphasisnormal
StoreNameSaks:Emphasisnormal
StoreNameMacy's:WordfouRth                  .
StoreNameSaks:WordfouRth
Emphasisnormal:WordfouRth
StoreNameMacy's:Emphasisnormal:WordfouRth
StoreNameSaks:Emphasisnormal:WordfouRth
---
Signif. codes:  0 '***' 0.001 '**' 0.01 '*' 0.05 '.' 0.1 ' ' 1
```

*회귀모델에 포함된 독립변수와 변숫값
(1) StoreName(백화점명) -- 변숫값: Klein's, Macy's, Sak's
(2) Emphasis(강조 여부) -- 변숫값: Normal(비강조), Emphatic(강조)
(3) Word(낱말) -- 변숫값: *fourth, floor*
(4) 변인 간 교호작용 [5장 〈그림 7〉이 보여주는 Modeling(모델 설정) 창에서 'interaction'(교호작용)을 선택해야 함]

[편차 분석표]

```
Analysis of Deviance Table

Model: binomial, link: logit

Response: R.presence

Terms added sequentially (first to last)


                      Df Deviance Resid. Df Resid. Dev  Pr(>Chi)
NULL                                    728     908.96
StoreName              2   82.730       726     826.23 < 2.2e-16 ***
Emphasis               1    2.648       725     823.58    0.1037
Word                   1   33.961       724     789.62 5.623e-09 ***
StoreName:Emphasis     2    2.761       722     786.86    0.2514
StoreName:Word         2    1.961       720     784.90    0.3752
Emphasis:Word          1    1.213       719     783.69    0.2708
StoreName:Emphasis:Word 2   4.199       717     779.49    0.1225
```

1. 분석에 포함된 독립변수 'StoreName'(백화점명), Emphasis(강조), 'Word'(단어) 중에서 'StoreName'(백화점명)과 'Word'(단어가 종속변수인)가 모음 뒤 [r]의 실현에 영향을 주는 변인으로 분석되었음[강조가 있는 경우 [r]이 더 실현되었으나 유의미한 차이는 아니었음]

2. 교호작용
   1) 두 변인 간의 교호작용, 즉 StoreName(백화점명)과 Emphasis(강조) 간 교

호작용, StoreName(백화점명)과 Word(단어) 간 교호작용, Emphasis(강조)와 Word(단어) 간 교호작용은 모두 유의미하지 않은 것으로 분석되었음

2) 세 변인 간의 교호작용, 즉 StoreName(백화점명)과 Emphasis(강조)와 Word(단어) 간 교호작용 역시 유의미하지 않은 것으로 분석되었음

〈첨부 5〉 Rbrul로 라보브(Labov 1972 참조)의 백화점 직원의 모음 뒤 [r] 발음 모의 자료를 분석한 결과

```
model.basics
 total.n df intercept input.prob grand.proportion
     729  5    -0.936      0.282            0.316

model.fit
 deviance     AIC    AICc Somers.Dxy    R2
  789.624 799.624 799.707      0.484 0.248

Emphasis
         logodds   n proportion factor.weight
emphatic   0.165 271      0.347         0.541
normal    -0.165 458      0.297         0.459

StoreName
        logodds   n proportion factor.weight
Saks      0.895 177     0.4750          0.71
Macy's    0.454 336     0.3720         0.612
Klein's  -1.349 216     0.0972         0.206

Word
       logodds   n proportion factor.weight
flooR    0.501 347      0.412         0.623
fouRth  -0.501 382      0.228         0.377
```

```
$current.predictors
            df AIC.if.dropped  p.value
2 StoreName  2         +84.05 7.57e-20
3      Word  1         +31.96 5.62e-09
1  Emphasis  1          +1.38   0.0661
```

```
$potential.predictors
                   df AIC.if.added p.value
1 Emphasis:StoreName  2        +1.24   0.251
2      Emphasis:Word  1         +0.8   0.272
3     StoreName:Word  2        +1.85   0.341
```

*회귀모델에 포함된 독립변수와 변숫값 그리고 종속변수에 대한 유의미성

(1) StoreName(백화점명) -- 변숫값: Klein's, Macy's, Sak's [유의미함]

(2) Emphasis(강조 여부) -- 변숫값: Normal(비강조), Emphatic(강조) [유의미하지 않음]

(3) Word(낱말) -- 변숫값: *fourth*, *floor* [유의미함]

*잠재적 변인의 분석

두 변인 간 교호작용

(1) Emphasis(강조)와 StoreName(백화점명) 간 교호작용

(2) Emphasis(강조)와 Word(단어) 간 교호작용

(3) StoreName(백화점명)과 Word(단어) 간 교호작용

[모두 유의미하지 않음]

종합과제 답안

I. 자료를 골드바브로 분석한 결과는 아래와 같다.

```
• CELL CREATION • 2024-09-05 오후 11:04:25 ••••••••••••••••••••••••••••••••••••••
   Name of token file: 백화점연구(모의).tkn
Name of condition file: Untitled.cnd
(
; Identity recode:  All groups included as is.
(1)
(2)
(3)
(4)
)

      Number of cells:  12
  Application value(s):  y
   Total no. of factors:  7

                     Non-
Group     Apps     apps     Total     %
----------------------------------------
 1 (2)
    s  N      84       93      177    24.3
       %    47.5     52.5

    m  N     125      211      336    46.1
       %    37.2     62.8

    k  N      21      195      216    29.6
       %     9.7     90.3

Total  N     230      499      729
       %    31.6     68.4
```

```
--------------------------------------
2 (3)
  a  N     136    322    458    62.8
     %     29.7   70.3

  p  N      94    177    271    37.2
     %     34.7   65.3

Total N    230    499    729
     %     31.6   68.4
--------------------------------------
3 (4)
  u  N      87    295    382    52.4
     %     22.8   77.2

  o  N     143    204    347    47.6
     %     41.2   58.8

Total N    230    499    729
     %     31.6   68.4
--------------------------------------
TOTAL N    230    499    729
     %     31.6   68.4
```

Name of new cell file: .cel

• BINOMIAL VARBRUL, 1 step • 2024-09-05 오후 11:05:41 ••••••••••••••••••••••••••••
Name of cell file: .cel

Averaging by weighting factors.
One-level binomial analysis...

Run # 1, 12 cells:
Convergence at Iteration 6
Input 0.274

Group Factor Weight App/Total Input&Weight

```
1:  s   0.704   0.47   0.47
    m   0.605   0.37   0.37
```

	k	0.202	0.10	0.09
2:	a	0.470	0.30	0.25
	p	0.551	0.35	0.32
3:	u	0.383	0.23	0.19
	o	0.628	0.41	0.39

Cell	Total	App'ns	Expected	Error
spu	40	16	16.262	0.007
spo	33	21	21.462	0.028
sau	55	16	18.183	0.392
sao	49	31	28.070	0.716
mpu	61	13	18.677	2.487
mpo	51	31	27.801	0.809
mau	114	33	27.516	1.441
mao	110	48	50.986	0.326
kpu	46	6	3.128	2.828
kpo	40	7	6.615	0.027
kau	66	3	3.299	0.028
kao	64	5	8.000	1.286

Total Chi-square = 10.3757
Chi-square/cell = 0.8646
Log likelihood = -394.812

• BINOMIAL VARBRUL • 2024-09-05 오후 11:06:36 ••••••••••••••••••••••••••••••••
Name of cell file: .cel

Averaging by weighting factors.
Threshold, step-up/down: 0.050001

Stepping up...

---------- Level # 0 ----------

Run # 1, 1 cells:
Convergence at Iteration 2
Input 0.316
Log likelihood = -454.481

---------- Level # 1 ----------

Run # 2, 3 cells:
Convergence at Iteration 5
Input 0.284
Group # 1 -- s: 0.695, m: 0.599, k: 0.214
Log likelihood = -413.116 Significance = 0.000

Run # 3, 2 cells:
Convergence at Iteration 4
Input 0.315
Group # 2 -- a: 0.479, p: 0.536
Log likelihood = -453.506 Significance = 0.171

Run # 4, 2 cells:
Convergence at Iteration 4
Input 0.308
Group # 3 -- u: 0.399, o: 0.611
Log likelihood = -440.092 Significance = 0.000

Add Group # 1 with factors smk

---------- Level # 2 ----------

Run # 5, 6 cells:
Convergence at Iteration 5
Input 0.283
Group # 1 -- s: 0.693, m: 0.602, k: 0.212
Group # 2 -- a: 0.474, p: 0.544
Log likelihood = -411.793 Significance = 0.105

Run # 6, 6 cells:
Convergence at Iteration 6
Input 0.275
Group # 1 -- s: **0.706, m: 0.602, k: 0.204**
Group # 3 -- u: **0.385, o: 0.626**
Log likelihood = -396.501 Significance = 0.000

Add Group # 3 with factors uo

---------- Level # 3 ----------

Run # 7, 12 cells:
Convergence at Iteration 6

Input 0.274
Group # 1 -- s: 0.704, m: 0.605, k: 0.202
Group # 2 -- a: 0.470, p: 0.551
Group # 3 -- u: 0.383, o: 0.628
Log likelihood = -394.812 Significance = 0.070

No remaining groups significant

Groups selected while stepping up: 1 3
Best stepping up run: #6

Stepping down...

---------- Level # 3 ----------

Run # 8, 12 cells:
Convergence at Iteration 6
Input 0.274
Group # 1 -- s: 0.704, m: 0.605, k: 0.202
Group # 2 -- a: 0.470, p: 0.551
Group # 3 -- u: 0.383, o: 0.628
Log likelihood = -394.812

---------- Level # 2 ----------

Run # 9, 4 cells:
Convergence at Iteration 4
Input 0.308
Group # 2 -- a: 0.476, p: 0.541
Group # 3 -- u: 0.398, o: 0.612
Log likelihood = -438.840 Significance = 0.000

Run # 10, 6 cells:
Convergence at Iteration 6
Input 0.275
Group # 1 -- **s: 0.706, m: 0.602, k: 0.204**
Group # 3 -- **u: 0.385, o: 0.626**
Log likelihood = -396.501 Significance = 0.070

Run # 11, 6 cells:
Convergence at Iteration 5

Input 0.283
Group # 1 -- s: 0.693, m: 0.602, k: 0.212
Group # 2 -- a: 0.474, p: 0.544
Log likelihood = -411.793 Significance = 0.000

Cut Group # 2 with factors ap

---------- Level # 1 ----------

Run # 12, 2 cells:
Convergence at Iteration 4
Input 0.308
Group # 3 -- u: 0.399, o: 0.611
Log likelihood = -440.092 Significance = 0.000

Run # 13, 3 cells:
Convergence at Iteration 5
Input 0.284
Group # 1 -- s: 0.695, m: 0.599, k: 0.214
Log likelihood = -413.116 Significance = 0.000

All remaining groups significant

Groups eliminated while stepping down: 2
Best stepping up run: #6
Best stepping down run: #10

---

(1) 분석에 포함된 세 독립변수 중 두 번째 변인(Group #2)인 '강조 유무'를 제외한 첫 번째 변인(Group #1)인 '백화점명'과 세 번째 변인(Group #3)인 '단어'가 유의미한 영향을 미치는 독립변수로 분석되었다.

(2) '백화점명'과 '단어'의 범위는 이 두 변인만 회귀모델에 포함된 'Run #6'나 'Run #10'에 나타난 개별 요인들의 요인 비중을 바탕으로 구할 수 있다. 두 독립변수의 개별 요인의 요인 비중과 범위는 아래와 같다.

Group #1(백화점 이름) -- s: **0.706**, m: **0.602**, k: **0.204**
[범위: (0.706-0.204)×100=**502**]
Group #3(단어) -- u: **0.385**, o: **0.626**

[범위: (0.626-0.385)×100=**241**]

(3) 단계적 추가/제거 분석에서 가장 먼저 추가된 변인은 'Group #1', 즉 '백화점명'이었고, 범위 분석에서도 '백화점명'의 범위가 '단어'의 범위보다 훨씬 커서 전자가 [r] 발음의 유무에 가장 강력한 변인으로 분석되었다.

(4) 앞서 보았듯이 두 번째 독립변수인 '강조 유무'는 유의미한 변인으로 분석되지 않았다. 하지만 개별 요인인 p(강조), a(비강조)의 요인 비중(위 분석 결과의 요인 비중 표 참조)은 각각 0.551과 0.470으로 나타나서 강세가 있을 때, 즉 더 주의해서 발음할 때 뉴욕시 언어공동체에서 더 높은 평가를 받는 모음 뒤 [r] 발음을 할 확률이 높아지므로 예상과 부합한다고 할 수 있다.

(5) 셀 평균 카이제곱값은 0.8646으로 나타났다. 이 수치는 아주 낮은 수치로 회귀모델의 실제 자료에 대한 적합도가 우수하다는 것을 보여준다. 또한 어떤 셀에서도 자료와 과도한 오차가 나타난 경우는 없었다(4장 2절 참조).

(6) (4장 4절의 내용을 참조하라.)

뉴욕 백화점 직원의 모음 뒤 [r] 발음 모의 자료를
[r]을 적용가로 해서 수행한 골드바브 분석 결과

잠재적 변인	요인 확률	[r]의 비율	사례수
[백화점 이름]			
Saks	.706	48%	177
Macy's	.602	37%	336
Klein	.204	10%	216
(범위)	(502)		
[단어]			
floor	.626	41%	347
fouth	.385	23%	382
(범위)	(241)		
[강조 여부](유의미하지 않음)			
강조	[.551]	35%	271
비강조	[.470]	30%	458
(범위)	(94)		
입력 확률	0.275		
로그 가능도	−396.501		
전체 토큰 수	729		

II. I. LVS를 활용한 고정효과 회귀분석의 결과는 다음과 같다.

```
Coefficients:
                  Estimate Std. Error z value Pr(>|z|)    
(Intercept)        -1.9483     0.2515  -7.747 9.38e-15 ***
StoreNameMacy's     1.8028     0.2617   6.890 5.59e-12 ***
StoreNameSaks       2.2428     0.2820   7.954 1.81e-15 ***
Emphasispresent     0.3291     0.1790   1.839   0.0659 .  
Wordfourth         -1.0013     0.1753  -5.713 1.11e-08 ***
---
Signif. codes:  0 '***' 0.001 '**' 0.01 '*' 0.05 '.' 0.1 ' ' 1

(Dispersion parameter for binomial family taken to be 1)

    Null deviance: 908.96  on 728  degrees of freedom
Residual deviance: 789.62  on 724  degrees of freedom
AIC: 799.62

Number of Fisher Scoring iterations: 5
```

```
Analysis of Deviance Table

Model: binomial, link: logit

Response: R.presence

Terms added sequentially (first to last)


          Df Deviance Resid. Df Resid. Dev  Pr(>Chi)    
NULL                        728     908.96              
StoreName  2   82.730       726     826.23 < 2.2e-16 ***
Emphasis   1    2.648       725     823.58    0.1037    
Word       1   33.961       724     789.62 5.623e-09 ***
---
Signif. codes:  0 '***' 0.001 '**' 0.01 '*' 0.05 '.' 0.1 ' ' 1
```

(1) 유의미한 독립변수: '백화점명'(StoreName)과 '단어'(Word)

(2) '백화점명'이 줄여주는 편차(Deviance)는 82.730이고 '단어'가 줄이는 편차는 33.961이므로 '백화점명'이 자료를 가장 많이 설명하는 변인이다(편차 분석표 참조).

(3) '백화점명'의 유의도는 2.2e-16이고 '단어'의 유의도는 5.623e-09이므로, '백화점명'의 유의도 수치가 더 작고 유의도는 더 높다. 따라서 '백화점명'이 종속변수의 실현에 가장 유의미한 영향을 미치는 변인이다.

(4) 5장 4절에서 언급했듯이, LVS에서는 회귀분석 시 독립변수의 개별 요인을 코딩한 값이 알파벳 순서로 가장 빠른 것을 해당 독립변수의 기준가로 자동 설정한다. 따라서 세 독립변수는 각 변수의 개별 요인 중 알파벳 순으로 가장 빠른 'Klein's', 'absent', 그리고 'floor'가 기준가로 선택되었다.

(5) 교호작용을 포함한 분석 결과 중 편차 분석표(Analysis of Deviance Table)는 아래와 같다. 표는 '백화점명', '강조 유무', '단어' 간에는 어떤 교호작용도 유의미하지 않음을 보여준다.

```
Analysis of Deviance Table

Model: binomial, link: logit

Response: R.presence

Terms added sequentially (first to last)


                        Df Deviance Resid. Df Resid. Dev  Pr(>Chi)
NULL                                      728     908.96
StoreName                2   82.730       726     826.23 < 2.2e-16 ***
Emphasis                 1    2.648       725     823.58    0.1037
Word                     1   33.961       724     789.62 5.623e-09 ***
StoreName:Emphasis       2    2.761       722     786.86    0.2514
StoreName:Word           2    1.961       720     784.90    0.3752
Emphasis:Word            1    1.213       719     783.69    0.2708
StoreName:Emphasis:Word  2    4.199       717     779.49    0.1225
---
Signif. codes:  0 '***' 0.001 '**' 0.01 '*' 0.05 '.' 0.1 ' ' 1
```

(6)

뉴욕 백화점 직원의 모음 뒤 [r] 발음 모의 자료를 고정효과 모델로 분석했을 때의 고정 변수의 회귀계수

	회귀계수	표준오차	z값	유의도 (p값)[b]
(절편)	-1.9483	0.2515	-7.747	9.38e-15
백화점명(Macy's)[a]	1.8028	0.2617	6.890	5.59e-12 ***
백화점명(Saks)	2.2428	0.2820	7.954	1.81e-15 ***
강조유무(유(present))	0.3291	0.1790	1.839	0.0659
단어(fourth)	-1.0013	0.1753	-5.713	1.11e-08 ***

[[a]각 변인의 기준가: 백화점명(Klein's), 강조유무(무(absent)), 단어(floor)
[b]유의도 표시: *=〉 p〈0.05, **=〉 p〈0.01, ***=〉 p〈0.001]

2. LVS를 활용한 혼합효과 회귀분석의 결과는 다음과 같다.

```
Formula: R.presence ~ StoreName + Emphasis + Word + (1 | Informant)
   Data: plotDataMixedModel()

     AIC      BIC   logLik deviance df.resid
   801.6    829.2   -394.8    789.6      723

Scaled residuals:
    Min      1Q  Median      3Q     Max
-1.3659 -0.6644 -0.3775  0.8631  4.3702

Random effects:
 Groups    Name        Variance Std.Dev.
 Informant (Intercept) 0        0
Number of obs: 729, groups:  Informant, 23

Fixed effects:
                 Estimate Std. Error z value Pr(>|z|)
(Intercept)       -1.9483     0.2515  -7.747 9.40e-15 ***
StoreNameMacy's    1.8027     0.2617   6.889 5.60e-12 ***
StoreNameSaks      2.2428     0.2820   7.954 1.81e-15 ***
Emphasispresent    0.3291     0.1790   1.839   0.0659 .
Wordfourth        -1.0013     0.1753  -5.713 1.11e-08 ***
```

(1) 'Informant'(제보자) 변인의 표준편차(Std. Dev.)는 분석 결과 0(실제로는 0에 가까운 수치)으로 나타났다(위 표의 10째 줄 참조). 이 수치의 의미는 모음 뒤 [r] 발음에 대해 각 백화점의 직원 중에, 즉 제보자들의 하위 그룹 중에 다른 제보자들과는 다른 특이한 행동을 독립변수들에 대해 보이는 사람은 거의 발견되지 않았다는 의미이다.

(2) 두 분석의 결과에서 변인들의 회귀계수는 거의 차이가 관찰되지 않는다. 그 이유는 혼합효과에서 임의 변수로 추가된 'Informant'의 영향이 거의 없기 때문이다.

(3) 고정효과 분석의 AIC 값은 799.62(고정효과 회귀분석 결과 참조)이고 혼합효

과 분석 801.6(위 표의 4째 줄 참조)이다. 회귀모델은 AIC 값이 작을수록 자료 적합도가 높은 것이므로 이 수치만으로 보면 고정효과 회귀분석의 자료 적합도가 더 높다고 할 수 있다.

(4) 분석 대상인 뉴욕 백화점 직원의 모음 뒤 [r] 발음 모의 자료는 하위 그룹(각 백화점 직원들) 내 개인 간의 차이가 크지 않다는 것을 알 수 있다. 즉 각 백화점 직원들은 내부적으로 비교적 고른 행태를 세 독립변수에 대해 보인다는 것을 나타낸다.

3. LVS를 활용한 조건부 추론 나무 분석의 결과는 다음과 같다.

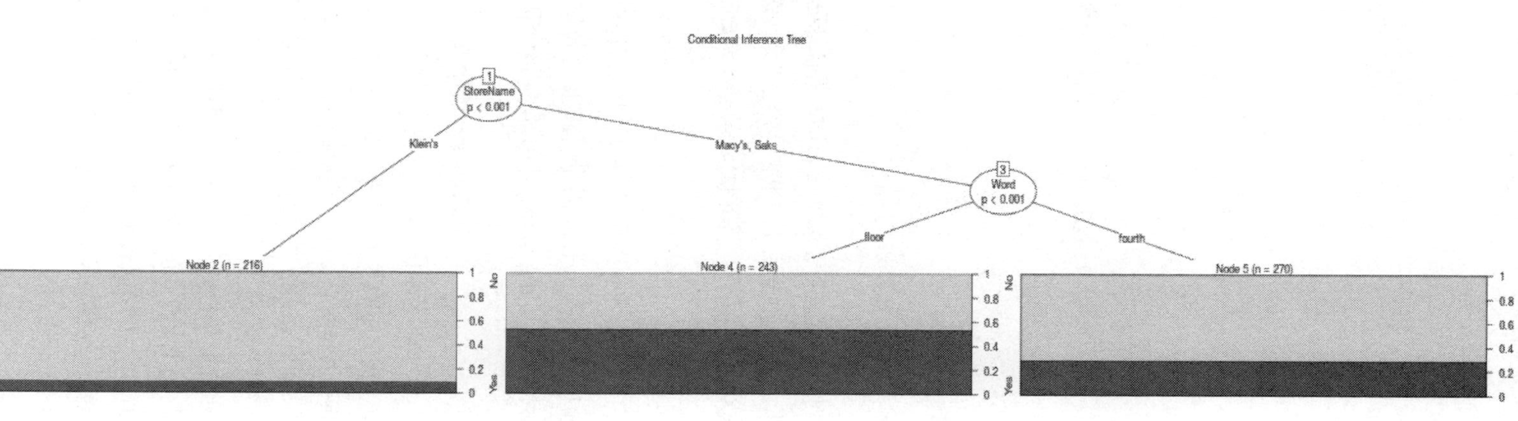

(1) 가장 영향도가 크다고 분석된 독립변수는 조건부 추론 나무의 맨 위에 있는 변인이다. 여기서는 'StoreName'(백화점명)이 분석 대상 변이에 가장 중요한 변인으로 나타났다. 유의미하지 않은 변인은 그림에 표시되지 않은 'Emphasis'(강조유무)이다.

(2) 전체 자료는 크게 셋으로 구분되었다. 먼저 'Klein's' 직원의 모음 뒤 [r] 발음 빈도는 다른 두 백화점의 직원보다 뚜렷이 낮아서 따로 'Node 2'(2번 마디)로 분리되었으며, 'Macy's'와 'Saks'의 직원의 토큰은 합쳐진 상태에서 단어가 'floor'인지 'fourth'인지에 따라 전자는 'Node 4'(4번 마디)로 후자는 'Node 5'(5번 마디)로 구분되었다.

(3) 그림에서 2번, 4번, 5번 마디의 검정 부분이 [r] 발음의 비율을 나타낸다. 4번 마디와 5번 마디를 비교할 때, [r] 발음 비율이 4번 마디는 약 55%, 5번 마디는 약 30%를 보이므로 'floor'의 [r] 발음 비율이 'fourth'보다 더 높은 것을 알 수 있다.

(4) 위의 조건부 추론 나무는 '백화점명'과 '단어' 간에 상관관계가 일부 나타남을 보여준다. 즉 'Macy's'와 'Saks'의 경우 각각 독립적인 마디를 이루지 않고 '단어'와 상관관계를 보이며 자료가 분리됨을 보인다.

4. LVS를 활용한 랜덤 포리스트 분석의 결과는 다음과 같다.

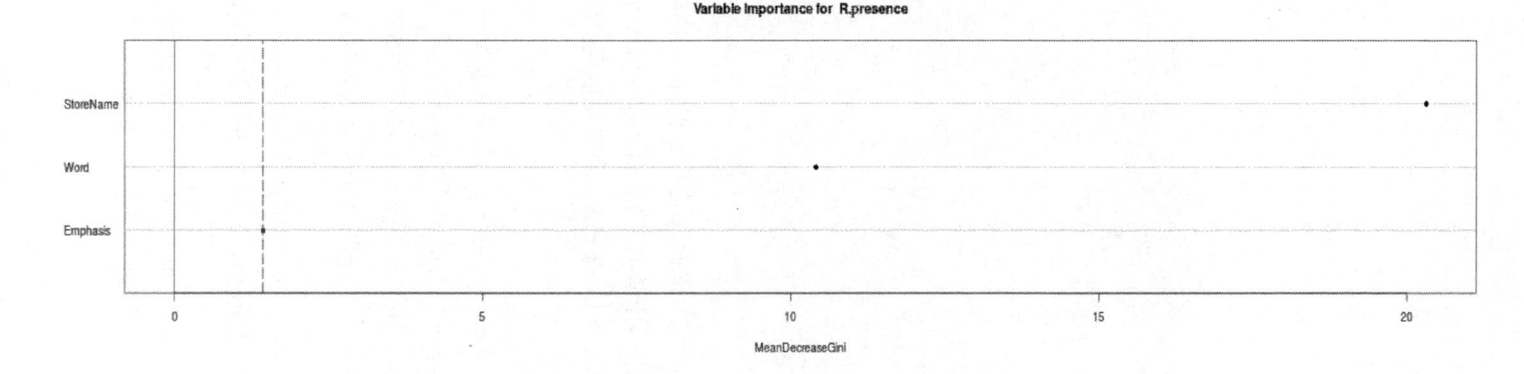

(1) 점선의 오른쪽에 위치한 독립변수들이 유의미한 변인이므로 점선에 걸쳐 있는 'Emphasis'(강조 유무)는 유의미한 영향을 미치는 변인이 아니다.

(2) 조건부 추론 나무에서도 'Emphasis'(강조 유무)는 유의미하지 않은 변인으로 분석되었으므로, 두 분석 결과는 동일하다고 할 수 있다.

(3) 6장에서 3절에서 기술하였듯이 랜덤 포리스트 분석은 조건부 추론 나무 분석보다 결과 산출에 소요되는 시간이 다소 길다. 변인의 수가 많으면 두 분석에 소요되는 시간에 더 큰 차이가 나타날 수 있다. 그 이유는 랜덤 포리스트 분석은 많은 수효의 분류/회귀 나무 분석의 결과를 종합하는 앙상블 기법을 채택하기 때문이다.

(4) 랜덤 포리스트의 결과는 위의 그림이 보여주듯이 분석 결과를 직관적으로 시각적으로 보여주는 장점이 있지만, 로지스틱 회귀분석 같은 정확한 수치를 제공하지 않고 변인의 유의미성만 보여줄 뿐 개별 요인 간의 차이를 또한 보여주지 않는다는 단점이 있다.

5. 1) Rbrul을 활용한 고정효과 회귀분석의 Rbrul 양식 결과는 다음과 같다.

```
model.basics
 total.n df intercept input.prob grand.proportion
     729  5    -0.936      0.282            0.316

model.fit
 deviance     AIC    AICc Somers.Dxy    R2
  789.624 799.624 799.707      0.484 0.248

Emphasis
        logodds   n proportion factor.weight
present   0.165 271      0.347         0.541
absent   -0.165 458      0.297         0.459

StoreName
        logodds   n proportion factor.weight
Saks      0.895 177     0.4750          0.71
Macy's    0.454 336     0.3720         0.612
Klein's  -1.349 216     0.0972         0.206

Word
       logodds   n proportion factor.weight
floor    0.501 347      0.412         0.623
fourth  -0.501 382      0.228         0.377
```

```
$current.predictors
            df AIC.if.dropped  p.value
2 StoreName  2         +84.05 7.57e-20
3      Word  1         +31.96 5.62e-09
1  Emphasis  1          +1.38   0.0661
```

```
$potential.predictors
                   df AIC.if.added p.value
1 Emphasis:StoreName  2        +1.24   0.251
2      Emphasis:Word  1         +0.8   0.272
3     StoreName:Word  2        +1.85   0.341
```

(1) 유의미한 변인으로 분석된 독립변수는 위의 두 번째 표가 보여주듯이 'StoreName' (백화점명)과 'Word'(단어)이다.

(2) 세 번째 표가 보여주듯이 두 변인 간 교호작용 중 어떤 것도 유의미하다고 분석되지 않았다.

(3) 세 독립변수의 개별 요인들의 요인 비중은 약간의 차이가 있으나 아주 유사하다. 이 차이는 골드바브와 Rbrul이 분석 알고리즘에서 미세한 차이가 있는 것에 기인한다.

(4)

뉴욕 백화점 직원의 모음 뒤 [r] 발음 모의 자료를 Rbrul을 사용하여
고정효과 모델로 분석한 결과

최적 모델: 백화점명(7.57e-20) + 단어(5.62e-09)

변인	로그 오즈	토큰 수	적용가 [r]의 비율	요인 확률
백화점명				
Saks	0.895	177	0.4750	0.710
Macy's	0.454	336	0.3720	0.612
Klein's	-1.349	216	0.0972	0.206
단어				
floor	0.501	347	0.412	0.623
fourth	-0.501	382	0.228	0.377
이탈도	**자유도**	**절편**	**전체 자료의 적용가 비율**	**전체 토큰 수**
789.624	5	-0.936	0.316	729

2) Rbrul을 활용한 고정효과 회귀분석의 R 양식 결과는 다음과 같다.

```
Coefficients:
                  Estimate Std. Error z value Pr(>|z|)
(Intercept)       -0.93588    0.10283  -9.102  < 2e-16 ***
Emphasis.absent   -0.16457    0.08948  -1.839 0.065877 .
StoreName.Klein's -1.34852    0.16928  -7.966 1.64e-15 ***
StoreName.Macy's   0.45423    0.12180   3.729 0.000192 ***
Word.floor         0.50065    0.08763   5.713 1.11e-08 ***
---
Signif. codes:  0 '***' 0.001 '**' 0.01 '*' 0.05 '.' 0.1 ' ' 1

(Dispersion parameter for binomial family taken to be 1)

    Null deviance: 908.96  on 728  degrees of freedom
Residual deviance: 789.62  on 724  degrees of freedom
AIC: 799.62
```

(1) 위 그림이 보여주듯이, 회귀분석에서 각 독립변수의 기준가로 설정된 변숫값은 개별 요인의 코딩값이 알파벳 순으로 가장 늦은 것이다. 즉 'Emphasis'(강조유무)의 경우 'present', 'StoreName'(백화점명)은 'Saks', 'Word'(단어)는 'fourth'가 기준가로 설정되었으며, 이러한 방식이 Rbrul 회귀분석의 디폴트 방식이다.

(2) LVS에서는 회귀분석 시 독립변수의 개별 요인을 코딩한 값이 알파벳 순서로 가장 빠른 것이 해당 독립변수의 기준가로 자동 설정되며, 역으로 Rbrul 회귀분석에서는 개별 요인의 코딩값이 알파벳 순서로 가장 늦은 것이 R 양식 분석에서 디폴트로 기준값으로 선택된다. 하지만 7장 3절에서 소개했듯이, Rbrul의 장점 하나는 사용자가 회귀분석에서 임의로 적절한 개별 요인을 기준가로 선택하는 것이 가능하다는 점이다.

6. Rbrul을 활용한 혼합효과 회귀분석의 Rbrul 양식 결과는 다음과 같다.

```
model.basics
 total.n df intercept input.prob grand.proportion
     729  6    -0.936      0.282            0.316

model.fit
 deviance     AIC    AICc Somers.Dxy.fixed Somers.Dxy.total
  789.624 801.624 801.74             0.484            0.484

Emphasis
        logodds   n proportion factor.weight
present   0.165 271      0.347         0.541
absent   -0.165 458      0.297         0.459

StoreName
        logodds   n proportion factor.weight
Saks      0.895 177     0.4750          0.71
Macy's    0.454 336     0.3720         0.612
Klein's  -1.349 216     0.0972         0.206

Word
       logodds   n proportion factor.weight
floor    0.501 347      0.412         0.623
fourth  -0.501 382      0.228         0.377

Informant
        intercept   n proportion
std.dev         0 729      0.316
```

```
$current.predictors
             df AIC.if.dropped  p.value
3      Word  1          +31.96 5.62e-09
2 StoreName  2          +21.73 2.59e-06
1  Emphasis  1           +1.38   0.0661
```

(1) 위의 두 번째 상자가 보여주듯이, 'Word'(단어)와 'StoreName'(백화점명)이 분석 대상 변이에 유의미한 영향을 주는 변인으로 분석된 것은 고정효과 분석

과 동일하다. 하지만 변인의 유의미도와 자료 설명력에서는 고정효과 분석과 달리 '단어'가 '백화점명'보다 유의미도가 높고 자료 설명력이 크다고 분석되었다. 이는 임의 변수인 'Informant'(제보자) 변인에 영향을 받은 것이다.

(2) 회귀모델과 실제 자료와의 오차를 나타내는 'deviance'(편차)는 고정효과 분석과 혼합효과 분석이 동일하게 789.624로 나타났다. 이 결과는 임의 변수를 포함한 혼합효과 모델이 고정효과 모델보다 자료 적합도에서 개선이 이루어지지 않았음을 뜻한다.

(3) 임의 변수인 'Informant'(제보자)의 표준편차는 첫 번째 상자의 마지막 줄이 보여주듯이 0(零; 실제로는 0에 가까운 수치)으로 나타났다. 이 수치는 LVS의 혼합효과 분석의 결과에 나타난 것과 동일하다.

7.

(1) 누리집(https://blog.naver.com/1hskang)에 있는 '백화점연구(모의)3.csv' 파일의 A~D 열을 참조하라.

(2) G2 셀에 '=CONCATENATE("(",A2,B2,C2,D2)' 수식을 입력하고 'enter'(엔터) 키를 누른 후, G2 셀의 오른쪽 아래 점을 G730 셀까지 끌어내리면(drag) 된다('백화점연구(모의)3.csv'의 G열 참조).

(3) 골드바브에 붙여넣기를 한 후, 'Tokens'(토큰) 메뉴의 'Generate Factor Specifications' (개별 요인 생성하기)를 사용하여 각 변수의 개별 요인 기입을 자동적으로 수행할 수 있음을 참고하라. 물론 같은 메뉴의 'Factor Specification Dialog'(개별 요인 기입 창)를 선택하여 변수의 수와 각 변수의 개별 요인 기입을 수동적으로 수행할 수도 있다(3장 3.2소절 참조). 결과는 위 누리집의 '백화점연구(모의)2.tkn' 파일을 참조하라. 파일의 헤더는 골드바브에 붙여넣기를 한 후 추가한 내용이다.

(4) 엑셀에 골드바브 토큰 파일을 불러올 때는 모든 헤더 내용을 먼저 제거해야 한다. '백화점연구(모의)2.csv' 파일 역시 위 누리집에서 확인할 수 있다.

참고문헌

강현석(2008), 〈한국인의 영어 논문과 작문에 나타나는 관계사 사용의 변이〉, 《사회언어학》,16(2), 1-28, 한국사회언어학회.
강현석(2009), 〈국어 담화 표지 '예'와 '네'의 사용에 나타나는 변이에 대한 연구〉, 《사회언어학》 17(2), 57-86, 한국사회언어학회.
강현석(2011), 〈해요체-합쇼체의 변이에 대한 계량사회언어학적 연구: 성별어적 차이를 중심으로〉, 《사회언어학》 19(2), 1-22, 한국사회언어학회.
강현석(2020), 〈국내 언어 변이와 변화 연구의 성과와 과제〉, 《언어학》 88, 51-90, (사)한국언어학회.
강현석·김민지(2017), 〈인스턴트 메신저 카카오톡의 대화 자료에 나타난 '예'와 '네'의 변이 양상〉, 《사회언어학》 25(3), 1-27, 한국사회언어학회.
강현석·김민지(2018), 〈카카오톡 대화에서의 경어체 종결어미의 변이 양태에 대한 다중변인분석 연구〉, 《사회언어학》 26(1), 1-30, 한국사회언어학회.
강현석·김민지(2022), 〈감탄사 '응'과 '어' 사용에 나타난 사회언어학적 변이 연구〉, 《사회언어학》 30(4), 1-31, 한국사회언어학회.
강현석·이장희(2006), 〈천안·아산지역어와 대구지역어에 나타나는 w 탈락현상의 비교연구: 대학생 언어를 중심으로〉, 《사회언어학》 14(2), 1-26, 한국사회언어학회.
강희숙(1992가), 〈음장에 관한 사회언어학적 연구〉, 《한국언어문학》 제30집, 1-22, 한국언어문학회.
강희숙(1992나), 〈국어마찰음화에 대한 연구: 전남방언을 중심으로〉, 《인문과학연구》 14권, 37-50, 조선대학교 인문과학연구소.
강희숙(1994), 《음운변이 및 변화에 관한 사회언어학적 연구: 전남 장흥 방언을 중심으로》, 전북대학교 박사학위 논문.
강희숙(1999), 〈언어 변화와 언어 유지의 원리: 의문법 어미 '-니'의 확산을 중심으로〉, 《국어문학》, 34권, 5-22, 국어문학회.
강희숙(2014가), 〈음성 변화에 대한 언어 정책의 간섭과 소설의 언어: 서울말에서의 '오→우' 변화를 중심으로〉, 《사회언어학》 22(1), 1-21, 한국사회언어학회.
강희숙(2014나), 〈언어와 지역〉, 강현석 외, 《사회언어학: 언어와 사회 그리고 문화》의 2장, 51-87, 글로벌콘텐츠.
국립국어원(2007), 《21세기 세종계획 백서(1998~2007)》, 월인.
김경래(2019), 〈페루 중부 안데스 스페인어의 모음 사이 /d/ 탈락에 대한 빈도 효과 연구〉, 스페인어문학 제92호, 35-56, 한국스페인어문학회.
김경래(2021), 〈페루 중부 안데스 스페인어에 나타나는 모음 사이 /b, d, g/의 변이에 대한 계량사회언어학적 연구〉, 《사회언어학》 29(3), 1-27, 한국사회언어학회.
김규남(1998), 《전북 정읍시 정해 마을 언어사회의 음운 변이 연구》, 전북대학교 박사학위 논문.
김소영(2009), 《이중모음 /의/의 통시적 변화 연구》, 서울대학교 석사학위 논문.
김신각·조태린(2022), 〈대학(원)생의 교수 대상 호칭어 사용 양상에 대한 사회언어학적 연구〉, 《사회언어학》 30(1), 39-66, 한국사회언어학회.
김영송(1982), 〈경남 방언〉, 최학근 엮음 《한국 방언학》, 319-371, 형설출판사.
김지현(2021), 《부산 지역어의 음운론적 변이 연구》, 부산대학교 박사학위 논문.
김혜숙(2009), 〈성별에 따른 "네"와 "예"의 사용과 변화 양상〉, 《언어연구》 25(1), 85-105, 한국현대언어학회.
김혜숙(2010), 〈사회적 변인 간 상호작용에 따른 영어 부가의문문 사용에 관한 연구〉, 《사회언어학》 18(1), 31-52, 한국사회언어학회.
김혜숙(2014), 〈성별에 따른 기능별 영어 부가의문문 사용에 대한 코퍼스 기반 연구〉, 《사회언어학》 22(3), 1-23, 한국사회언어학회.
김흥규·강범모(1996), 〈고려대학교 한국어 말모둠 1(KOREA-1 Corpus): 설계 및 구성〉, 《한국어학》 3, 233-258, 한국어학회.
문교부(1988), 《표준어 규정》, 문교부 고시 제88-2호, 문교부.
문화체육관광부(2017), 《표준어 규정》, 문화체육관광부 고시 제2017-13호, 문화체육관광부.
민현식(1997), 〈국어 남녀 언어의 사회언어학적 특성 연구〉, 《사회언어학》 5, 530-587, 한국사회언어학회.
박경래(1989), 〈괴산지역어의 사회언어학적 고찰: 이중모음의 단모음화를 중심으로〉, 《국어국문학》 101권, 305-336, 국어국문학회.
박경래(1993), 《충주방언의 음운에 대한 사회언어학적 연구》, 서울대학교 박사학위 논문.

박경래(1994), 〈충주방언의 움라우트 현상에 대한 사회언어학적 고찰〉, 《개신어문연구》 10권, 55-96, 개신어문학회.
박경래(2014), 〈연령과 사회 계층〉, 강현석 외, 《사회언어학: 언어와 사회 그리고 문화》의 3장, 89-134, 글로벌콘텐츠.
박동근(2020), 〈매체 언어 연구의 성과와 과제: 《사회언어학》 수록 논문을 중심으로〉, 《사회언어학》 28(4), 29-69. 한국사회언어학회.
박선근(2006), 《경북 김천방언의 음운론적 연구》, 충남대학교 석사학위 논문.
배혜진(2012), 〈대구지역 화자들의 모음 '귀' 실현양상에 관한 연구〉, 《어문학》 116, 27-50,한국어문학회.
배혜진·이혁화(2010), 〈대구 지역 어두경음화의 사회언어학적 고찰〉, 《민족문화논총》 제46집, 301-329, 영남대학교 민족문화연구소.
서상규(2002), 〈한국어 말뭉치의 구축과 과제〉, 홍윤표 외, 《한국어와 정보화》, 255-292, 태학사.
서상준(1984), 〈전라남도의 방언분화〉, 《어학교육》 15, 전남대 어학연구소.
송영규(2020), 〈한국어 빅데이터 '모두의 말뭉치' 공개〉, 《서울경제》 8월 26일 기사, https://www.sedaily.com/NewsView/1Z6QA0HHEV.
안미애(2012), 《대구 지역어의 모음체계에 대한 사회음성학적 연구》, 경북대학교 박사학위 논문.
오새내(2006), 《현대 국어의 형태음운론적 변이 현상에 대한 사회언어학적 연구》, 고려대학교 박사학위 논문.
우보의(2022), 〈한국어 복수 표지 '들'의 사용 양상과 교육적 함의〉, 《청람어문교육》, 88, 107-130, 청람어문교육학회.
유두영(1994), 〈경북 선산군 지역어 연구: 모음체계, umlaut, 경어법을 중심으로〉, 강남어문 8(1), 115-132.
윤지희·김해정(2000), 〈경상북도 영덕 방언의 특징〉, 《동국어문학》 12, 357-386, 동국어문학회.
이기갑(1986), 《전라남도의 언어지리》, 국어학 총서 11, 국어학회, 탑출판사.
이미재(1989), 《언어변화에 관한 사회언어학적 연구: 경기도 화성방언을 중심으로》, 서울대학교 박사학위 논문.
이미재(1990), 〈사회적 태도와 언어 선택〉, 《언어학》 제12권, 69-77, 한국언어학회.
이미재(2002), 〈어두 경음화에 관한 사회언어학적 고찰: 언어 변화의 측면에서〉, 《말소리》 특별호 1, 167-178, 대한음성학회.
이재섭(2019), 〈서울 거주 경상도 출신 화자의 음운 변이 연구〉, 경북대학교 석사

학위 논문.
이재섭(2020), 〈지역방언 화자의 중앙방언 습득 양상 연구〉, 《사회언어학》 28(1), 169-200, 한국사회언어학회.
이정복(2001), 〈통신 언어 문장종결법의 특성〉, 《우리말연구》 22, 123-151, 우리말학회.
이정복(2007), 〈감사합니다와 고맙습니다의 사회언어학적 분포〉, 《사회언어학》 15(1), 151-173, 한국사회언어학회.
이정복(2012), 〈스마트폰 시대의 통신 언어 특징과 연구 과제〉, ≪사회언어학≫ 20(1), 177-211, 한국사회언어학회.
이정복(2017), ≪사회적 소통망(SNS)의 언어문화 연구≫, 소통.
장경우(2013), 〈꼭두각시놀음에 나타난 청자경어법의 통시적 변이 양상 연구〉, 《사회언어학》 21(1), 215-240, 한국사회언어학회.
정성희·신하영 (2017), 〈북한 뉴스의 어두 /ㄹ/과 /ㄴ/의 발음 실현 양상과 언어 정책과의 상관성 연구〉, 《사회언어학》 25(4), 163-184, 한국사회언어학회.
조용준(2017), 〈해라체 의문형 어미 '-냐'와 '-니'의 사회적 지표성에 대한 연구〉, 《사회언어학》 25(3), 259-297, 한국사회언어학회.
조용준·하지희(2016), 〈한국어 의외성 표지 '-구나', '-네', '-다'의 사회언어적 변이 연구〉,《사회언어학》 24(1), 241-269, 한국사회언어학회.
조태린(2018), 〈대학교수 간 호칭어 사용 양상에 대한 사회언어학적 연구〉, 《사회언어학》 26(3), 235-265, 한국사회언어학회.
채서영(1997), 〈서울말의 모음상승과 2인칭 대명사의 새 형태 '니'〉. 《사회언어학》 5(2), 621-644, 한국사회언어학회.
채서영(2008), 〈한국어 유음의 변이와 변화〉, 왕한석(2008) 엮음, 《한국어와 한국사회》, 163-183, 교문사.
채서영(2001), 〈우리말 2인칭 대명사 〈너 복수형〉에 나타난 변화와 영어 방언의 〈you 복수형〉 변이현상〉, 《사회언어학》 9(1), 179-192, 한국사회언어학회.
최윤지(2018), 〈텔레비전 뉴스의 합쇼체와 해요체 사용에 관련된 언어 외적 변인 고찰: 말뭉치의 계량적 분석을 바탕으로〉, 《사회언어학》 26(4), 179-210, 한국사회언어학회.
최중호(1984), 《고성 지역어의 음운론적 연구: 모음을 중심으로》, 경남대학교 석사학위 논문.
한국사회언어학회(2012), 《사회언어학사전》, 소통.
홍미주(2003), 〈체언 어간말 (ㅊ), (ㅌ)의 실현에 대한 사회언어학적 분석〉, 《사회언어학》 11(1), 215-239, 한국사회언어학회.
홍미주(2011), 《대구 지역어의 음운변이에 대한 사회언어학적 연구》, 경북대학교 박사학위 논문.
홍미주(2013), 〈변항 (오)의 변이형 실현 양상과 언어 태도에 대한 연구〉, 《방언학》 18, 325-367, 한국방언학회.
홍미주(2014), 〈어두경음화의 실현 양상과 언어 태도에 대한 연구〉, 《사회언어학》 22(1), 281-307, 한국사회언어학회.
홍미주(2015), 〈체언 어간말 ㅊ, ㅌ의 변이 양상 연구: 서울방언과 경상방언을 반영하는 문헌을 대상으로〉, 《어문논총》 제64호, 63-93, 한국문학언어학회.
홍미주(2019), 〈'자기'의 용법 확대와 언어변화 개신자로서의 여성의 역할에 대한 연구〉,《사회언어학》 27(3), 279-305, 한국사회언어학회.
홍미주(2023), 〈메신저 대화에 나타나는 음운적 변이 양상: 30~50대 서울경기 여성화자의 대화를 대상으로〉, 《사회언어학》 31(2), 125-155, 한국사회언어학회.
홍연숙(1994), 〈방송언어에 나타난 단모음화 현상〉, 《사회언어학》 2, 1-20, 한국사회언어학회.

Ahn, J. K. (1987). *The Social Stratification of Umlaut in Korean*. Doctoral dissertation, University of Texas, Austin, Texas.
Bailey, G., Wickle, T., & Tillery, J. (1997). The effects of methods on results in dialectology. *English Worldwide* 18(1), 35-63.
Baker, P. (2010). *Sociolinguistics and Corpus Linguistics*. Edinburgh: Edinburgh University Press.
Bauer, L. (1994). *Watching English Change*. London & New York: Longman.
Bayley, R. (2013). Variationist sociolinguistics. Chapter 1 of R. Bayley, R. Cameron, & C. Lucas (eds.), *The Oxford Handbook of Sociolinguistics*, 11-30. London: Oxford University Press.
Becker, K. (2009). /r/ and the construction of place identity on New York City's Lower East Side. *Journal of Sociolinguistics* 13(5), 634-658.
Biber, D. (1988). *Variation across Speech and Writing*. Cambridge: Cambridge University Press.

Bisenbach-Lucas, S. (1987). The use of relative markers in modern American English. In K. M. Denning, S. Inkelas, F. C. McNair-Knox, & J. Rickford (eds.), *Variation in Language: NWAV-XV at Stanford*, 13-21. Stanford: Stanford University, Linguistics Department.

Bishop. G. (1987). Context effects on self-perception of interest in government and public affairs. In H. J. Hipler, N. Schwarz, & S. Sudman (eds.), *Social Information Processing and Survey Methodology*, 179-199. New York: Springer-Verlag.

Bloomfield, L. (1933). *Language*. New York: Henry Holt and Co.

Boberg, C. (2018). The use of written questionnaires in sociolinguistics. In C. Mallinson, B, Childs, & G. V. Herk (eds.), *Data Collection in Sociolinguistics: Methods and Applications*. New York: Routledge.

Bolinger, D. (1977). *Meaning and Form*. London & New York: Longman.

Bortoni-Ricardo, S. M. (1985). *The Urbanization of Rural Dialect Speakers: A Sociolinguistic Study in Brazil*. Cambridge: Cambridge University Press.

Bucholtz, M. & Hall, K. (2005). Identity and interaction: A sociocultural linguistic approach. *Discourse Studies* 7, 585-614.

Cameron, D. (2007). 'Respect, please!' subjects and objects in sociolinguistics. In P. Stockwell, *Sociolinguistics: A Resourcebook for Students*, 159-162. London: Routledge.

Campbell-Kibler, K. (2007). Accent, (ING), and the social logic of listener perceptions. *American Speech* 82(1), 32-64.

Cedergren, H. (1973). *Interplay of Social and Linguistic Factors in Panama*. Doctoral dissertation, Cornell University, Ithaca, New York.

Cedergren, H. & Sankoff, D. (1974). Variable rules: Performance as a statistical reflection of competence. *Language* 50, 333-55.

Chae. S. Y. (1995). *External Constraints on Sound Change: The Raising of /o/ in Seoul Korean*. Doctoral dissertation, University of Pennsylvania, Philadelphia, PA.

Chomsky, N. (1965). *Aspects of the Theory of Syntax*. Cambridge, MA: MIT Press.

Crystal, D. (1971). Prosodic and paralinguistic correlates of social categories. In E. Ardener (ed.), *Social Anthropology and Language,* 185-206. London: Tovistock.

Crystal, D. (2001). *Language and the Internet*. Cambridge. Cambridge University Press.

Crystal, D. (2004). *The Language Revolution*. Malden, MA: Polity Press.

Eckert, P. (1989). *Jocks and Burnouts: Social Categories and Identity in the High School*. New York: Teachers College Press.

Eckert, P. (2008). Variation and the indexical field. *Journal of Sociolinguistics* 12(4), 453-476.

Eckert, P. (2012). Three waves of variation study: The emergence of meaning in the study of sociolinguistic variation. *Annual Review of Anthropology* 41, 87-100.

Edwards, V. (1986). *Language in a Black Community*. Clevedon: Multilingual Matters.

Emerson, R. M., Fretz, R. I., & Shaw, L. L. (2011). *Writing Ethnographic Fieldnotes*. Chicago: University of Chicago Press.

Fasold, R. W. (1991). The quiet demise of variable rules. *American Speech* 66(1), 3-21.

Feagin, C. (1979). *Variation and Change in Alabama English: A Sociolinguistic Study of the White Community*. Washington: Georgetown University Press.

Feagin, C. (2002). Entering the community: Fieldwork. In J. K. Chamber, P. Trudgill & N. Schilling-Estes (eds.), *The Handbook of Language Variation and Change*, 20-39. Oxford: Blackwell.

Gorman, K. & Johnson, D. E. (2013). Quantitative analysis. In R. Bayley, R. Cameron, & C. Lucas (eds.), *The Oxford Handbook of Sociolinguistics*, 214-240. Oxford: Oxford University Press.

Grieve, J. (2016). *Regional Variation in Written American English*. Cambridge: Cambridge University Press.

Grondelaers, S., Hout, R. van, Halteren, H. van, & Veerbeek, E. (2023). Why do we say *them* when we know it should be *they*? Twitter as a resource for investigating nonstandard syntactic variation in

The Netherlands. *Language Variation and Change* 35(2), 223-245.

Guy, G. (1980). Variation in the group and in the individual: The case of final stop deletion. In W. Labov (ed.), *Locating Language in Time and Place*. New York: Academic Press.

Guy, G. (1988). Advanced VARBRUL analysis. In K. Ferrara, B. Brown, K. Walters, & J. Baugh (eds.), *Linguistic Change and Contact*, 124-136. Austin, Texas: Department of Linguistics, University of Texas at Austin.

Guy, G. (1993). The quantitative analysis of linguistic variation. In D. Preston, (ed.), *American Dialect Research*, 223-249. Amsterdam & Philadelphia: John Benjamins.

Hazen, K. (2010). Labov: Language variation and change. R. Wodak, B. Johnstone, & P. Kerswill (eds.), *The SAGE Handbook of Sociolinguistics*, 24-39. Los Angeles: SAGE Publications.

Holmes, J. (1995). *Women, Men and Politeness*. New York: Longman.

Honeybone, P. (2008). Lenition, weakening and consonantal strength: Tracing concepts through the history of phonology. In Brandão de Carvalho, J., Scheer, T., & Ségéral, P. (eds.), *Lenition and Fortition*, 9-93. Berlin: Mouton de Gruyter.

Hong, Y. S. (1988). *A Sociolinguistic Study of Seoul Korean*. Doctoral dissertation, University of Pennsylvania, Philadelphia, PA.

Johnson, D. E. (2009). Getting off the GoldVarb standard: Introducing Rbrul for mixed-Effects variable rule analysis. *Language and Linguistics Compass* 3(1), 359–383.

Johnson, D. E. (2010). Rbrul Manual. http://www.danielezrajohnson.com/Rbrul_ manual.html.

Johnson, D. E. (2014). Progress in regression: Why natural language data calls for mixed-effects models. Unpublished manuscript. Retrieved March. 16, 2024, from the World Wide Web: http://www.danielezrajohnson.com/johnson_2014b.pdf.

Johnson, K. (2008). *Quantitative Methods in Linguistics*. Oxford: Blackwell.

Jones, G. M. & Schieffelin, B. B. (2009). Enquoting voices, accomplishing talk: Uses of *be + like* in Instant Messaging. *Language and Communication* 29(1), 77-113.

Jun, S. A. (1993). *The Phonetics and Phonology of Korean Prosody*. Doctoral dissertation, The Ohio State University, Columbus, OH.

Jun, S. A. (2005). Korean intonational phonology and prosodic transcription. In S. Jun (ed.). *Prosodic Typology: The Phonology of Intonation and Phrasing*, 201-229. Oxford: Oxford University Press.

Kang, H. S. (1997). *Phonological Variation in Glides and Diphthongs of Seoul Korean: Its Synchrony and Diachrony*. Doctoral dissertation, The Ohio State University, Columbus, OH.

Kang, H. S. (1998a). The deletion of w in Seoul Korean and its implications. *Korean Journal of Linguistics* 23(3), 367-397.

Kang, H. S. (1998b). The deletion of the glide y in Seoul Korean. *Language Research* 34(2), 313-346.

Kang, H. S. (2002). Genderlectal variation in Korean? An Empirical Sociolinguistic Study of Utterance-final tones. *Language Research* 38(2), 647-689.

Kang, H. S. (2007). Aspectual influence on tense marking by college students in an EFL context. *Studies in English Language & Literature* 33(3), 151-173.

Kiesling, S. F. (2011). *Linguistic Variation and Change*. Edinburgh: Edinburgh University Press

Kim, K. L. (2018). *Castellano de Tupe: Norma Regional y Variación Lingüística*. Tesis Doctoral, Pontificia Universidad Católica del Perú.

Kwon, S. H. (2018a). *The Development of Glide Deletion In Seoul Korean: A Corpus and Articulatory Study*. Doctoral dissertation, University of Pennsylvania, Philadelphia, PA.

Kwon S. H. (2018b): Phonetic and phonological changes of Noam Chomsky: A case study of dialect shift. *American Speech* 93(2), 270-297.

Labov, W. (1963). The social motivation of a sound change. *Word* 19,

273-309.

Labov, W. (1966). *The Social Stratification of English in New York City.* Washington D.C.: The Center for Applied Linguistics.

Labov, W. (1969). Contraction, deletion, and the inherent variability of the English copula. *Language* 45, 715-762.

Labov, W. (1972a). *Sociolinguistic Patterns.* Philadelphia: University of Pennsylvania Press.

Labov, W. (1972b). The social stratification of (r) in New York City department stores. *Sociolinguistic Patterns*, 43-54. Philadelphia: University of Pennsylvania Press.

Labov, W. (1982). Building on empirical foundations. In W. P. Lehmann & Y. Malkiel (eds.), *Perspectives on Historical Linguistics*, 17-92. Amsterdam: John Benjamins.

Labov, W. (1984). Field methods of the project on linguistic change and variation. In J. Baugh & J. Sherzer (eds.), *Language in Use: Readings in Sociolinguistics*, 28-35. Englewood Cliffs, NJ: Prentice-Hall.

Labov, W., Ash, S. & Boberg, C. (2006). *The Atlas of North American English: Phonetics, Phonology and Sound Change.* Berlin & New York: Mouton de Gruyter.

Lakoff, R. (1975). *Language and Woman*'s *Place.* New York: Harper and Row.

Lave, J. & Wenger, E. (1991). *Situated Learning: Legitimate Peripheral Participation.* Cambridge: Cambridge University Press.

Lee, H. K. (2000). *Korean Americans as Speakers of English: The Acquisition of General and Regional Features.* Doctoral dissertation, University of Pennsylvania, Philadelphia, PA.

Lee, J. S. (2018). Loanword adaptation triggering lexical variation: The case of *ayphullikheyisyen*, *ephullikheyisyen*, *ayp* and *ephul* in Korean. *The Sociolinguistic Journal of Korea* 26(4), 91-118.

Lee, J. S. (2021). Loanword variation pattern of *ayp*, *ephul*, *ayphullikheyisyen*, and *ephullikheyisyen*: A follow-up quantitative sociolinguistic analysis. *The Sociolinguistic Journal of Korea* 29(4),

123-155.

Levshina, R. (2015). *How to Do Linguistics with R: Data Exploration and Statistical Analysis*. Amsterdam: John Benjamins.

Levshina, R. (2021). Conditional inference trees and random forests. In M. Paquot & S. T. Gries (eds.), *A Practical Handbook of Corpus Linguistics*, 611-641. New York: Springer.

Lippi-Green, R. (1989). Social network integration and language change in progress in a rural alpine village. *Language in Society* 18, 213-234.

Macaulay, R. (1977). *Language, Social Class, and Education: A Glasgow Study*. Edinburgh: Edinburgh University Press.

Mesthrie, R. (1992). *Language in Indenture: A Sociolinguistic History of Bhojpuri-Hindi in South Africa*. London: Routledge.

Milroy, L. (1980). *Language and Social Networks*. Oxford: Basil Blackwell.

Milroy, L. & Gordon, M. (2003). *Sociolinguistics: Method and Interpretation*. Oxford: Blackwell Publishing.

Milroy, L. & Milroy, J. (1992). Social network and social class: Toward an integrated sociolinguistic model. *Language in Society* 21(1), 1-26.

Modaressi, Y. (1978). *A Sociolinguistic Investigation of Modern Persian*. Doctoral dissertation, University of Kansas, Lawrence, Kansas.

Moon, K. W. (2017). *Phrase Final Position as a Site of Social Meaning: Phonetic Variation among Young Seoul Women*. Doctoral dissertation, Stanford University, Stanford, CA.

Moon, K. W. (2018). The social meaning of rising-falling tone in a 'reality' TV show. *The Sociolinguistic Journal of Korea* 26(3), 89-116.

Nichols, P. C. (1983). Linguistic options and choices for black women in the rural South. In B. Thorne, C. Kramarae & N. Henley (eds.), *Language, Gender and Society*, 54-68. Rowley, MA: Newbury House.

Nichols, P. C. (2009). *Voices of our Ancestors: Language Contact in Early South Carolina*. Columbia, SC: University of South Carolina Press.

Paolillo, J. C. (2001). Language variation on internet relay chat: A social network approach. *Journal of Sociolinguistics* 5(2), 180-213.

Paolillo, J. C. (2002). *Analyzing Linguistic Variation: Statistical Models and Methods*. Palo Alto: CSLI Publications.

Podesva, R. (2007). Phonation type as a stylistic variable: The use of falsetto in constructing a persona. *Journal of Sociolinguistics* 11, 478-504.

Preston, D. (1996). Variationist perspectives on second language acquisition. In R. Bayley & D. Preston (eds.), *Second Language Acquisition and Linguistic Variation*, 1-45. Amsterdam: John Benjamins.

Rand, D., & Sankoff, D. (1990). *Goldvarb Version 2: A Variable Rule Application for the Macintosh*. Montreal: Centre de Recherches Mathématiques, University of Montreal.

Rickford, J. (1987). *Dimensions of a Creole Continuum: History, Texts, and Linguistic Analysis of Guyanese Creole*. Stanford, CA: Stanford University Press.

Rickford, J. & McNar-Knox, F. (1994). Addressee- and topic-influenced style-shift: A quantitative sociolinguistic study. In D. Biber & E. Finegan (eds.), *Sociolinguistic Perspectives on Register*, 235-276. New York: Oxford University Press.

Robinson, J., Lawrence, H., & Tagliamonte, S. (2001). *Goldvarb 2001: A Multivariate Analysis Application for Windows*. Users' manual. https://romanistik.uni-freiburg.de/pusch/Download/variacion ismo/ GoldVarb2001_User_manual.pdf.

Sankoff, D. (1988). Variable rules. In U. Ammon, N. Dittmar, & K. Mattheier (eds.), *Sociolinguistics*, 119-126. New York: Academic Press.

Sankoff, D., Tagliamonte, S., & Smith, E. (2005). Goldvarb X: A variable rule application for Windows. Department of Linguistics, University of Toronto & Department of Mathematics and Statistics, University of Ottawa.

Sankoff, D., Tagliamonte, S., & Smith, E. (2018). Goldvarb Z: A multivariate analysis application for Macintosh. Department of Linguistics, University of Toronto & Department of Mathematics and Statistics, University of Ottawa.

Saussure, F. (1916). *Cours de Linguistique Générale*. Paris: Payot.

Schilling, N. (2013). *Sociolinguistic Fieldwork*. Cambridge: Cambridge University Press.

Schuman, H. & Presser, S. (1981). *Questions and Answers in Attitude Surveys: Experiments in Question Form, Wording, and Context*. New York: Academic Press.

Schweinberger, M. (2023). "Tree-based models in R". Retrieved May. 16, 2024, from the World Wide Web: https://ladal.edu.au/tree.html.

Scrivener, O., & Diaz-Campos, M. (2016). Language variation suite: A theoretical and methodological contribution for linguistic data analysis. *Proceedings of Linguistic Society America*, Volume 1, Article 29, 1-15.

Scrivener, O., Diaz-Campos, M., & Frisby, M. (2016). "Language Variation Suite". Retrieved July. 16, 2023, from the World Wide Web: https://languagevariationsuite.shinyapps.io/Pages/.

Scrivener, O, Orozco, R, & Diaz-Campos, M. (2018). Language Variation Suite: Web application for quantitative data analysis. NWAV 47 Workshop. New York, CUNY. October 18, 2018.

Smith, C. (2018). *Decision Trees and Random Forests: A Visual Introduction for Beginners*. Middletown, DE: Blue Windmill Media.

Strobl, C., Malley, J., & Tutz, G. (2009). An introduction to recursive partitioning: Rationale, application, and characteristics of classification and regression trees, bagging, and random forests. *Psychological Methods*, 14(4), 323-348.

Tagliamonte, S. A. (2006). *Analysing Sociolinguistic Variation*. Cambridge: Cambridge University Press.

Tagliamonte, S. A. (2012). *Variationist Sociolinguistics: Change, Observation, Interpretation*. Oxford: Wiley-Blackwell.

Tagliamonte, S. (2015). *Making Waves: The Story of Variationist Sociolinguistics*. New York: Blackwell.

Tagliamonte, S. A., & Baayen, R. H. (2012). Models, forests and trees of York English: Was/were variation as a case study for statistical practice. *Language Variation and Change* 24(2), 135-178.

Tagliamonte, S. & Roberts, C. (2005). So weird; so cool; so innovative: The use of intensifiers in the television series *Friends*. *American Speech* 80(3), 280-300.

Tillery, J., Wikle, T., & Bailey, B. (2000). The nationalization of a Southernism. *Journal of English Linguistics* 28(3), 280-294.

Trudgill, P. (1974). *The Social Differentiation of English in Norwich*. Cambridge Cambridge University Press.

Walker, J. A. (2010). *Variation in Linguistic Systems*. London: Routledge.

Wardhaugh, R. & Fuller, J. M. (2015). *An introduction to Sociolinguistics* (7th ed.). New York: Wiley-Blackwell.

Waseleski, C. (2006). Gender and the use of exclamation points in computer-mediated communication: An analysis of exclamations posted to two electronic discussion lists. *Journal of Computer-Mediated Communication* 11(4), 1012-1024.

Wenker, G., Wrede, F., Mitzka, W., & Martin, B. (1927-1956). *Der Sprachatlas des deutschen Reichs*. Marburg: Elwert.

Wolfram, W. (1969). *A Linguistic Description of Detroit Negro Speech*. Washington D.C.: The Center for Applied Linguistics.

Wong, A. D. (2005). The Reappropriation of *tongzhi*. *Language in Society* 34(5), 763-793.

Yi, S. Y. (2017). Social and stylistic variation in vowel raising in Seoul Korean. *The Sociolinguistic Journal of Korea* 25(3), 165-197.

Young, R. & Bayley, R. (1996). Varbrul analysis for second language acquisition research. In R. Bayley & D. R. Preston (eds.), *Second Language Acquisition and Linguistic Variation*, 253-306. Amsterdam: John Benjamins.

Zhang Q. (2005). A Chinese yuppie in Beijing: Phonological variation and the construction of a new professional identity. *Language in Society* 34, 431-466.

찾아보기

ㅋ

ㅌ

ㅍ

G